况腊生 著

国防科技工业协同创新发展的立法研究

人民出版社

目 录

序

武器装备的现代化是军队现代化的重要组成部分，而武器装备的现代化则直接取决于国防科技工业的发展，所以国防科技工业是国家安全与发展的基石，直接关系未来战争的胜负。国防科技工业协同创新发展是信息化新军事变革的基本规律，是国家的基本发展战略，也是我国突破西方高技术封锁，实现兴军强国和民族复兴的基本方式。

在依法治国基本方略走入新时代的今天，随着市场经济的不断完善，信息技术的深入发展，完善国防科技工业协同创新发展的法律制度，成为推动国防科技工业有序健康发展的制度保障。

经过多年的努力，国防科技工业协同创新发展的法律制度框架已经初具雏形，规范了从相关信息的披露、市场准入与退出、市场竞争、技术基础与服务，纠纷处理等内容，推动了国防科技工业协同创新发展的进程。但这个法律制度框架无论是内容还是形式，还很不完善，民企在"参军"时存在很多制度性障碍，国防科技工业协同创新发展并没有完全纳入法律调整范围，没有体现其本质要求，不能完全适应国防建设与经济建设协调发展的需要。因此，此课题的研究，具有很强的现实和理论意义。

况腊生的博士后研究论文选择了这一课题——《我国国防科技工业协同创新发展的立法研究》，几经努力，在两年内完成并准备出版。作为导师，我了解况腊生为此所付出的艰辛和因此而得到的收获，由衷为他取得的成绩而高兴。这本著作有四个显著特点：一是尝试对国防科技工业协同创新发展的相关基本概念、特征和相关法律关系作出界定和分析，在法理上为本书主体部分做了充分的铺垫。二是从法学的角度，探讨了中国古代关于军民结合的法律思想与规范，这是一个新的视角，在学术上有一定的创新意义，体现了本书研究的理论深度。三是对当前相关立法滞后的根源进行了分析，并提出了相应的对策和建议，这是本书的现实意义所在。四是对主要国家国防科技工业协同创新发展的立法进行了总结和分析，体现了研究的广度，为相关法律移植提供了借鉴。最后本书提出了具体的立法建议，这是本书的核心内容所在，为相关立法的完善提供了有益的参考。

况腊生邀我作序，师生之谊，实不能辞，更因了解作者和作品而欣然为之。"有匪君子，如切如磋，如琢如磨"，以此语与况腊生共勉，愿今后的学术之路上，教学相长，师生共进。是为序。

陈　耿

国防大学教授、博士生导师

二〇一九年六月

总　论

　　军民技术通用时代的到来，[①]信息化战争的全局性、无差别和高消耗，市场经济的不断成熟完善，使协同创新发展成为打赢信息化战争、实现国防建设与经济建设协调发展、达到富国与强兵相统一的基本方式。

　　我国的军民融合发展正从初期向中期迈进，[②]并已成为国家发展战略。作为军民融合发展最主要、最核心的领域——国防科技工业领域，要在全面深化改革的基础上，借鉴国外相关经验，完善国防科技工业协同创新发展的相关法律制度（包括以往和现有的法律制度、法律思想、政策、管理体制等），为全面实现军民融合发展的国家战略

[①]　据美国国防部和商务部研究发现，在现有关键技术中，有 80% 以上的技术是军民通用和重叠的，虽然军事专用技术不会消失，但其特性越来越弱，人类已进入军民技术通用时代。参见姜鲁明、王伟海、刘祖辰：《军民融合发展战略探论》，人民出版社 2017 年版，第 30 页。据统计，85% 的现代军事核心技术，同时也是民用关键技术；80% 以上的民用关键技术，同样可以直接用于军事。参见李晓松、肖振华、吕斌：《装备建设军民融合评价与优化》，国防工业出版社 2017 年版，第 183 页。

[②]　国防大学国防经济研究中心：《中国军民融合发展报告 2014 年》，国防大学出版社 2014 年版，第 3 页。

提供有力的法律支撑和制度保证。

一、国防科技工业协同创新发展的相关概念

近年来我国国防科技工业协同创新发展迅速，但相关立法明显滞后，一个重要原因是相关法理分析不够深入，难以形成立法共识，导致重大立法难以出台。加强相关法律制度建设，必须深化相关法理分析，并应用到立法中，才能顺利推进相关立法，也才能促进国防科技工业协同创新高效稳定发展。

（一）国防科技工业

国防科学技术（简称国防科技）是在国家产生以后，为了国防和战争的需要而产生和发展起来的。它是一个历史范畴，在人类社会的不同发展阶段有不同的含义。现在，世界各国都认识到了国防科技的重要性，国防科技因此成为一个公认的概念。但实际上，从联合国有关机构（如联合国教科文组织和国际标准化组织等）到各个国家，都没有对这一概念予以规范化和标准化。尽管这个概念已家喻户晓，但却难以严格定义。

最新的《中国人民解放军军语》（2011年版），对国防科技的定义是："国防科学技术，简称国防科技。直接用于国防领域的自然科学及应用技术的统称。国防科学技术水平是衡量国防现代化水平的重

要标志。"① 这一定义只是指出了国防科技的大致范围和作用，并没有指出其本质特征。从这一大致范围的定义中可以看出，国防科技是指在国防领域中研究、发展和应用的科学技术，主要包括武器装备的研究、设计、制造、试验（包括模拟训练和使用在内）和国防设施或军事设施（如国防仓库、基地、机场、港口、防御工事等）的设计建造等方面的科学技术。

作为一种创造性的社会活动，国防科技实际上主要是指国防科研。国防科研是国防科学研究的简称。国防科研是对国防科学技术进行分析和探讨的活动，主要包括对军事技术、武器装备、军用器材及相关能源、原材料等的研究，是国家科研的组成部分。② 国防科研在美国则更具体地称为研究、发展、试验与鉴定。根据国际通用的科研结构的分类，按照研究项目或课题的类型，国防科研包括基础研究、应用研究和发展研究。美国还按照研究活动的类型或发展阶段的不同，进一步将国防科研划分为理论研究、探索性发展、先期发展（分为先期技术发展和先期系统发展两部分）、工程发展和作战系统发展等五个方面。我国则常分为国防预研、型号研制、试验与鉴定等三个方面。不管是五个方面还是三个方面，都可归入基础研究、应用研究和发展研究中。③ 近年来迅速发展的以量子通信、3D打印和人工智能

---

① 《中国人民解放军军语》，军事科学出版社 2011 年版，第 584 页。

② 《中国人民解放军军语》，军事科学出版社 2011 年版，第 23 页。

③ 基础研究（对应于美国的理论研究，或我国国防预研的一部分）的主要任务是研究自然现象、掌握科学原理、进行知识储备，为新概念、新方法在军事上的应用寻求科学依据，而不在于直接解决当前特定的军事应用问题。其研究内容广泛，多涉及诸如数学、物理学、化学、生物学、工程学、空气动力学、弹道学等，甚至还涉及

等一系列"高、精、尖、新"技术为代表的军民两用前沿技术群，反映了国家科技发展水平，标志着国防现代化水平。

国防科技在学科专业门类上主要包括自然科学、技术科学和工程技术，也包括社会科学。国防科技的发展包括对已有武器装备的技术改造，同时还包括对新研制的武器装备投入批量生产后技术问题的解决。国防科技工业则是国防科技及其工业化的总称。① 国防科技工业发展水平直接决定了国家国防建设能力的强弱，而美国之所以能一直保持军事超级大国地位，关键在于其拥有全球领先的国防科技工业实力。

国防科技工业有其自身特殊性：一是产品特殊，商业市场的产品

行为科学和社会学等学科领域。应用研究（对应于美国的探索性发展和先期技术发展，或我国国防预研的一部分）的任务是探索基础研究成果在军事上应用的可能性，以及对可能的技术应用进行预研。其研究内容包括：为解决特定的军事需要进行模拟试验与仿真、原理性部件的制造与试验；对军事应用的各种先进技术方案的可行性与现实性进行鉴定和论证；按实际使用条件研制验证用的部件、分系统和原理性产品，以审查各项技术在现实条件下的可行性。应用研究带有通用性，一般不与武器装备具体型号的研制直接相联系。发展研究（对应于美国的先期系统发展、工程发展和作战系统发展三个方面，或我国的型号研制、试验与鉴定两个方面）的任务是开发出可实际供部队使用的武器装备。其具体内容包括：对特定型号的武器装备系统进行全系统的方案设计、验证和审定；对武器装备进行详细的具体设计和试制；完成研制试验和作战使用试验；对使用中的武器装备系统进行改进。国防科技的重点是发展研究。以美国为例，几乎在整个 70 年代和 80 年代，国防科研总经费中，应用研究和发展研究占 96% 左右，而发展研究约占 70%。匡兴华：《现代国防科技的概念与主要任务》，国防科技基础知识系列讲座（一），http://www.docin.com/touch/detail.do?!di=1869129284，最后访问日期：2018 年 12 月 29 日。

① 国防工业亦称军事工业。研制和生产武器装备、军用器材、军需品及国防所需特殊物资的工业。通常包括兵器工业、军用航空工业、军用舰船工业、军用电子工业、军用核工业、军用航天工业、军需工业等。《中国人民解放军军语》，军事科学出版社 2011 年版，第 22 页。

主要用于生产和生活，而国防市场的产品主要用于威慑和作战，平战需求差距大，技术先进性和可靠性要求高，必须建立完善和储备一定规模的科研生产和动员能力，以满足战时需要；二是国家主导，国防产品的科研、生产、采购及核心能力建设等，都是政府根据安全战略和军事需求来确定并通过有关职能部门来组织落实，是一种政府行为，而不是企业行为；三是买方垄断，除部分产品可在国际军贸市场交易外，政府（军队和安全部门）是唯一买主。平时的科研生产订购活动，呈现出明确的计划性和组织性；四是竞争有限，国防产品品种多、批量小，性能和质量要求又比民用产品高，不易形成规模效益，因此参与军品科研生产能力的商家不多，竞争有限；五是监管严格，产品全寿命周期受到严格监督和管理，企业进入和退出国防市场，也都受到严格审批和监管。国防领域政府与市场行为关系不能简单划分。①

（二）我国国防科技工业的分类及特点

从具体行业分类来看，我国国防科技工业包括六大类，包括核工业、航空工业、航天工业、船舶工业、兵器工业以及电子信息工业。核工业指从事核燃料研究、生产、加工，核能开发利用，核武器研制、生产的军民结合型工业，涉及领域及其宽泛。核工业具有极高的战略意义和地位。一个国家的核工业发展水平，能集中反映出这个

---

① ［美］雅克·甘斯勒：《21 世纪的国防工业》，黄朝峰译，国防工业出版社 2013 年版，第 65 页。这里指的是国防市场的特殊性，笔者认为同样也适用国防科技工业。

国家的整个工业基础和科学技术水平。航空工业是研制、生产和修理航空器的军民结合型工业，通常包括航空飞行器、动力装置、机载设备、机载武器等多种产品制造和修理行业。航空工业是建设独立自主国家和巩固国防的重要基础。现代局部战争的实践表明，航空武器装备对战争的进程和结局都发挥着关键性作用，同时航空工业也是带动国民经济发展的重要产业。航天工业特指从事研制与生产航天器、航天运载器及其所载设备和地面保障设备的工业，是国防科技工业的重要组成部分，也是军民结合型的高技术产业之一。航天工业也带动了中国许多行业的科研发展，特别是新材料、新工艺的开发和应用。在长征 2 号火箭研制过程中，航天部门向有关部门辐射出 4800 多项科研、试制和生产项目，有关协作单位研制开发了 395 种新材料。[①] 我国开发的 1100 余种新材料中，约 80% 是因航天需求而诞生的。船舶工业是承担各种军民用舰船及其他浮动工具的设计、建造、维修和试验及其配套设备生产的重工业。一方面为海军建设提供全套现代化舰船装备，另一方面又为国民经济中的水运交通、能源运输、水产渔业和海洋开发等提供必需的物质手段，在确保国家的国防安全和推动我国交通运输业、海洋开发业等重要国民经济部门的发展方面具有不可替代的巨大作用。现代常规兵器包括坦克、装甲战斗车辆、枪械、火炮、火箭、战术导弹、弹药、爆破器材和工程器材等，发展兵器工业的意义在于可以提升产业结构。一方面，现代科学技术许多来源于军事武器的研发。而兵器工业是高科技密集产业，是高投入高收益的行

---

① 何继伟：《航天技术对国民经济发展的促进作用》，《军民两用技术》1998 年第 11 期。

业，往往可以拉动科技、教育、重工业、轻工业等各行各业。另一方面，兵器行业可以培养高素质技术人员，促进产品技术升级进步。现代科学技术往往与民用互通，对兵器工业的投入也促进了民用企业的进步，并分担了其部分科研经费，减少了企业的负担。电子信息工业涵盖雷达、通信、导航、电子对抗等多个种类，除了作为独立装备提供给军方外，其装载平台几乎覆盖了陆、海、空和各种主战武器，形成复杂的武器集成系统。电子信息装备的设计、试验测试和验证必然是多学科集成的综合过程，产品研制过程中，需要机械、电子、热处理和电磁等机电参数耦合设计和相应的行业特色制造技术手段，多专业协同要求高，流程相对复杂。

表1　国防科技工业不是一个独立的个体，其发展与各个行业都存在着紧密联系

国防科技工业类型	主要产品	涉及行业
核科技及工业	核原料、核燃料、核动力装置、核武器、核电力、应用核技术	地质勘探、采矿、冶金、化工、电力、机械制造、建筑、电机和精密仪表等工业部门和物理、化学、电子学、半导体、计算技术、自动控制、材料学、传热学、医学和生物学
航空科技及工业	固定翼飞机、旋转翼飞机、偏转翼飞机、地面效应飞行器、飞艇、气球、飞机发动机、机载设备、机载武器、地面保障设备	冶金工业、先进材料、电子信息、新能源、基础设施建设、人员培训、金融服务
航天科技及工业	火箭发动机生产、弹道导弹、巡航导弹、空对空和地对空导弹、卫星发射、载人航天	电子、计算机、冶金、材料、机械、特种工艺、低温与真空技术、测试、控制、测控、气象、船舶、生物、农业等领域

国防科技工业类型	主要产品	涉及行业
船舶科技及工业	航空母舰及其舰载机和舰群、各类军、民用水面舰艇、水下舰艇	钢铁、石化、轻工、纺织、装备制造、电子信息
兵器科技及工业	坦克、装甲战斗车辆、枪械、火炮、火箭、战术导弹、弹药、爆破器材和工程器材等	电子信息、冶金、化工、电力、机械、精密仪表等
电子信息科技及工业	指挥和通信系统、电子战系统、探测和预警设备（雷达、物理场扫描器、金属探测器）	雷达、通信、导航、电子对抗

随着信息技术的快速发展，这种按行业划分国防科技工业的做法逐渐暴露出行业壁垒严重，不适应武器装备体系化、信息化发展需要，跟不上新技术创新发展和交叉融合的节奏。另外还造成了重复建设、分散建设问题，如军事电子信息行业分散于电子信息工业、航空工业、航天工业、兵器工业和船舶工业，产能过剩、资源浪费、集中度低、经济规模小、竞争力不强。

（三）协同创新发展

协同创新发展中的"军"是指国防和军队建设，既包括军队，也涵盖国防科技工业、重大基础设施与战场建设、国防动员、国防教育、边海空防等内容。"民"则指经济社会体系中与国防和军队建设紧密相关的领域，比如与武器装备科研生产紧密相关的国家科技和工业体系，与军队人才培养使用紧密相关的国家教育和人才培养体系，与军队保障紧密相关的国家公共服务和社会保障体系，与国防动员紧密相关的国家公共安全和危机管理体系，与新质战斗力生成相关的海洋、太空、网络空间等新兴行业，可以进一步拓展到社会建设、文化建设、生态建设等范畴。协同创新发展是指站在国家安全和发展战略全局的高度，统筹经济建设和国防建设，在全面建设小康社会中实现富国与强军的统一。

"暴力的胜利是以武器的生产为基础的，而武器的生产又是以整个生产为基础的，因而是以经济力量、以经济状况、以暴力所拥有的物质资料为基础的。[①]"由此可见，国防建设要紧紧依赖于经济建设。国防建设与经济建设的耦合形态，是由战争技术形态、预设战争形态和国家经济实力等因素的变化决定的。[②]第一次世界大战中武器装备的种类只有几十种。第二次世界大战中武器装备的种类上升到一百多种，几乎涨了一倍。到了海湾战争，武器装备种类上升到一千多种。武器装备种类剧增，对资源需求加剧，致使军事大国不得不加强军地资源优化配置。如今，信息战、网络战、空天一体战等战争形态重新定义了战争的空间概念，打破了军与民的界限，再加上国防预算的趋紧和资源约束条件的变化，为集约利用有限资源，迫切要求打破军用与民用的藩篱。这些国家主要采取将"军"和"民"纳入联合系统的举措以实现社会整体资源的高效流通与优化配置，以适应现代战争节奏快、消耗大、保障需求复杂、对经济社会依赖强等特点。因此，战

---

① 《马克思恩格斯军事文集》，解放军出版社 1981 年版，第 124 页。
② 王伟海：《军民融合发展的经济学本质》，《宏观经济研究》2018 年第 10 期。

争潜力融于整个经济社会发展的大格局之中，是赢得现代战争的必由之路。

在协同创新发展的概念中，有四个最重要的基本概念：一是军民结合，指国防科技工业与民用工业能力兼容、有机互动的活动，实质是"军转民"，是在国防科技工业领域优先保障国防建设的基础上，统筹军品和民品关系；二是寓军于民，即把国防建设纳入国民经济发展之中的活动。在国防科技工业领域，特指通过政策制度安排和优化资源配置等措施，把国防科技工业纳入国民经济体系之中的活动，实质是"民参军"，主要特点是在经济领域统筹军口和民口关系；三是协同创新发展，是把国防和军队建设融入整个经济社会发展体系之中，实现两者有机结合、一体化发展的活动。主要特点是，在国家层面统筹军队和地方关系，其实质是军民一体化。主要内容包括军民结合、寓军于民的武器装备科研生产体系、军队人才培养体系、军队保障体系、基础设施与战场建设体系和国防动员体系；四是协同创新深度发展，指国防和军队建设与经济建设实现全要素、多领域、高效益融合发展的活动，实质是军民的高度一体化。重点是在国家层面建立推动协同创新发展的统一领导、军地协调、需求对接、资源共享机制，实现富国与强军的统一。

改革开放之前及之后很长一段时间内，我国的协同创新发展仅局限于国防科技工业领域。后随着相关认识的深化和技术实践的发展，协同创新发展则指整个国防建设领域与经济建设领域的融合，包括国防科技工业、军地人才培养、国防动员、重大基础设施与战场建设和军队后勤社会化保障等领域。协同创新发展最核心、最重要的领域是国防科技工业领域，这是重中之重。从从业人数、经费总量、战略地位来看，协同创新发展最核心、最重要的领域是国防科技工业领域。实现了国防科技工业领域的协同创新发展，就解决了协同创新发展国家战略的主要矛盾和核心关键。

美国的协同创新发展主要侧重于国防科技工业领域。冷战时期，为应对美苏争霸，美国和苏联都集中力量发展军事工业，美国逐步形成了军用工业基础和民用工业基础分离的两个市场。苏联解体和冷战结束后，国防需求大幅度缩减，国防生产能力严重过剩、市场骤然萎缩，冷战时期美国 1/3 的工程师和科学家在为国防工业服务，国防研发费用占政府科研经费的 70%，但只创造了 6%的国内生产总值，武器装备价格居高不下，研制周期不断延长。① 为应对国防预算缩减和保持国防优势，1993 年美国率先提出了"军民融合"战略，并列入美国法典，作为国防工业的目标。美国的协同创新发展，就是将国防科技工业基础同更大的民用科技工业基础结合起来，组成一个统一的国家科技工业基础的过程，涉及的领域包括装备科研、生产和维修保障等。美国推行协同创新发展的大背景是国防预算大幅度削减，难以维持原有的分离体系。同时民用技术快速发展，很多领域技术水平领先军方，协同创新发展可以大幅度节约开支，提高技术能力。据统计，国外军事装备技术中有 85%采用军民两用技术，80%以上的科学家和工程师在直接或间接为国防服务，这为军民资源的双向流动提

---

① 吕斌等编著：《西方国家军民融合发展道路研究》，国防工业出版社 2018 年版，第 10 页。

供了可能。① 美国国防部调查显示，向民营企业开放国防市场，可以使总成本降低 30%—50%，科研进度推进 5—10 倍，能够把核心软、硬件产品的配套能力提升 3—5 倍。② 在军民两用的航天技术上每投入 1 美元，就能产出 7 美元的经济效益。③ 以美军卫星发射为例，长期以来，波音和洛马公司成立的发射联盟垄断了美军的航天器发射，发射单价都在数亿美元以上，让美军不堪重负。后来，美军大力扶持太空探索技术公司（SpaceX）研发发射技术，使得航天器发射单价下降了近一半。

二、国防科技工业协同创新发展的本质、目的与作用

（一）国防科技工业协同创新发展的本质

就理念范畴而言，协同创新发展本质上是一种发展理念和发展思维，即将这种开放共享、双向转化、统筹配置、体系优化的发展理念贯穿到经济建设和国防建设全领域全过程，把协同创新发展作为经济建设和国防建设的一种战略指导确立起来。就实践范畴而言，协同创新发展本质上是一种发展方式和发展路径，即将军地一体筹划设计、

---

① 徐冠华：《关于建设创新型国家的几个重要问题（摘要）》，《中国高新技术企业》2006 年第 5 期。

② Mclaughlin J., Carol Whiteley, *Technology, Entrepreneurs and Silicon Valley*, Institute for the History of Technology, 2002（1）.

③ 吕斌等编著：《西方国家军民融合发展道路研究》，国防工业出版社 2018 年版，第 13 页。

一体建设管理、一体使用的工作要求落实到具体的、特定的经济建设和国防建设领域。

自从有阶级社会以来，人类社会就存在两种最基本的需要：一是财富增长的需要，即发展的需要；二是保护财富的需要，即安全的需要。为了满足这两种需要，就必须发展经济和加强国防。而一定时期内一国的资源总是有限的，这就需要对国家资源的分配进行权衡和统筹。从满足安全与发展所需看，国家资源配置大致分为三个环节。第一个环节是资源的初次分配，即国家资源在经济和国防两大领域的初次分配，这个环节的配置决定了国防领域可支配资源的总量。第二个环节是资源再分配环节，即在国防领域获得的资源总量既定的条件下，国防和军队系统内部如何配置和利用好这些资源，使之最大限度形成国防实力和军事能力。这一环节的资源配置是在国防系统和军队组织内部来完成的，决定了国防系统内部的各部门所能够支配的资源数量。第三个环节是资源跨领域配置环节，即国防和军队系统与经济系统所拥有的资源在两大系统之间的配置，也就是一些军民通用的人才、技术、信息、资产等生产要素以及产品与服务在两大系统之间的跨域配置，这个环节就是协同创新发展的发生过程。显然，没有第一个环节国家层面的资源合理分配，国防建设就成了无本之木、无源之水；没有第二个环节国防和军队系统内部的资源高效配置，国防资源就不能有效转化为国防能力，国家安全目标就难以实现；第三个环节资源的跨领域配置可在全社会范围内优化资源配置，提高全社会资源配置效率，降低国防建设成本。如果能够实现协同创新发展，初次配置环节中存在国防资源配置不足，就有可能通过跨领域配置环节的优化得到一定程度的缓解；而初次配置环节中存在国防资源配置过度，也可通过跨领域配置环节的"渗透效应"再配置到经济领域当中。因此，作为一种社会调节机制而言，协同创新发展实质上是将经济生产体系与国防保护体系联系起来的有效机制和管道，从而造成两大体系间信息互通、资源共享、能力共用的双向互动、兼容发展的动态演化格局。[①]

在军民二元分离结构下，经济建设和国防建设两大系统封闭隔离，资源和生产要素不能流动和互动，长此以往会形成一种"攫取型"国防体系，加剧资源配置失衡。[②] 而在协同创新发展的条件下，资源和要素可以在两大系统间流动互通，一旦某个时段国防资源配置过度，通过后续阶段跨领域配置所产生的"融合渗透效应"，可以将部分资源再配置于国民经济系统之中，进而缓解失衡。就日常建设而言，"协同创新发展型"国防体系可以最大限度利用全社会优质资源和创新要素为其所用，而"攫取型"国防体系对资源的利用仅限于自成体系的"围墙"内。就应对战争的效能而言，"协同创新发展型"国防体系由于资源转换机制顺畅，可以迅捷地将大量社会资

---

① 王伟海：《军民融合发展的经济学本质》，《宏观经济研究》2018 年第 10 期。

② 在军民分离的情形下，国家必然要用两大系统的资源分别进行各自领域的建设，其结果肯定是成本高、效果差，基于国家整体实力支撑的军事体系对抗能力弱，战时动员效能差，国家综合国力将严重受损。同时，军民分离还会加剧国防资源投入的"虹吸效应"。一个社会有限的创新资源、人才资源、资本要素向国防领域的过度配置，必然会削减这些资源在经济领域的运用。一旦过量的资源配置到国防领域，就会抽干经济领域的有限资源，整个经济系统的资源配置效率和创新效率就会下降，经济增长的潜力就会遭受侵蚀，进而会陷入"国防系统膨胀—实体经济衰落—经济增速减缓"的恶性循环。当年苏联的国防建设体系正是如此。

源动员起来并投入战争中。相比之下，"攫取型"国防体系则没有这样的资源动员能力，只能调动国防领域所掌握的资源来应对战争。因此，"协同创新发展型"国防体系的制度效能远超过"攫取型"国防体系。[①]

推动协同创新发展，本质上也是一场深层次的制度变革，要不断破除体制壁垒，解除要素管制，创设市场机制，使军民两大体系中的资本、人才、技术、信息等各种要素能够双向流动、优化配置。军民深度融合发展能够释放出巨大的综合效益。一方面，能够产生资源节约效应，即两大体系中一些通用性的设施、技术、人才、信息、能力的共建共用共享，兼顾国防需求和民用需求，能够使一笔投入产生双重效应，减少重复建设和资源浪费，实现经济建设和国防建设综合效益最大化。更为重要的是，军民深度融合能够产生持续的创新驱动效应，而创新正是经济发展和军事变革的持久动力。两大体系中技术、人才、信息等要素双向扩散，实现要素的新组合，继而催生新技术、新产品、新产业，形成创新驱动和技术进步共生共长的良性格局，这是支撑生产力和战斗力变革的最终力量。

（二）国防科技工业协同创新发展的目的

协同创新发展，就是打破军民二元分离结构，把国防和军队建设有机融入经济社会发展体系，形成军民两大体系之间资源共享、优势

---

① 　王伟海：《军民融合发展的经济学本质》，《宏观经济研究》2018 年第 10 期。

互补、互通共融、相互支撑的良性发展格局，实现经济优势和军事优势的双向转化，增强国家综合实力和战争潜力，实现富国与强军相统一。核心要义是把国防和军队建设有机融入经济社会发展体系之中，使两者相互促进、互通共融、相互支撑；本质要求是优化资源配置，使资源效能最大化，根本目的是实现富国和强军相统一。

协同创新发展是一个由初级向高级、由初步向深度不断拓展深化的过程。协同创新深度发展，是在军民初步融合的基础上，进一步打破军民两大体系相互隔离、自我发展、封闭运行的状态，促进军民两大体系之间有机融合、资源共享、能力共用、优势互补，逐步形成军民一体化的国家科技基础、工业基础、人才基础和基础设施基础，在更广范围、更高层次、更深程度上将国防和军队建设深深融入国家经济社会发展体系。

私人军工科研生产资本主导了美国的军工市场，其军工经济复合体也主导了美国的政治、经济和外交。美国军品市场成了私人资本的唯一卖方市场，武器装备的定价往往远远高出其生产研发成本几百倍、上千倍甚至更高，这就造成了美国财政极其沉重的国防负担，也推动美国政府不断发动对外战争，或在世界各地制造战争，不仅赢取了全球大部分军火市场和高额利润，而且成功将高昂的装备采购费用转嫁给全世界。在军品市场完全私有制和卖方市场的情况下，面对日益高涨、不堪重负的装备费用，如果能军民一体化、民用技术转军用、军用技术也转民用，的确可以降低其相关资本的投入和政府军费开支，提高研发效率，推动其武器装备的高技术化。最重要的是，它从根本上确保了军工资本的高额利润，这才是美国在冷战后搞协同创新发展的根本目的。

（三）我国国防科技工业协同创新发展的本质与目的

我们的国防科技工业以国有军工企业为主导。国有经济是人民的福利保障，只能做大做强做优，不能做小做弱做差。当前，我国有非常完整的国有制（以前是全民所有制）国防科技工业体系，保障了毛泽东时代和今天我们的国防安全，即使是中国今天的新航母、航天、大飞机等成就，也是在这个伟大的基础上完成的。这是毛泽东时代留给后人的最伟大的经济和军事建设成就之一。有了这套完整的体系，则中国可以基本上完全独立地生产研发高技术武器装备，不受制于世界外部环境。同时，因为有了这样一套完整体系，即使在市场化的条件下，在国防科技工业领域，完全是政府的"买方市场"，阻止了私有经济在纯市场规则之下的嗜利性对国防建设的侵蚀；又因为国有军工在利润方面保持极低，这就最大限度地降低了中国国防开支，减轻了民众负担，同时也树立了和平发展的国际形象。

我们国防科技工业领域的协同创新发展，应该是以国有军工企业为骨干，以国家资金、法规政策支持为手段，将大部分分散的高技术民营企业团结起来，充分发挥其对社会主义市场经济有益的补充作用，限制民族企业的劣根性，使之成为国家经济实力的有机组成部分，避免这部分高新技术经济体被外资控制而影响国家经济建设、国防建设与国家安全，这是我国国防科技工业领域协同创新发展的最核心本质。在全面对外开放的情况下，国家通过协同创新发展，积极有效引导这些民营企业融入国防和经济建设，不仅能促进经济建设与国防建设的协调发展，也能有效防止这些民营企业的逐利性而被外资所控制，有效维护国家安全。

与世界军事大国相比，我国存在军民科技管理体制先天分离以及国防科技工业封闭垄断、效率低下等弊病并存。我国国防科技工业协同创新发展的目的也是在保持国有军工核心能力的前提下，推动军民两用科技资源的双向流动与资源共享，国防科技和军事装备建设资源由国家主导、计划运作向国家主导、市场运作转变，资源流动由单一的"军转民""民参军"向军地科技资源双向流动转变和军民两用资源配置的转变，① 打破军工经济和军队装备保障自成体系、自我封闭、高度垄断的发展格局，解决国防科技和军事装备领域创新动力不足、活力不够、效率不高的国家科技工业基础，发挥国防科技和军事装备支撑国防和军队建设、推动科技进步、服务经济社会发展的作用，形成经济效益与国防效益、战斗力与生产力双赢发展的新格局。此外，我国的协同创新发展战略，还有利于打破美欧等国对我长时间实施的高技术和产品的封锁，通过协同创新发展战略，吸收民用先进技术和成果，推动整个国家科技的进步和发展。

---

① 军民两用资源，包括技术、工艺、劳动力、资本、设备设施等。从要素角度看，可简单归纳为技术融合、工艺融合、人才融合、资本融合、设施设备融合等。在市场经济条件下，资本融合越来越成为国防科技工业协同创新发展的重要内容。军民两用资源是融合的基础，既可以为武器装备服务也可以为产业发展服务的共用特征。专用资源不存在融合的问题。

三、国防科技工业协同创新发展的法律关系

立法是围绕法律关系展开的。法律关系，就是法律规范在调整人的行为过程中形成的权利义务关系，包括法律关系主体、法律关系内容和法律关系客体三个要素。国防科技工业军民融合发展的法律关系，主要是合同关系，体现一般合同关系特征，又因特殊性而体现出不同特点。

（一）法律关系主体

主体包括决策层、管理层和执行层。在决策层，按照国防法规定，国务院领导和管理国防科研生产，中央军委协同国务院领导和管理国防科研生产。在管理层，主要包括军队装备部门、国防科技工业管理部门，以及协同创新发展的管理协调机构等。执行层主要由军工集团及其所属企事业单位、地方军工单位、军队及其科研机构、地方高校、中科院、民营企业等组成。从系统论的角度看，国防科技工业体系是由参与武器装备设计、研制、制造、试验和维修、管理等活动的各类主体组成有机整体，不仅包括承研承制单位，也包括决策主体和管理主体，还有相关科技中介机构等。

军工集团及其所属单位是国防科技工业体系的重要组成部分。我国现有的大型军工集团来自国家工业部门的转制。现有的军工集团包

括：中国核工业集团有限公司、[1] 中国航天科技集团有限公司、中国航天科工集团有限公司，中国航空工业集团有限公司、中国航空发动机集团有限公司、中国电子科技集团有限公司、中国电子信息产业集团有限公司、中国船舶工业集团有限公司，中国船舶重工集团有限公司，中国兵器工业集团有限公司、中国兵器装备集团有限公司和中国工程物理研究院等十二家大型军工集团。

民营企业在国防科技工业中异军突起。在国外，私营企业是国防科技工业的主体，私有制也是军民科技融合创新发展的基本经济制度。20 世纪 80 年代以来，欧美等国将大量国有军工企业改组为国家控股或私营企业，国有军工企业比例大幅度下降，私营企业成为国防工业主体。美国战略与国际问题研究中心（CSIS）披露的数据显示，2000 年以来，美国国防部每年的经费有超过 60% 支付给了以私营企业为主的承包商。根据美国战略与国际问题研究中心 2012 年报告数据，2001 年承接美国国防部采购订单的承包商有 4.6 万家（包含主合同商和分包合同商）。经过 10 年发展，2011 年承接美国国防部采购订单的承包商已达到 11 万家。按照产业规模分类，90% 以上都是小企业，且大部分是民营企业。据美国国防部小企业办公室信息披露，2010—2015 年，美国国防部采购订单中平均为小企业预留了 22.18% 的主合同目标市场份额。[2] 当前，世界大国主要保留的军工企业，都基本不以营利为根本目的，主要承担私营军工企业难以生产而且不愿

---

[1] 2018 年 2 月，由中国核工业集团有限公司和中国核工业建设集团有限公司合并成立。

[2] 赵亮：《美国军民融合型小企业发展现状及促进政策概览》，《经济研究导刊》2016 年第 14 期。

生产的少盈利或不盈利的武器产品和涉及军事机密不适合私营企业进入的任务。美国保留的国有军工企业主要是从事核武器研制生产的综合体及弹药厂。法国保留的国有企业主要是核潜艇生产厂。这些国有企业完全采用行政化管理手段，作为政府系列的组成部门，既不采用合同方式，也不实行竞争机制。在我国，近20年来，随着社会主义市场经济的不断完善，在发展以信息技术为代表的高技术时，我国传统军工企业与民营高技术企业处于同一起跑线。由于民营企业体制机制的灵活性，其高技术发展甚至走在传统军工企业的前面。目前，我国民营高技术企业发展到10多万家，许多企业在新材料、能源、电子、通信等领域的技术水平和研发能力超过军工企业。民营企业专利申请年均增长30%以上，涌现出华为、联想等大批申请专利位居全国前列的高新技术民营企业。在信息技术、电子技术、先进材料、新能源和先进制造技术，军工系统和非军工系统技术处于同等水平，有些民营企业技术水平还达到了世界先进水平。这些民营企业的高技术能有效推动我军装备建设跨越式发展，使我军在新技术革命和军事革命浪潮中赢得战略优势，也能直接推动我国经济建设的高效稳定增长。截至2015年年底，取得武器装备科研生产许可证和武器装备承制单位资格的企业已超过2400家，其中民口企业1600多家，内含民营企业近1000家，民营企业已经逐步成为一支不可替代的重要力量。[1] 如北京中航智科技有限公司的1.5吨重无人机获得军方的采购，民营蓝箭空间科技有限公司开始制造并发射了搭载卫星的火箭。

---

① 吴明曦：《军民融合深度发展的若干重大问题探讨》，《卫星应用》2015年第11期。

宝鸡有色金属加工厂是我国最大的以钛合金为主导产品的稀有金属材料专业化生产、科研基地，承担了数十项国家重大军工工程用材研制生产任务。陕西华特玻璃纤维有限公司为军工企业提供了大量耐高温、耐腐蚀的无机非金属材料。珠海云洲智能科技有限公司成功研制出我国第一艘察打一体导弹无人艇"瞭望者Ⅱ"，也是继以色列"海上骑士"导弹无人艇后全球第二款成功试射导弹的无人艇。目前，中国大约有3000家民营企业获得军品配套资格。"民参军"企业68%来自信息化领域，北斗导航、导弹光电设备、航空航天配套软硬件、舰船配套装备、航空发动机新材料和通用航空等领域，出现一大批新兴配套的民营企业。同传统军工企业相比，我国民营企业参与武器装备建设具有明显的体制优势、机制优势、人才优势、创新优势、市场优势和技术优势，是国防科技自主创新的生力军和武器装备建设的重要组成部分。

把地方高校和科研院所纳入国防科技工业协同创新发展中，既是国防科技工业协同创新发展的内在规律，也是加强研究型大学建设的重要途径。第二次世界大战以来，美国尤其重视高校在国防科技工业中的作用，全美有3000多所高校，接受国防部资助的大学有300多所。[①] 美国的研究型大学主要通过国防项目合同制和国家实验室管理体制两种方法参与军事研究，并从国防部领取科研经费。查阅美国2000年以来自然科学基金会的相关统计数据发现，在获得政府科研经费资助前100名的美国大学中，有高达75所研究型大学接受了

---

① 刘玮：《浅论美国研究型大学对国防战略工程的支撑》，《外国军事学术》2006年第3期。

国防部的支持，占高水平大学总数的 50%，其中不乏麻省理工学院、约翰·霍普斯金大学等名校，这些大学一般设立专门从事军事技术研究的实验室，广泛参与美军的军事科研项目，并取得了许多重大科研成果。[①] 如麻省理工学院研制了 150 多种雷达系统以及远程导航系统，斯坦福大学研发的导弹与宇航产品占全美国的 1/5，研发的电子计算机占美国的 1/8，军事电子系统和设备处于世界领先水平。[②]

在我国，2014 年，地方科研院所和重点高校承担先进工业技术、国防基础技术、军品配套协作等研究项目 1000 多项。据不完全统计，"十一五"期间，我国地方高校共承担国防军工任务 XX 项，国防科技总经费达 80 亿元。[③] 主要研究领域涵盖机械电子、新材料、信息通信、微电子、水声、新能源、光学等众多学科，研究成果应用于航空航天、兵器、舰船、信息电子、核工业等领域，承担项目涉及军口 973、军口 863、国防预研、新产品研制、军工配套、国防基础科研等类型。截至 2011 年，教育部直属 64 所高校中，有一半通过了军工保密资格认定和国军标质量体系认证，有近 30 家高校获得武器装备研制生产许可证，还有部分高校取得了武器装备承研承制证书。[④] 但我国高校承担的军事科研任务比例还很小，考虑到"十五"以来高校科研投入大幅度增长，估计参与国防科技活动院校的国防科研经费占

---

① 高云峰、陈希：《美国研究型大学与军事科研的互动发展》，《清华大学教育研究》2004 年第 10 期。

② 游光荣、赵林榜：《军民科技融合发展：理论与实践》，国防工业出版社 2017 年版，第 90 页。

③ 翁沈军：《高校构建国防科技创新体系的研究》，《中国高等科技》2013 年第 5 期。

④ 杨友文：《高校如何服务国防科技创新》，《中国高等科技》2012 年第 12 期。

总科研经费平均比例不超过 **10%**，麻省理工学院每年获得的军事科研项目经费就超过我国所有高等院校获得军事项目经费总和还多。[①]

相关科技中介机构是国防科技工业协同创新发展的主体沟通、成果转移的纽带和桥梁，也是降低交易费用，推动深度融合的重要手段。科技中介机构是依法以推动技术转移、开发利用为主要目的，通过提供技术扩散、成果转化、科技评估、资源配置、决策咨询、投资融资等专业化服务，在军队、相关企业、高等院校、科研院所、金融机构和政府部门之间发挥桥梁纽带作用的科技服务机构，对促进协同创新发展起到非常重要的作用。科技部在 2000 年发布的《关于大力发展科技中介的意见》中认为，科技中介机构主要包括生产力促进中心、科技企业孵化器、科技咨询与评估机构、技术交易机构、创业投资服务机构、农村技术推广服务组织等中介机构。科技中介机构主要履行信息技术沟通、成果转化、增值服务和资源整合四大功能。相关科技中介机构越完善，发挥的作用越大，国防科技工业协同创新发展的程度和质量就越高。

（二）法律关系客体

法律关系的客体就是法律所体现和保护的利益。在国防科技工业协同创新发展的背景下，国家军事利益与民事利益的对立统一关系将普遍化，为二者的法律调整提供了基础和前提。

[①] 游光荣、赵林榜：《军民科技融合发展：理论与实践》，国防工业出版社 2017 年版，第 90 页。

由于科技的发展使得私人物品的消费抗争性逐渐减弱，向准公共物品转化，并强化了与纯公共消费品——国家安全的联系，使国家安全的供给性更强。由此使得国防需求的公共性和国防供给的准公共性的矛盾，演化成为国防需求的公共性与私人性的矛盾。另一方面，社会主体法律权利的范围随着哲学概念上"人"的主体性的增强也在不断扩大，并得到不断发展着的法律的确认和维护。这就使国防需求与国防供给之间的法律矛盾范围不断扩大，程度不断加深。在此前提下，协同创新发展就平时和战时而言，涉及两个主要方面：一是平时国家军事利益与民事利益的融合性，这主要表现为潜在性；二是特定条件下的利益对抗性，如战时或紧急状态下二者的公共性与私有性的对抗，以及由此而产生的法律利益及关系调整。这一对抗关系是显性的，成为需要法律调整和平衡的主要对象。在平时，国家政治、经济和文化利益价值会较之于国防或军事利益价值更为重要，并且在实际上能够为国防和军事价值的实现奠定非常重要的基础。但在战时，军事利益就成为其他利益的基础，这种价值没有固定的排序。

军队是国家军事利益的主体。在协同创新发展背景下，军队内部纯粹的军令系统，也将不可避免地通过军政系统涉及对社会公共资源的运用，从而对社会产生较大范围的影响。军队面对的利益主体包括组织和个人，这些组织和个人既通过为军队服务，体现和维护国家军事利益，又同时在一定程度上保持与军队的相对独立性，从而形成军队不得不面对的具体与抽象的国家军事利益的矛盾统一。因此军队必须注意军队内部施行的法律——核心军事法和军队与社会之间适用的法律——国防法律之间的衔接性，防止法律冲突。从有利于法律衔接的角度看，军事法与国防法的衔接和国防法立法的推进必须由军地联合立法主体共同实施，这是保障立法质量的前提和基础。

国防科技工业协同创新发展的过程，也是民营企业和高校等主体"参军"的过程。在市场经济条件下，这些主体（包括公司化经营的军工集团），它们是把逐利性放在第一位的，"参军"更多是看中了军品的高额稳健利润，其次才是国防安全与军事安全。所以在立法的时候，在不放松对这些"参军"主体的产品和服务符合国防安全与军队要求的同时，应该最大限度承认和认可这些主体"参军"的高额利润动机，运用法律制度保障其利润的实现，这样才能充分调动这些主体的积极性和创造性，也能较好地促进协同创新发展。

（三）法律关系内容

国防科技工业协同创新发展的法律关系中，无论是"民参军"还是"军转民"，在市场经济的大环境中和依法治国基本方略指导下，其核心还是一种合同关系，这些合同主要包括科研合同、采购合同、服务合同、招投标合同、服务合同、维修保障合同等，主要是科研采购合同，其内容都涉及合同的权利与义务。

上述合同关系既不同于平等主体之间的民事合同关系，也不同于存在隶属关系的行政合同。装备采购条例明确规定了军队装备采购部门与承制单位之间为采购合同，但合同性质在学术界有争议，在国家法律规定中也没有明确，所以合同法没有将武器装备采购合同完全纳入其调整范围，合同法分则规定的有名合同中没有武器装备采购合同。

上述合同，兼具民事和行政双重属性。军事机关作为甲方和采购方，与乙方并不存在身份隶属或者领导关系，二者法律地位是平等的，在签订相关合同时候，遵循一般民事合同的规定。但是对国防利益和国家安全而言，其本义应该大于"民参军"相关主体的权益，这个时候双方又不是完全平等的，一旦合同利益与国防利益和国家安全发生冲突，合同利益是要让位于国防利益的。所以，军队可以依据军事威胁、武器装备经费等因素单方面变更、解除和终止合同。对于这种情况，现行法律往往采取行政复议方式解决纠纷，即行政合同的性质。2003 年原总装备部发布的装备采购合同管理规定第 47 条规定：合同履行中发生纠纷的，当事人可以通过协商解决，达成的协议双方应当履行。协商不成的，由总部分管有关装备的部门、军兵种装备部进行调解。装备承制单位对调解仍有异议的，可向总装备部申请复议。

四、国防科技工业协同创新发展立法的研究现状

当前学术界对协同创新发展的研究，内容丰富，视野开阔，但专门涉及其法律制度问题的研究比较少，国防科技工业协同创新发展立法问题的相关研究更少，这与国防科技工业领域是协同创新发展最主要、最核心领域的地位是不相称的。[①]

---

① 在网络数据库资源中，截至 2018 年 12 月，以"协同创新发展"和"法律制度"两个词作为关键词，使用精确匹配进行不限时搜索，查询了以下资料库：万方数据库有相

（一）关于世界主要国家相关立法的研究概况①

很多学者在研究国外主要大国不同军民融合发展模式和道路时，会简单涉及国防科技工业协同创新发展的相关法律制度问题，还有学者单独研究某个国家军民融合发展相关的问题，会对法律问题有所论述，这为我国国防科技工业协同创新发展相关法律制度的移植提供了有益借鉴。但这些研究，主要是从宏观的方面进行阐述，如协同创新发展的体制、协同创新发展的模式、协同创新发展的过程、协同创新发展的做法，军工产品的采办等，对法律制度层面的关注不多。

军事科学院军民融合研究中心出版的《美国军民融合研究报告精选（第一辑)》一书指出，美国推动军民融合发展比较早，成效比较显著。国家层面出台的诸如《军民融合潜力评估》等战略报告获得美国国内各方广泛的认同。美国出台了一系列重要的法律、法规和重要计划，如国会从 20 世纪 90 年代起的年度国防授权法都包括了推动军民融合发展的条款，还有国会的联邦采办改革法等，这些都明显加快了推进军民融合发展的步伐。2001 年，美国政府在年度国防报告

关论文有 11 篇，中国博士硕士学位论文数据库有相关论文 3 篇（全为硕士论文），中国期刊全文数据库（中国知网）有相关论文 690 篇；以"协同创新发展"为关键词，使用精确匹配进行不限时搜索，查询了以下资料库：CNKI 中国引文数据库有相关论文 999 篇，全国重要报纸全文数据库有相关文章 2852 篇。上述查询共搜索到相关论文和文章 4554 篇（包括重复的篇数），对本课题有直接参考价值的论文共计 125 篇，有价值的文章共计 78 篇，合计 203 篇。

① 截至 2018 年 12 月，以"主要国家"和"协同创新发展"为关键词，使用精确匹配进行不限时查询，查询了以下资料库：中国期刊全文数据库有相关论文 22 篇，中国博士硕士论文数据库有 2 篇相关博士论文，万方数据库有相关论文 336 篇。

中宣称截至当年，美国原先军民分离的两个工业基础已经融合为一体了。①

　　赵澄谋、姬鹏宏等在《世界典型国家推进军民融合的主要做法分析》一文中，②归纳4种模式，美国的"军民一体化"模式、日本的"以民掩军"模式、俄罗斯的"先军后民"模式和以色列的"以军带民"模式。在"军民一体化"模式下，③美国国会等立法机构颁布相关法律确定军民融合发展的战略规划和措施。④国防部根据国会等机构的法案和政策，出台具体规定和措施推进军民融合发展。国务院各部形成了跨部门的联合协同机制，配合国会和国防部的措施促进军民融合发展，通过成立相应管理机构，实施各种军民融合发展的法规和计划，资助高校、非营利机构、军队（政府）科研院所从事基础研究或预先研究，吸引私营企业从事军民两用技术开发，培育开放型产业链和军民结合型创新主体。在"以民掩军"模式⑤下，日本通过法律对

①　军事科学院军民融合研究中心：《美国军民融合研究报告精选（第一辑）》，军事科学出版社2012年版，第13～18页。

②　赵澄谋、姬鹏宏、刘洁、张慧军、王延飞：《世界典型国家推进军民融合的主要做法分析》，《科技政策与管理》2005年第10期。

③　"军民一体化"是通过军政部门、军方、军工部门和企业的改革与合作，打通军民两用技术和资源双向转移的渠道，使得原先军民分离的两个工业基础基本融合为一体。

④　1990年开始，美国国会通过年度《国防授权法》和制定《联邦采办改革法》等一系列重要法案，鼓励采办民用企业的技术和产品，明确提出逐步建立一个"无缝"的国家科技工业基础。《美国军民融合研究报告精选（第一辑）》，军事科学出版社2015年版，第11页。

⑤　特指日本在第二次世界大战后，由于军事力量发展受到限制，依赖本国民间企业发展国防科技和生产武器装备，进而构建协同创新发展的国家体系。日本一直没有形成一套独立完整的国防科研生产体系，但其民间企业在国防研究开发能力、技术水平、经济实力和经费投入等方面都具有强大的优势。近几年来，作为经济大国的日

相关民营企业给予重点扶持和优惠补贴政策，以保护可生产军品的重点民间企业和主要军品生产线。在"先军后民"模式①下，俄通过立法大力促进"军转民"，国家杜马制定了《俄罗斯联邦共和国国防工业"军转民"法》，俄政府先后制定了《1995—1997年俄联邦国防工业转产专项计划》《1998—2000年国防工业"军转民"和改组专项规划》《2001—2006年俄罗斯国防工业改革和发展规划》等，在确保高技术武器装备的研制生产能力的同时，大幅度削减军工企业，充分发展并出口军民两用技术。在"以军带民"模式②下，以色列大力推行"军转民"和"民转军"，重视军工企业的军民结合，国防部研制机构实行市场化公司运作。

本，为了谋求政治大国和军事大国的地位，不断加大国防科研投入，大力发展本国的民间军事工业，通过政策和资金方面的倾斜，大大促进了军民两用技术和产业的迅速发展。日本形成高度集中的管理体制与政、军、民相结合的决策运行机制。在管理体制上高度集中，内阁总理大臣亲自掌管国防事务，包括协同创新发展事务。由总理任主席的国防会议（或安全保障会议）负责最终审批和决策涉及协同创新发展战略，防卫省负责具体执行。在运行机制上，作为民间防卫产业界代表的防卫生产委员会等民间组织通过恳谈会、联谊会等形式同日本政府和决策人员进行协商面谈，提出决策咨询建议，连同政府部门意见和军方意见在内阁会议进一步协调，最后再正式提交安全保障会议进行最后的审议和决策。

① "先军后民"模式，实际是一种既想避免军民分离弊端、又不想放弃独立军工体系的折中做法，是俄罗斯在建设国家创新体系时，企图在协同创新发展的过程中，在国家战略和各种利益主体的矛盾冲突下形成的一种发展态势。这种模式与冷战时期，苏联把军事工业放在突出的优先地位，其国防工业和民用工业基本处于"两张皮"的状态是密不可分的。

② 国家把军事工业作为经济增长的先导产业，不断扩大军工技术成果转化应用力度。同时，积极推动部分实力雄厚的军工企业拓宽生产经营范围，鼓励开发生产民用产品。这种模式主要是以色列建设国家创新体系采用的发展策略，这与长期以来以色列周边紧张局势密不可分。

卢周来和于连坤等在《世界各主要国家军民融合建设评介》一文中，从机制设计、制度规定和国防科技与生产等方面梳理归纳了世界主要国家军民融合发展的有益探索，各主要国家都注意通过立法使国防经济与经济社会发展相协调，主要包括宪法、宪法指导下的一系列相关军事法律、专门用以协调特殊领域民用部门与国防安全之间关系的立法，以及各种条例、规定或计划等四个立法层次。[①]

李洁和张代平在《俄罗斯推动装备建设军民融合的主要做法》一文中，对俄推动装备建设军民融合发展的主要做法进行归纳。俄注重从国家层面指导军民融合发展的推进，通过国家安全战略、军事学说、军事战略等明确提出军民融合发展的原则及要求。建立由总统任职的国家安全委员会主管、俄军事工业委员会协调决策、俄工业与贸易部成立跨部门军民两用高新技术创新与转换中心进行评估的体制。颁布《俄联邦国家国防订货法》和《保护竞争法》，明确军民融合发展领域的竞争以反垄断为基本原则。恢复军代表体系，加强各类企业质量监管。张代平、李洁和刘文平还对世界主要国家推进军民融合发展进行了分析总结，各主要国家普遍设立国家层面的跨部门协调机构，为军民融合发展提供体制保障，同时制定各类法律法规，强制要求军方实行最大化公开竞争。[②]

金一南在《国外军民融合发展情况及启示》一文中，对世界主要经济体，如美俄、欧盟、印度、巴西、日本、以色列等国的不同军民

---

① 卢周来、于连坤、姜鲁鸣：《世界各主要国家军民融合建设评介》，《军事经济研究》2011 年第 2 期。

② 李洁、张代平：《俄罗斯推动装备建设军民融合的主要做法》，《国防》2014 年第 5 期。

融合发展模式进行归纳总结，给我们的启示是科技力量是决定军民融合发展质量的关键环节，市场运作是军民融合发展的体制性基础。政府权威主导，成为军民融合发展程度和范围的强力监管者，高层决策机构整合是军民融合发展进程的必然产物。[①]

范肇臻在《俄罗斯国防工业"寓军于民"实践及对我国的启示》一文中，分析研究了俄罗斯国防工业"寓军于民"模式。为了扭转苏联解体后出现的混乱现象，重振雄风，俄罗斯采取了一系列促进国防科技工业转型的重大决策。从国家战略高度推进军民融合发展，大力推行军转民政策，出台大量的"军转民"法律制度，规定了"军转民"的原则、方向、重点等，推动军民两用工业基础的结合，为金融资本进入国防工业领域开辟渠道，打破了军工自成体系和封闭垄断，建立起军民互动机制，形成军民高科技共享和相互转化的良好格局。给我们的启示是，政府的正确指导与扶持是国防工业军转民成功的关键；建立完善的军转民协调机制；军工企业推进股份制改造应做好统筹规划、循序渐进；鼓励和引导多种所有制经济参与国防工业科研生产，做好军民结合科技支持体系。[②]

吴昊、游光荣和赵林榜在《美国军民融合立法概况及其启示》一文中，梳理了1990年以来美国国会颁布的军民融合发展相关的法律或法令，主要包括放松管制扩大民品采购、明确机构加强军地协调、适度融入确保核心保障能力、提高素质加强采办队伍建设、强化采购

① 金一南：《国外军民融合发展情况及启示》，《中国军转民》2014年第5期。

② 范肇臻：《俄罗斯国防工业"寓军于民"实践及对我国的启示》，《东北亚论坛》2011年第1期。

竞争，发挥市场配置基础作用等 9 个方面，得出了对我国推进军民融合发展建设的 3 条启示，即健全配套的法律体系是推进军民融合发展的关键，在法律框架下必须有各种配套的政策及实施计划作为支撑，必须建立健全相关机构配合法律贯彻落实。①

吴翔飞在《美国军民融合法律机制研究》一文中，分析了美国军民融合发展的法律机制，相关国家战略奠定军民融合发展基础，通过不断完善立法，包括独具特色的国防采办法律制度，来规范和促进军民融合发展。美国军民融合发展的运行法律体系完备、层次分明，由基本法、专项法规和"计划"组成。这些法律为美国军民融合发展制定了行为依据，有序地规范和推动了军民融合发展的各项工作。②

（二）我国相关立法的研究概况③

有些学者从整体上研究当前我国军民融合发展的问题，也有专门研究国防科技工业协同创新发展的问题，不同程度地揭示了当前相关立法的一些状况、存在问题，也提出了一些有意义的具体建议和意见。

姜鲁鸣在《推动军民融合发展的思考》一文中指出，改革开放

---

① 吴昊、游光荣、赵林榜：《美国军民融合立法概况及其启示》，第十五届中国科协年会论文集，2013 年。
② 吴翔飞：《美国军民融合法律机制研究》，《延安大学学报（社会科学版）》2010 年第 4 期。
③ 截至 2018 年 12 月，以"中国协同创新发展"和"立法研究"为关键词，使用精确匹配进行不限时查询，查询了以下资料库：中国期刊全文数据库有相关论文 12 篇，中国博士硕士论文数据库有 4 篇相关博士论文，万方数据库有相关论文 20 篇。

三十多年来，尤其是十八大以来，我国在军民融合发展道路上取得了显著成效，明确将军民融合发展上升为国家战略、政策法规环境不断优化、重点领域融合发展成效显著。但总体上军民融合发展的层次还比较低，融合范围还比较窄，融合程度还比较浅，其主要根源是部门利益固化，相互分离的军地两大系统仍然表现出强大的运行惯性，与军民深度融合的国家战略目标形成很大矛盾。应该通过建立健全军民融合发展的体制机制、加强融合战略规划机制建设、健全需求对接机制、健全资源共享机制、健全监督评估机制、完善融合法规体系和健全军民融合发展的政策和标准体系来解决。①

王卫军在《军民融合式发展中的法律纠纷及其解决路径》一文中指出，当前我国军民融合发展在立法上还存在立法层次不高、法律法规不够完备、法律制度间存在冲突以及法律体系尚未建立等诸多问题，需要通过深入细致的立、改、废工作，出台军民融合发展基础性法律规范，畅通军民融合发展的军地协调渠道，建立一个完备的、与市场经济改革相适应的军民融合发展的法律法规体系，以推动军民融合发展朝更深层次发展。王卫军还归纳了军民融合发展中的法律纠纷的多样性带来多种解决模式，包括调解、行政复议、仲裁以及诉讼等。为满足实践中纠纷解决的需要，仍需进一步完善救济立法、健全救济机制、整合救济资源。②

汪周松和李英成在《完善军民融合体制机制统筹配置重要国防资

---

① 姜鲁鸣：《推动军民融合发展的思考》，《中国国情国力》2017 年第 1 期。

② 王卫军：《军民融合式发展中的法律纠纷及其解决路径》，《军事经济研究》2011 年第 7 期。

源》一文中指出，国家在统筹配置重要国防资源过程中，① 存在配置决策过程不科学、管理体系不合理和配置法律法规不完善等问题，要通过完善军民融合发展体制机制，建立健全重要国防资源统筹配置的决策体制和运行机制，健全完善重要国防资源统筹配置的利益协调和沟通协商机制，加快建立重要国防资源统筹配置的法律法规，实现重要国防资源的配置与统筹，并以此推动更高层次、更广范围和更深程度的军民融合发展。②

王淑平、张军、朱晓梅和许智慧等在《推进我国军民融合制度建设面临的问题及对策》一文中指出，我国军民融合发展的法律制度建设存在国民军民融合发展的意识不强、传统分体化建设体制机制根深蒂固、军民分离的技术标准体系尚无根本改变、军民融合发展缺乏政策法规遵循等体制、机制的深层次问题，需要建立和完善军民融合发展的领导和决策体制，赋予国家相关综合部门军民融合发展建设决策的职能，逐步统一军民用技术标准，并出台相关政策和法规为推进军民融合发展建设提供法律保障来加以解决。③

---

① 重要国防资源，是指对国家应对威胁、巩固国防，对军队信息化建设、战斗力提升、增强完成多样化军事任务能力等方面，具有重要和直接支撑作用的财力、物力和人力资源的统称。重要国防资源，既包括由军事系统掌握的国防费、重要武器装备、新型作战力量、大型军事设施等重要军事资源，也包括由政府甚至其他社会机构参与投资形成的国防基础设施、国防科技工业、国防战略储备以及高素质国防人才等涉及国防功能的其他重要资源。

② 汪周松、李英成：《完善军民融合体制机制统筹配置重要国防资源》，《军事经济研究》2011 年第 4 期。

③ 王淑平、张军、朱晓梅、许智慧：《推进我国军民融合制度建设面临的问题及对策》，《军事经济研究》2010 年第 9 期。

王卫军在其博士论文《中国特色军民融合式发展法制保障研究》中指出，完善军民融合发展相关立法，必须有正确的立法价值取向，完善的军地立法协调机制，以及科学的法律法规体系。在执法方面，军民融合发展的法律的有效执行有赖于完善的领导机构、高效的运行机制和良好的执法者。对军民融合发展中的司法救济，要针对不同类型，在完善调解、行政复议、仲裁、诉讼等救济途径的基础上，进一步完善救济立法、健全救济机制、整合救济资源，确保纠纷妥善解决。此外，还应加强对军民融合发展的法律监督，要针对当前法律监督存在的主要问题，完善监督立法、加强监督协调、改进监督方式、提高监督者素质，维护法制的权威，确保法律的有效执行。

徐辉在《我国军民融合深度发展的内涵要求》一文中指出，当前各方对军民融合发展的范围和深度认识还不统一，顶层设计不足、缺乏统一领导，主体法律缺乏、法规建设不完善，这是当前我国军民融合发展的主要矛盾。因此，我国军民融合发展应致力于强化认知、凝聚共识；充分发挥需求牵引、国家主导作用、做好顶层设计；军地协同、统一部署；推动军民融合发展法制化制度化建设。①

黄天明在《军民融合式发展与国防合同立法的价值选择》一文中指出，军民融合发展归根结底是利益的融合，国防合同是市场经济中军民利益融合的天然纽带，是实现军民融合发展的必然选择。随着社会经济市场化程度越来越高，订立国防合同日渐成为国防领域习惯性的交易环节，世界各国有关国防合同的立法逐步发展。从我国情况看，

---

① 徐辉：《我国军民融合深度发展的内涵要求》，《国防科技》2014 年第 4 期。

在构建中国特色军民融合发展模式的过程中，国防合同发挥着重要的作用。基于行为人的自利化选择，军民利益博弈贯穿军民融合发展始终，而军民融合发展也不断带来新的利益安排要求，国防合同不可能确定全部交易事项，这就必须依靠强有力的法律制度安排来解决军民利益冲突，通过立法合理界定国防合同中各主体的权利义务，为军民融合发展提供一种规范并具有强制意义的行为模式。由此，国防合同立法也就成为了军民融合发展制度安排不可或缺的重要组成部分。①

陈晓和平洋在《军用标准化改革与军民融合发展》一文中指出，军民融合发展的不断推进对军用标准化改革提出了新的更高的要求，从建立内生经济增长模型入手，用标准强度来研究军用标准化改革与军民融合发展之间的关系，有助于在一个统一的框架下来设计科学合理的军用标准化制度，以发挥其在技术进步、资源配置和国防科技工业发展方面的杠杆、调节和导向作用，军工企业才能在军民融合发展的过程中又好又快发展。②

游光荣和赵林榜在《军民科技融合发展理论与实践》一书指出，由于体制机制等因素，军民两大创新体系分离格局没有被打破，军民资源配置效能远没有得到充分发挥。要坚持完善顶层协调机制，实现国防科技集中统管，实现国家科技和国防科技统筹，优化装备采购组织体制和流程，把竞争作为配置国防科技资源的基本手段，推行竞争性采购、信息交互和监管机制，健全配套法律制度，鼓励军队科研机构、地方科研

---

① 黄天明：《军民融合式发展与国防合同立法的价值选择》，《军事经济研究》2009 年第 4 期。

② 陈晓、平洋：《军用标准化改革与军民融合发展》，《南京政治学院学报》2015 年第 4 期。

机构和高校、民营企业、军工集团及相关中介机构参与军民融合。①

毛国辉主编的《军事装备法律制度概论》一书，深入研究了军事装备管理体制和法律制度，包括装备科研、生产、采购、保障、动员、技术基础、合作与交流等内容，并从理论和实践的结合上，探讨了如何完善上述制度。②

姜鲁鸣、罗永光和刘群在《我国武器装备军民融合发展面临的突出问题与对策》一文认为，当前武器装备科研生产体系军民融合发展面临的突出问题是相关体制机制、政策法规等与军民融合发展的要求不相适应。要从根本上化解这些问题，要制定实施武器装备军民融合发展战略规划，完善武器装备军民融合发展的管理体制，夯实军民融合发展的国防科技工业基础，健全武器装备融合式发展的法律法规。③

梁毅雄在《我国民营企业参与军品科研生产法律制度研究》一文中，分析当前民营企业参与军品科研生产法律制度存在的主要问题，对比了美国和俄罗斯相关领域的立法和制度运行情况后指出，由于国内相关法律体系没有建立、法律规定与国家政策不同步、不同市场主体适用法律规范不一致等原因，我国优势民营企业参与军品科研生产存在制度壁垒，应通过确立保护军品市场竞争的法治理念、构建促进军民融合发展的法律体系、建立和完善相关配套法律制度，来破解难题。④

---

① 游光荣、赵林榜：《军民科技融合发展理论与实践》，国防工业出版社 2017 年版，第 35—72 页。

② 毛国辉主编：《军事装备法律制度概论》，国防工业出版社 2012 年版，第 23—55 页。

③ 姜鲁鸣、罗永光、刘群：《我国武器装备军民融合发展面临的突出问题与对策》，《军事经济研究》2010 年第 7 期。

④ 梁毅雄：《我国民营企业参与军品科研生产法律制度研究》，《国防科技》2015 年第 3 期。

梁毅雄在《军民融合发展法律问题探析》中还指出，我国国防科技工业军民融合发展过程中，存在相关法律法规冲突、政策需求掩盖法律法规需求、制度创新滞后于发展理念等问题。当前，为推进国防科技工业军民融合发展，应该在立法上建构国防科技工业军民融合发展的法律体系，针对立法层次不高、有较多法律空白的现实问题，制定《国防生产法》《军事订货法》等相关法律，处理好军地法律法规的衔接，建立统一的实体法平台。①

马惠军在《论国防科技军民融合发展的知识产权保护》一文中指出，在军民融合发展的背景下，民营企业大量进入国防科技创新领域，国防科技自主知识产权的数量与日俱增，产权制度供给不足成为限制军民融合发展的现实障碍。必须从基本制度入手，构建国防科技自主知识产权法律保护体系；改变产权单一结构，促进国防科技投资主体多元化；加强国防科技成果转化的法律制度建设；促进国防科技自主知识产权为国家经济发展服务；以国防科技自主知识产权的兴起为契机，创造军民融合发展环境。②

（三）相关法理的研究概况③

还有学者研究了军民融合发展相关理论及政策，涉及政治、经

---

① 梁毅雄：《军民融合发展法律问题探析》，《国防科技工业》2012 年第 5 期。
② 马惠军：《论国防科技军民融合发展的知识产权保护》，《军事经济研究》2009 年第 6 期。
③ 截至 2018 年 12 月，以"军民融合"和"理论"为关键词，使用精确匹配进行不限时查询，查询了以下资料库：中国期刊全文数据库有相关论文 150 篇，中国博士硕士论文数据库有 29 篇相关博士论文，万方数据库有相关论文 756 篇。

济、军事等多个方面，加深了国防科技工业协同创新发展立法研究的理论基础。

毛国辉在《军民融合视野中的国防权力配置——兼论国防立法的完善》一文中认为，军民融合发展离不开合理的资源配置与体制机制，而法律是权力配置最重要的载体。随着军民融合深度发展，国防立法应着眼国家安全及利益拓展的需求，在国家利益平台上统一优化配置国防权力资源，确保国防权力配置的合理化、科学化，即完善国防决策的顶层架构，构建国防权力运行的协调机制，强化政府的国防行政权力，剥离军事统帅权中的非军事职能，既实现国防权力协调配置与良性互动，又为国家的安全、可持续发展提供坚强的后盾。①

高剑在《经济伦理视野下的军民融合发展》一文中研究指出，经济伦理的核心是如何实现经济的合理性与伦理的正当性统一。经济的合理性要求对资源进行合理配置，实现经济效益的最大化，伦理的正当性则要求实现人的价值与尊严，最终达到幸福。自由、公平、竞争是实现这一目标的基础。军民融合发展不仅要求国防和军队现代化建设深深融入经济社会发展体系之中，同样也要求国防和军队建设促进国家经济社会发展。而在这相互兼顾、相互促进的关系中，可以看到伦理与军民融合发展的内生关联。从经济伦理的角度审视军民融合发展，就是要在注意军民融合发展符合经济自由要求和充分体现市场竞争原则的同时，确保改革成果全民公平共享。②

---

① 毛国辉：《军民融合视野中的国防权力配置——兼论国防立法的完善》，《当代法学》2011 年第 6 期。

② 高剑：《经济伦理视野下的军民融合发展》，《军事经济研究》2010 年第 9 期。

　　李健、胡军平和宋伟的《微观、中观和宏观的军民融合度研究》一文中指出，军民融合度是反映军民融合程度的量值，包含微观军民融合度、中观军民融合度和宏观军民融合度三个度量维度。① 微观军民融合度是基于个体而言；中观军民融合度是基于总体数量而言，其可以对横向的区域与区域之间或纵向的不同时间段内的军民融合程度进行计算和比较；宏观军民融合度则是基于整个系统而言的，可以从总体上把握一个国家军民融合程度科学认识和运用军民融合度。把定量分析、定性分析与主观判断有机结合，科学全面地认识和运用军民融合度，才能把军民融合度的研究引向深入，也有利于推动军民融合工作向深度发展。②

　　王健在《在辩证统一中把握军民融合式发展之路》一文中指出，军民融合发展是一项宏大的系统工程，需要坚持富国和强军的辩证统一，统筹经济建设和国防建设资源，找到实现国防利益和经济利益的中介；坚持市场调节和发挥国家宏观计划调控作用的辩证统一，深化国防研发企事业单位的市场化改革，完善民用企业参与国防开发的体制机制；坚持利用国际分工与提高自主创新能力的辩证统一，有效地整合外部资源，形成合力推动自主创新。③

---

① 学者一般认为，协同创新度是国防动员建设融入国家经济建设，存在一种可能性边界，即融入度。协同创新度是指针对某一特定对象、领域或某一地域范围的军用和民用系统的交融、结合的状态、水平和程度。描述这种融合状态只要有足够的数据是可以计算出系统间的融合程度的，且由此计算出的结果就是协同创新度。

② 李健、胡军平、宋伟：《微观、中观和宏观的军民融合度研究》，《军事经济研究》2012年第4期。

③ 王健：《在辩证统一中把握军民融合式发展之路》，《军队政工理论研究》2008年第6期。

褚倩倩在《关于推进军民融合深度发展的思考》一文中指出，当前军民融合的理论研究大多着眼于政治层面，而优化资源配置才是军民融合发展的本质，也是国防建设与经济建设的逻辑起点。其关键在于社会总需求的牵引，并兼顾多种主体的权利和利益。在优化资源配置中，国家注重顶层设计，各级政府部门按职能分工贯彻军民融合发展战略，军队重在破除封闭体系，产业界注重产业融合，企业要坚持市场导向。这样才能打破军和民相互分割的局面，充分发挥市场在资源配置中的决定性作用，使资源能够在军和民之间合理配置并自由流动，进而优化总体资源配置，提高资源的使用效率，获得国防安全利益和经济利益双重产出。①

（四）相关政策的研究概况②

从我国实际情况来看，政策在立法中占有非常重要的地位，尤其是在军民融合发展的过程中，在现有立法还不够完善的情况下，政策在推动协同创新发展过程中起到主导性作用。有的学者研究了我国军民融合发展的相关政策，并指出了政策的不足，为国防科技工业协同创新发展立法提供了很好的研究资料。

徐辉在《我国军民融合深度发展的政策环境研究》一文中指出，

---

① 褚倩倩：《关于推进军民融合深度发展的思考》，《北京理工大学学报（社会科学版）》2016 年第 4 期。

② 截至 2018 年 12 月，以"协同创新发展"和"政策"为关键词，使用精确匹配进行不限时查询，查询了以下资料库：中国期刊全文数据库有相关论文 292 篇，中国博士硕士论文数据库有 24 篇相关的博士论文，万方数据库有相关论文 881 篇。

当前我国尚未建立起军民融合发展的良好法律制度环境，存在军民融合发展的相关法律制度少，政策多、一些领域政策未能实现有效突破、民参军政策还有待完善、国家保密政策法规有待完善等问题。提出要加快制定军民融合发展的基本法律制度、强化军地法规衔接、注重重点难点法规试点先行、建立政策法规的第三方评价监督机制和建立政策法规建设的组织保障体制等五个方面的建议。①

安孟长和徐曼在《我国军民融合发展的政策研究》一文中指出，推进军民融合发展是党中央长期坚持的一项重要方针，战略重点地位越来越突出。为了不断推进军民融合发展，在党中央的指导下，我国出台了一系列政策。从国家层面，各项推动军转民、民参军的指导政策不断完善，以2010年国务院和中央军委联合发布37号文为标志，政策的完整性、影响力呈优化趋势，指导性政策框架基本形成。在地方政府层面，积极出台推进军民融合发展的相关政策，不仅实现了军民互动、民用反哺军工的良性循环，也推动了地方经济的发展。②

（五）现有相关立法研究的主要问题分析

现有关于国防科技工业协同创新发展的研究，成果众多，但也存在明显的问题和不足，相关立法的研究明显较少。

第一，研究协同创新发展的专著成果较多，但专门研究协同创新

---

① 徐辉：《我国军民融合深度发展的政策环境研究》，《中国军转民》2015年第4期。
② 安孟长、徐曼：《我国军民融合发展的政策研究》，《军民两用技术与产品》2014年第12期。

发展的法律制度的成果不多，更没有专门研究国防科技工业领域协同创新发展的立法问题，不符合国防科技工业作为协同创新发展最主要、最核心领域的地位要求。而且现有关于协同创新发展的相关法律制度研究成果基本都是以论文或文章形式出现，无法系统深入地研究协同创新发展的立法理论与现实问题，也无法为推进相关立法提供有效的理论支撑。

第二，现有研究大多属于问题对策型研究报告，缺乏相应的理论和实践深度。在涉及协同创新发展相关的立法问题时候，很多学者直接指出当前我国协同创新发展的法律制度存在的问题，针对问题直接给出立法建议，或者对照国外的做法，给出相应的立法对策，缺乏对当前经济社会和体制问题深度分析，以及国外相关做法的具体国情、原因分析等，导致协同创新发展的立法建议泛化。

第三，协同创新发展的相关法理研究不多。相关法理研究能充分认识协同创新发展的法律制度本质，也能够解决许多协同创新发展重大理论和现实问题，为相关法律制度的完善奠定良好的基础。当前的这方面的相关研究不多，导致相关立法建议在数量和质量上均有待进一步提高。

第四，中国历史上协同创新发展相关法律制度和思想的研究较少。中国几千年历史，各项制度和文明曾长期走在世界前列，也曾有过协同创新发展相关的法律制度和思想，对促进当时国防建设和经济社会发展都产生了积极作用，如古代驿站军事交通直接用于经济社会发展，边境军队屯田与现代的生产建设兵团，这些本土的资源应该成为我们研究的内容之一。

　　第五，缺乏对当前中国协同创新发展模式研究。法律是现有物质
生活的反映。什么样的协同创新发展模式就导致什么样的协同创新发
展的法律制度。只有真正弄清楚我国协同创新发展的现状及其模式，
才能真正推动相关立法研究。

　　第六，缺乏当前军事斗争准备中新兴行业协同创新发展相关立法
的研究。当前的网络信息空间、太空、海洋等新兴行业中，协同创新
发展迅速，但相关立法存在空白，相关研究也比较欠缺。

　　第七，缺乏相关国际法与协同创新发展相关法律制度的关系研
究。在战争与武装冲突法中，对平民和战斗人员、军用目标与民用目
标的区分和保护，有原则性规定和限制。在国际人道法中，有对平民
的界定和保护等内容。在协同创新发展的情况下，如何对平民及其设
施进行界定和区分保护，需要有相关法律制度的规定，以避免违反相
关国际法，造成不必要的损失和被动局面。

五、本书的研究目的、方法、依据与意义

（一）研究目的

　　在研究当前国防科技工业协同创新发展的立法现状基础上，归纳
存在的主要问题和矛盾，剖析其背后深层次的经济社会和体制机制原
因，借鉴国外不同协同创新发展模式下的立法经验启示，提出符合我
国国防科技工业协同创新发展实际需要的立法原则、立法模式和具体

立法建议。当然，根据我国的实际情况，本书所说的国防科技工业协同创新发展的立法研究，不仅包括过去的和相关法律制度，也包括将要制定的相关法律制度，还包括相关法律思想、国家政策和管理体制的研究。

（二）研究方法

在具体的研究过程中，主要运用以下研究方法：

第一，历史分析法。研究协同创新发展相关立法的历史发展，重点研究古代中国类似的法律制度及其启示。

第二，比较分析法。比较国外协同创新发展的法律制度概况，对美国、俄罗斯、日本、以色列等国家协同创新发展的法律制度进行比较，概括了国外几种立法模式。

第三，系统分析法。以习近平同志关于军民融合发展相关论述为根本遵循，总体国家安全观为总原则，完善顶层机构的协调与管理为出发点，对促进协同创新发展立法进行了系统研究。

第四，辩证分析法。研究与军队改革和经济发展实际相符合，注意战时立法与平时立法相区别，兼顾国防安全与市场效益，结合竞争激励与优惠补偿，在继承借鉴与创新发展中不断完善法律制度。

（三）研究依据

党的十七大提出要统筹经济建设和国防建设，走出一条具有中国特色军民融合式发展路子的重大战略举措。党的十八大又进一步提出：坚持走中国特色军民融合式发展路子，坚持富国和强军相统一，加强军民融合式发展战略规划、体制机制建设、法规建设。为使协同创新发展取得突破，党的十八届三中全会提出军民融合深度发展的国家战略，并将其作为国防和军队建设改革的三项任务之一。党的十八届四中全会又提出加强军民融合深度发展法治保障，军民深度融合八大体制机制，就包括了军民融合发展的法律法规和政策体系。[①] 党的十八届五中全会就制定"十三五"规划时，明确提出"推进军民融合发展立法"。党的十九大明确提出，形成军民融合深度发展格局，构建一体化的国家战略体系和能力。这些都是我们开展国防科技工业协同创新发展立法研究的主要依据。

（四）研究意义

完善国防科技工业协同创新发展的法律制度，是信息时代市场经济发展成熟的必然要求，是全面落实依法治国、深入推进依法治军从严治军的必然要求，也是切实推进国防与经济建设协调发展的制度保障，更是落实这一国家战略的具体要求。作为协同创新发展的主要核心领域，国防科技工业协同创新发展的相关立法研究，成为构建和完善相关法律制度的前提和基础，直接关系到国防科技工业与经济建设的健康良性发展，也关系到国家长治久安与经济发展。

---

① 　参见《中共中央关于全面推进依法治国若干重大问题的决议》，《解放军报》2014 年10 月 29 日。

　　第一，符合信息化战争的需要。信息时代的新军事变革带来了军民两用技术的大规模应用和昂贵的信息化装备与战争，这为军民深度融合提供了基础和动力。当前以美国为首的工业发达国家的军事技术，其中 85% 是军民两用技术，纯军事技术仅占 15%。① 同样"国内 IT 行业超过 80% 的生产和制造都是由民营企业完成的，民营企业已成为国防建设一支不可忽视的力量"。② 完善国防科技工业协同创新发展相关立法，为广大民营企业进入国防科技工业、助力信息化时代的武器装备建设，为国防技术转化为民用提供制度保障。

　　第二，适用市场经济发展的要求。随着市场经济体制下经贸全球化的快速发展，国防生产采购市场将向市场、甚至国际市场发展，全球化市场的装备和技术采购将极大降低武器装备成本，提高效率，美军的 F-35 隐身战机和欧洲的"阵风"战机，都是国际采购的范例。可以说，信息时代的市场经济条件下，协同创新发展使国防资源与民用资源的矛盾得到有效化解，从而也成为资源优化配置的最佳方式。

　　市场经济的平等性、自主性、契约型、竞争性、开放性，决定了市场经济需要完善的法治保障，国家通过建立统一、完善的国家法治体系，依法保证市场主体地位，保障人身权、财产权、基本政治权利、经济文化社会等各方面权利，实现市场主体权利法治化，健全救济渠道，确保市场平等主体意思自治得以实现、价值规律得以遵守、正当权益得以保证，从而推动市场经济的成熟完善。因此，可以说市场经济本质就是法治经济。

---

① 禹红霞、甘瑶：《美国大型军工企业军民融合现状分析》，《中国军转民》2008 年第 7 期。
② 《中国民企已涉足武器生产，部队采购有望货比三家》，《解放军报》2008 年 11 月 21 日。

在市场经济作为法治经济的要求下，协同创新发展要成为市场经济最有效的资源配置方式，必然要求建立相应完善的法律制度，确保市场资源的配置符合市场经济的基本要求和原则，确保市场主体的合法权益得到有效维护，从而也促进市场经济的良性循环发展。

第三，全面落实依法治国的要求。法律是国家重器，法治是国家治理体系和治理能力的重要依托。党的十八届四中全会作出了《全面推进依法治国若干重大问题的决定》。全面推进依法治国，是解决党和国家事业全面发展一系列重大问题，解放和增强社会活力、促进社会公平正义、维护社会和谐稳定、确保党和国家长治久安的根本要求。

建设法治国家的首要任务是建立法治政府，即政府在管理社会各项公共事务中，必须坚持依法行政，依法管理，通过法治的途径管理国家事务，这样才能使个人的合法权益得到尊重和保障，才能带动全社会共同守法，共同实现法治社会和法治国家。

长期以来，协同创新发展领域缺乏系统的法律制度保障，各种利益藩篱和掣肘现象普遍存在，严重阻碍了军民融合发展。当前军民融合发展已经上升为国家发展战略，作为当前政府着力发展的新兴事务，必须按照依法治国基本方略的要求，在法治轨道上推进，从法治上为这项改革提供制度解决方案、改革动力和成果分配与保护，依靠法治的力量来稳步推进这项重大改革。

第四，顺利推进国防科技工业协同创新发展的改革需要。军民融合深度发展被列为十八届三中全会关于全面深化改革的重大任务之一，也是国防和军队建设改革的三项主要任务之一。在我国面临西方严密的高技术封锁，急需实现跨越式发展以追赶国际发展潮流的背景下，国防科技工业协同创新发展的改革成败直接关系到国家安全、国民经济发展、国防建设与军队发展的全局，也直接关系到政府、军队和社会三者切身利益的调整，必将对国防和国家安全、国民经济建设产生深远影响。

依靠法律手段推动协同创新发展。由于协同创新发展的改革是事关国家安全稳定与发展全局的重大改革，凡属于重大改革都要于法有据，在改革过程中要高度重视运用法治思维和法治方式，发挥法治引领和推动作用，确保在法治轨道上推进改革。因此，必须要依靠法律手段保证此项改革稳步有序推进，通过完善的立法来科学构建协同创新发展的顶层设计，确保体现各方主体的意志，尊重协同创新发展的规律，从而确保改革的正确方向和目标实现，确保突破体制性障碍、结构性矛盾和政策性问题，确保各方力量的高度集中统一，确保国家安全稳定与军队战斗力提高，确保能推动国民经济与国防建设协调可持续发展。

第一章
我国古代军民结合的法律思想及规范的借鉴

为了适应战争的发展需要，在我国第一个奴隶制王朝的夏朝，国家就开始建立制造兵器的手工业部门，这就使兵器最后同生产工具相分离而独立存在。[①] 古代中国是一个自给自足的农业社会，出于防备民众需要，朝廷更多是"收天下之兵，聚之咸阳，销锋镝，铸以为金人十二，以弱天下之民[②]"，兵器则由官家专门设立的作坊制造，如宋朝中央直辖的有京师"南北作坊"和"弓弩院"，地方诸州也设置有军器作坊，这些作坊不服务于百姓，也就不存在兵器工业协同创新发展的问题。所以在古代中国，兵器技术只是某个狭窄、专门行业的技艺，必须依靠战争而存在，兵器在中国的发展也几乎是孤立进行的。[③]

---

① 王兆春：《冷兵器的起源、发展和使用》，《军事历史》1988 年第 5 期。

② （西汉）贾谊：《过秦论》。

③ 徐新照：《中国文化赋予兵器的意义》，《南京理工大学学报（社会科学版）》2003 年第 5 期。

古代军民结合的军事交通法律规范与思想却能给今天的国防科技工业协同创新发展一定启示。古代交通是军事交通，"邮驿本备军国所需①"，"中国古代的国家交通本质是军事交通，交通机构为军方所有，主要为军事服务②"，所以古人很早就确立了国家交通的军事化的管理体制及法律制度，军队掌握国家交通，这有效维护了封建地主阶级的君主专制政体。但国家交通因其特殊性而能同时服务于军地双方，所以古人很早就利用驿站军事交通直接推动社会经济发展，在此基础上形成了一些军民结合的军事交通法律思想和规范，对后世军事交通的发展产生了较大影响，同样对当下国防科技工业协同创新发展的立法具有一定借鉴意义。

一、"邮驿本备军国所需"——古代交通实质是军事交通

古人认为军事关乎国家生死存亡，"国之大事，在祀与戎③"，又"兵者，国之大事，死生之道，存亡之理，不可不察④"。而军事交通则关乎战争胜负，所谓"善守者，藏于九地之下；善攻者，动于九天之上，故能自保而全胜也⑤"，而要保证战争胜利，就必须有高效的

---

① 《唐律疏议》第 379 条。
② 王子今：《中国古代交通系统的特征——以秦汉文物资料为中心》，《中国社会科学》2009 年第 7 期。
③ 《左传·成公十三年》。
④ 《孙子兵法·计篇》。
⑤ 《孙子兵法·形篇》。

军事交通，所以必须将国家交通置于军方控制之下，建立国家交通的军事化管理体制与法律制度。

秦始皇统一六国后，为实现"车同轨"政策，加强对诸侯国的军事统治，下令修筑以咸阳为中心的、通往全国各地的驰道，"东穷燕齐，南极吴楚，道广五十步，三丈而树，厚筑其外，隐以金椎，树以青松①"。"驰道专供皇帝和军队使用，并传递相关军事信息和公文，由军方人员巡查驰道，并对违者处以严厉的刑罚。②"

从东汉开始，国家邮驿交通事务逐步由军事部门管理，军事统率机关——太尉府下的法曹具体负责邮驿事务，"太尉，掾史属二十四人。法曹主邮驿科程事③"。

魏晋南北朝沿袭前制，太尉府"法曹主邮驿科程事，尉曹主卒徒转运事④"。管理驿站的负责人被编入军队，称为驿将，下属则有"驿卒、驿子"等军卒。由于战乱频繁，驿站在军事上的重要价值更加显现，甚至直接参与军事斗争。如刘备夷陵战败后撤退，在"驿人自担烧铙恺断后⑤"掩护下，才得以逃入白帝城。南齐"敬儿年少便弓马，有胆气，好射虎，发无不中。南阳新野风俗出骑射，而敬儿尤多膂力，求入队为曲阿戍驿将，稍官宁蛮府行参军⑥"。又北齐高

---

① 《汉书·贾山传》。
② 况腊生：《唐代军事交通法律制度研究——以驿站为例》，解放军出版社 2010 年，第54 页。
③ 《后汉书》百官志一。
④ 《宋书·百官志》。
⑤ 《册府元龟》卷二百七十四。
⑥ 《南齐书》卷二十五。

祖高欢受命招兵平叛时，"有款军门者，绛巾袍，自称梗杨驿子，愿厕左右[1]"。北周韦孝宽传载孝宽察觉尉迟迥叛变后，在回撤的路上，"所经桥道，皆令毁撤，驿马悉拥以自随。又勒驿将曰：'蜀公将至，可多备肴酒及刍粟以待之。'迥果遣仪同梁子康将数百骑追孝宽，驿司供设丰厚，所经之处，皆辄停留，由是不及[2]"。

唐人在总结前人基础上，认为"邮驿本备军国所需[3]"，国家交通就是军事交通，服务于军事需要，由此确定了军事化的交通法律制度。在唐代，兵部下属的驾部郎中领导全国驿站交通事务，兵部下设"驾部郎中一人，从五品上。驾部郎中、员外郎掌邦国之舆辇、车乘，及天下之传、驿、厩、牧官私马、牛、杂畜之簿籍，辨其出入阑逸之政令，司其名数[4]"。在地方上，有专司军务的兵曹负责当地驿站事务，"兵曹、司兵参军掌武官选举，兵甲器杖，门户管钥，烽候传驿之事[5]"。在边疆地区，"驿站则和烽、戍等军事设施合二为一，显示了边疆地区驿站的特点[6]"。此外，国家还制定了大量军事交通性质的驿站法律制度。[7] 唐代定型了的驿站军事化管理体制一直延续到清末，驿站军事交通法律制度甚至在明清时期专门编入《兵

---

① 《北魏史》卷六。

② 《北周史》卷六十四。

③ 《唐律疏议》第 379 条。

④ 《唐六典》卷五。

⑤ 《唐六典》卷三十。

⑥ 陈国灿：《唐西州蒲昌府防区内的镇戍与馆驿》，《魏晋南北朝隋唐史资料第 17 辑》，武汉大学出版社 2000 年版。

⑦ 况腊生：《唐代军事交通法律制度研究——以驿站为例》，解放军出版社 2010 年版，第 132 页。

律》中。①

国家交通在战时的军事化管理是十分必要的，有利于国家集中所有交通力量保障战争的胜利，但在平时国家交通除服务于军队外，主要服务于国家经济建设，不适合也不可能实现完全的军事化管理。此外，军事交通是以国家交通为基础的，只有国家交通发展了，才能带动军事交通不断发展，因此国家交通完全军事化管理是不利于交通和经济发展的，这也是为何最近几年我国开始试行低空开放的原因。

二、"任重致远，天下获其利"——军事交通直接服务于经济发展

古人认为交通主要为军事服务，但也认识到这种军事化的国家交通能直接促进经济社会的发展，"刳木为舟，剡木为楫，致远以利天下②"，"上古圣人，见转蓬始知为轮，轮行可载，因物知生，复为之舆。舆轮相乘，流运罔极，任重致远，天下获其利③"，由此古人也积极利用邮驿军事交通直接服务于经济社会发展。

秦汉时期，法律规定紧急或者重要的政府公文要"以邮行"，张家山汉简《二年律令·行书律》规定：令邮人行制书、急书，复，勿

---

① 况腊生：《唐代军事交通法律制度研究——以驿站为例》，解放军出版社2010年版，第200页。

② 《周易·系辞》。

③ 《后汉书·舆服志上》。

令为它事。在《睡虎地秦简·田律》中就规定地方政府上报农作物情况是"以邮行"，8月底必须到达中央政府。

唐安史之乱后，原有经济秩序和商品交换遭到了较大的破坏，各地正常来往和交流被阻隔，漕运和税收不通，粮食和物资无法运到京师，使得京师地区物价飞涨，朝廷陷入财政危机和粮食危机，严重影响了国家的安全和稳定，直接威胁到唐王朝的统治。唐代宗任命主管财政的刘晏改革全国驿站军事交通体系，疏通漕运。刘晏在运河沿岸驿站设立驿防兵，保护沿岸驿站和漕运的安全，"如闻自东都至淮泗，缘汴河州县，自经寇难，百姓凋残。地阔人稀，多有盗贼，漕运商旅，不免艰虞。宜委王缙各与本道节度计会商量，夹河两岸，每两驿置防援三百人，给侧近良沃田，令其营种，分界捉搦①"。这迅速解决了当时粮食问题，江淮通过漕运"每年运米数十一万石，以实关中"，同时通过驿站军事交通来传送各地物价信息，调动物资，平抑物价，"诸道巡院，皆募驶足，置驿相望，四方货殖低昂及它利害，虽甚远，不数日即知，是能权万货重轻，使天下无甚贵贱而物常平，自言如见钱流地上②"。刘晏改革唐代驿站军事交通体系，通过驿站军事交通直接保障经济秩序的重构，有效维护了唐王朝的统治，也为后世朝代所借鉴。

信息化战争的多维一体、高强度、短时间、无明显前后方等特点，以及信息化投送工具的高额成本，决定了国防交通是军队难以独自承担的，没有必要也不可能独立于国家交通而开创另外一个天地，

---

① 《全唐文》卷四十六。
② 《新唐书》卷一百六十二。

而必须建立协同创新发展的国防交通体系。另外，现代交通科技的高速发展在客观上促进了协同创新发展的国防交通的建设，如现代高速公路已经适用于战斗机起降，民航、高铁运送轻装兵员，我国铁路既承担绝大部分国防运输任务，也主要承担国民经济建设的运输任务。

三、"取富户主邮驿，谓之'捉驿'"——民众管理基层军事交通

"捉驿"，就是由军事交通沿线的老百姓管理驿站军事交通事务。

府兵制度是古代游牧民族"全民皆兵"思想的体现，当时游牧民族居无定所，而且人口不多，为抵御外敌侵入，实行全民皆兵，全体牧民平时放牧，战时全部参战，而且自行准备参战装备。南北朝时期，驿站管理人员开始由通过府兵制度征召的卫士担任，称为驿将。由于战乱频繁，征召由鲜卑族扩大到汉族，到北周朝更是"夏人半为兵"。兵源大增，但是大都挂名军籍而逃避赋役，国家收入大减。隋代以后，政府将府兵编入民籍，军民不再各自分籍，"凡是军人，可悉属州县，垦田籍帐，一与民同。军府统领，宜依旧式①"。

唐继承了上述思想和制度，对驿站实行"捉驿"制度。"唐代府兵制度源于北魏鲜卑族世兵制度，士兵都是从世族（强宗）或重

---

① 《隋书》卷二。

臣的子弟中挑选而来。士兵享有均田的权利而免除科役的义务，自有军籍，但需自备军用物资①"。"唐代初期驿站'捉驿'制度直接源自府兵制度，其征发原则、地位和身份等都是府兵制度具体内容的体现②"。"初，州县取富人督漕輓，谓之'船头'；主邮递，谓之'捉驿'③"。敦煌文书《鸣沙石室古佚书·沙洲图经》中载"捉驿"事项："又奉今年二月二十七日敕，第五道中，总置十驿，拟供客使等食，付王孝杰并瓜州、沙洲，审更检问，令瓜州捉三驿，沙洲捉四驿，件检瓜州驿数如前。④"

"每驿，置驿长一人。⑤"驿长一经设置，不得在任期内随意更换。"开元七年六月二十八日敕，专知传驿官，一差定后，年限未终，所由不得辄回改并别差使。⑥"吐鲁番出土文书有唐代关于驿长的记载。

武周（？）宁戎驿马及马草文书⑦

（前缺）

1.　　　□二车

2. 宁戎驿马四十二

①　岑仲勉：《府兵制度研究》，上海人民出版社 1957 年版，第 15—21 页。

②　况腊生：《唐代军事交通法律制度研究——以驿站为例》，解放军出版社 2010 年版，第 191 页。

③　《新唐书》卷一百四十九。

④　转引自王宏治：《关于唐初馆驿制度的几个问题》，北京大学中国中古史研究中心编：《敦煌吐鲁番文献研究论集第 3 辑》，北京大学出版社 1986 年版，第 334 页。

⑤　《唐六典》卷五。

⑥　《唐会要》卷六十一。

⑦　国家文物局文献研究室、新疆博物馆、武汉大学历史系编：《吐鲁番出土文书》第七册，文物出版社 1984 年版，第 97 页。

3. □□□□得驿长

4. □□□□□饲马草

5. □□□当越九十六

（后缺）

驿长因为承担军事交通任务，可被免除赋税、徭役。日本的《令集解释义》卷十三《赋役令》规定：凡舍人、史生、伴部、兵卫、仕丁、防人、帐内、资人、事办、驿长、烽长及内外初位长上，勋位八等以上。杂户、陵户、品部、徒人在役，并免课役。这里所引的是日本令，因其渊源是唐令，所以反过来可以证明唐代的情况。

军民结合的捉驿制度，其实质是将沉重的军事交通负担转嫁给老百姓。一方面，唐代驿站数目巨大，"凡三十里一驿，天下凡一千六百三十有九所[1]"，同时"量驿之闲要以定其马数：都亭七十五匹，诸道之第一等减都亭之十五，第二、第三皆以十五为差，第四减十二，第五减六，第六减四，其马官给。凡水驿亦量事闲要以置船，事繁者每驿四只，闲者三只，更闲者二只。凡马三名给丁一人，船一给丁三人[2]"。驿站事务相当繁忙，"华人夷人往复而授馆者，旁午而至，传吏奉符而阅其数，县吏执牍而书其物。告至告去之役，不绝于道；寓望迎劳之礼，无旷于日[3]"。

另一方面，国家经费远不能满足驿站日常开支，而被捉驿的平民也受尽各级官吏盘剥敲诈，"如闻两京间驿家，缘使命极繁，其中多

---

① 《唐六典》卷五。

② 《唐六典》卷五。

③ 柳宗元：《馆驿使壁记》，《全唐文》卷五百八十。

有妄索供给①。"通过这种捉驿制度，统治阶级把沉重的军事交通任务转嫁于民众，也成为剥削民众的一种方式，以致民众纷纷逃避，"当道城镇，无捉驿者。役逮小弱，即破其家②"，于是"主邮递，谓之'捉驿'，人不勘命，皆去为盗贼③"。

在信息化战争的今天，军队无法独自承担军事交通任务，国防交通必须走协同创新发展之路。在我国，也存在民用交通主体承担军事交通任务的情况，但是军运价格明显低于商运价格，民用交通主体负担沉重。根据现行《水路军事运输计费付费办法》和《铁路军事运输付费管理办法》的规定，军运费用较商运低20%—50%，而且都是延后给付。企业还要负担驻军代表的许多开支，如为军代表免费提供办公、生活和学习条件，免费提供住房、医疗、办公和通信设备，提供有关文件资料，发给免费乘车凭证等。④随着铁道部的撤销和铁路总公司的成立，铁路实现了政企分离，交通市场化改革日益完善，企业独立经营，以经济效益为中心，而低价军运制度造成了国防交通动员难度越来越大，影响了国防交通的效率，如铁路军事输送每天仅800公里左右，⑤远远落后于目前铁路的平均时速。

要真正建立协同创新发展的国防交通体制，必须贯彻市场原则，维护民用运力主体正当合法权益，保证其正常获利。同时对民用运力主体实行扶持奖励政策，如给予减免税收、实行国防补贴等，鼓励其

---

① 《全唐文》卷二十七。
② 《新唐书》卷一百二十三。
③ 《新唐书》卷一百四十九。
④ 参见《中国人民解放军驻铁路、水路沿线交通部门军事代表条例》。
⑤ 《我军战略机动能力大幅提高：铁路运输提速逾2倍》，《解放军报》2010年8月27日。

参与国防交通。国防法和国防交通条例分别对承担国防科研任务的企业和对国防交通工程设施建设的优惠政策，因此也应该对承担国防交通运输任务的企业实施优惠财政、税收等扶持政策。

四、"牧于官而给于民"——军马大规模取自民间

古代军用马匹主要由太仆寺供养，不够时就取自民间。在国家马政兴盛时期，太仆寺养马过多，因此国家直接以比较便宜的价格卖马，古代军用马匹"牧于官而给于民①"。"初，用太仆少卿张万岁领群牧。自贞观至麟德四十年，马七十万六千，……方其时，天下以一缣易一马，万岁掌马久，恩信行於陇右"。马政荒废时期，国家买马，"市马於六胡州及市关辅马三万，实内厩，并置四十八监②"。但马匹属于战略资源，如贞元元年（公元 785 年）八月敕"吐蕃率羌、浑之众犯塞，分遣中官于潼关、蒲关、武关，禁大马出界③"，所以国家主要通过帖马制度来缓解军事交通马匹危机。

帖马制度，就是当驿马不够用的时候，政府征用附近民间私马用于驿站军事交通的制度。唐《厩牧令》第四十二条规定："诸公使须乘驿及传送马，若不足者，既以私马充。④"史料也记载了帖马制

---

① 《文献通考》卷一百五十九。

② 《文献通考》卷一百五十九。

③ 《唐会要》卷七十二。

④ 《天一阁明钞本天圣令校证·厩牧令卷第二十四》（校录本），中华书局 2006 年版，第 519 页。

度，唐高宗时，河南、河北发生旱灾。朝廷准备遣御史中丞崔谧等分道存问赈给，侍御史刘思立上疏谏曰："今麦序方秋，蚕功未毕，三时之务，万姓所先。敕使抚巡，人皆竦抃……，又无驿之处，其马稍难。……每为一马，遂劳数家，从此相乘，恐更滋甚。望且委州县赈给，待秋闲时出使褒贬。疏奏，谧等遂不行①"。

开元年间，国家马政荒废，为保障军事用马，朝廷大力鼓励民间养马，唐玄宗下诏："天下之有马者，州县皆先以邮递军旅之役，定户复缘以升之。百姓畏苦，乃多不畜马，故骑射之士减曩时。自今诸州民勿限有无荫，能家畜十马以上，免站驿邮递征行，定户无以马为赀②"。但是一般百姓多不可能养十匹以上的马，所以还是不免帖马之劳。

王宏治先生在《关于唐初馆驿制度的几个问题》一文中对照唐代律典考证天宝十三载或十四载交河郡郡坊《草料帐》后认为：帖马主要是为驿站所需，所需马匹取自民间，官府支付所需费用及其马料，有草时候付给一半的料，无草的时候付给全料。③《新疆出土文物》的《草料帐》反映了帖马制度在西北地区的广泛存在，池田温《中国古代籍帐研究》中有帖马的草料账单。

由于战争爆发的不可预测性、牧场的不稳定，再加上当时唐初国家承平已久，不可能也无法长时间维持大规模军用马匹的饲养。为了保障军用马匹的来源，当马匹不足时，就征用民间马匹。这样可以既

① 《旧唐书》卷十九。

② 《新唐书》卷五十。

③ 北京大学中国中古史研究中心编：《敦煌吐鲁番文献研究论集第三辑》，北京大学出版社1986年版，第280页。

减少国家军费投入，又能保证马匹的来源。但由于国家征用费用的拖欠，再加上各级官员在征用民间马匹时，借机用各种方式盘剥百姓财物，帖马制度后来变成唐代百姓的一项沉重负担。初唐诗人王梵志在《王梵志诗校辑·五富饶田舍儿》记载了政府官员借帖马制度横征暴敛的场面，"里正追役来，坐着南厅里。广设好饮食，多酒劝且醉。追车即与车，须马即与使。须钱便与钱，和市亦不避。索□驴驮送，续后更有雉。官人应须物，当家皆具备"。到唐代后期，专权的宦官凭借权势公开抢夺路人的马匹，"中使道路如织，驿马不足，掠行人马以继之，人不敢由驿路行"①。帖马演变成剥削百姓的一种方式，由此民间畏惧养马，帖马制度也名存实亡。

　　目前，许多国家民用运输工具征用制度中还存在不符合市场等价原则的征用补偿制度，这种情况在我国也不同程度存在。2004 年的《民用运力国防动员条例》规定了国防动员委员会负责民用运力征用，条例着重强调了国家征用民用运力的权力和民众服从的义务，如国家不承担民用运力按照国防交通要求改造的费用，征用民用运力的费用大大低于商业的价格，而且对征用的民众运力造成损失，国家也仅仅是适当补偿，而且还要按照有关规定执行，这实际是回避了国防交通动员的补偿问题，违背了市场经济条件下"充分、有效、及时"的补偿原则。适当补偿是在以前经济极度落后，国家没有足够的财力的情况下的产物。经过这么多年的发展，我国已经有相应的财力按照市场等价原则对于交通动员期间征收的财物进行相应补偿，以充分调动民

----

① 《资治通鉴》卷二百四十二。

用运力的积极性，提高交通动员的效率。

五、"官出本钱，营运纳息"——拨付军事交通的资金可投资获利

唐朝中后期，由于时局的变化，为弥补户税供应驿站经费的不足，唐朝规定各级政府为其驿站拨款设置"本钱"，让驿站利用这些"本钱"，放贷或经商收取利润以支付驿站的日常开销。

本钱的由来："唐贞观初，京司及州县皆有公廨田，供公私之费。其后以用度不足，京官有俸赐而已。诸司置公廨本钱，以番官贸易取息，计员多少为月料。史载：乾元元年（公元 758 年），敕长安、万年两县各备钱一万贯，每月收利，以充和顾。①"

发放本钱的做法有可能是唐代所首创，故《文献通考》说："捉钱之事，惟唐有之，盖以供诸司公用之费"，其目的就是"官出本钱，令其营运纳息，非凿空之横敛。②"

安史之乱后，国家财政开支困难，开始规定地方政府给所辖驿站提供本钱，驿站以本钱借贷或使用所生利息供其日常开支。"会昌元年正月敕节文，每有过客衣冠。皆求应接行李，苟不供给，必致怨尤。刺史县令，但取虚名，不惜百姓，宜委本道观察使条流，量县大小，及道路要僻，各置本钱，逐月收利。或观察使前任台省官，不乘馆驿

---

① 《文献通考》卷十九。
② 《文献通考》卷十九。

者，许量事供给，其钱便以留州留使钱充。每至年终，由观察使，如妄破官钱，依前科配，并同入己赃论，仍委出使御史纠察以闻。其年四月，河南府奏，当府食利本钱，出举与人，敕旨。河南府所置本钱，用有名额。既无别赐，所阙则多，宜令改正名额，依旧收利充用。其年六月，河中，晋，绛，慈，等州观察使孙简奏，准敕书节文，量县大小，各置本钱，逐月四分收利，供给不乘驿前观察使刺史前任台省官等。晋慈三州，各置本钱讫。得绛州申，称无钱置本，令使司量贷钱二百贯充置本，以当州合送使钱充，敕旨，宜依，仍付所司。"[1]

对一些重要的驿站，中央政府亲自拨款设置本钱供驿站使用，"长安、万年两县各与本钱一千贯，收利供驿，仍付杂驿[2]"。唐末时期懿宗下诏："五月丁酉，制：如闻湖南、桂州，是岭路系口，诸道兵马纲运，无不经过，顿递供承，动多差配，凋伤转甚，宜有特恩。潭、桂两道各赐钱三万贯文，以助军钱，亦以充馆驿息利本钱。其江陵、江西、鄂州三道，比于潭、桂，徭配稍简，宜令本道观察使详其闲剧，准此例与置本钱。[3]"《全唐文》在"以南蛮用兵特恩优恤制"中也记载了此事，"潭桂两道，各赐钱三万贯文，以助军钱，亦以充馆驿息利本钱[4]"。

唐代还规定了驿站本钱利息："准敕书节文，量县大小，各置本钱。逐月四分收利，供给不乘驿前观察使刺史前任台省官等。晋、

---

① 《唐会要》卷九十三。

② 《旧唐书》卷九"唐玄宗纪下"。

③ 《旧唐书》卷九"唐玄宗纪下"。

④ 《全唐文》卷八十三。

慈、隰三州各置本钱讫。得绛州申称，无钱置本。令使司量贷钱二百贯充置本，以当州合送使钱充。①"

给驿站的本钱须专款专用，不得挪作他用。"邮传供须，递马数目，素有定制，合守前规。河南馆驿，钱物至多，本来别库收贮，近日被府司奏请，衮同支用，遂使递马欠阙，料粮不充。宪司又但务缘循，都不提举。宜令东台馆驿使速具条流，分析闻奏②"，这里用于馆驿的经费是不能挪用的。

刑部比部郎中负责考核驿站本钱的使用。在唐代，包括驿站本钱在内的所有政府机构使用的经费，都是由刑部的比部郎中负责考核。"比部郎中一人，从五品上；主事四人，从九品上。比部郎中、员外郎掌句诸司百僚俸料、公廨、赃赎、调敛、徒役课程、逋悬数物，以周知内外之经费而总勾之。凡内官料俸以品第高下为差，外官以州、县、府之上、中、下为差。凡税天下户钱以充州、县官月料，皆分公廨本钱之利。每季一申省，诸州岁终而申省，比部总句覆之。凡仓库出内，营造佣市，丁匠功程，赃赎赋敛，勋赏赐与，军资器仗，和籴屯收。亦句覆之。其在京给用则月一申之；在外，二千里内季一申之，二千里外两季一申之，五千里外终岁一申之。凡质举之利，收子不得逾五分，出息、债过其倍。若回利充本，官不理。"③

唐朝史料也有对比部郎中监督本钱使用的记载。"贞元年间，（奚陟）迁刑部侍郎。京兆尹李充有美政，裴延龄恶之，诬劾充比陆贽，

---

① 《文献通考》卷七百六十一。
② 《全唐文》卷八十九"南郊赦文"。
③ 《唐六典》卷六"尚书刑部"。

数遗金帛，当抵罪，又乾没京兆钱六十八万缗，请付比部钩校。时郎中崔元翰怨赘，揣延龄指，逮系搒掠甚急，内以险文。陟持平无所上下，具狱上，且言：‘京兆钱给县馆传，余以度支符用度略尽。’充既免，元翰不得意，以恚死①”，这里的钱就是作为驿站的本钱了。

除户税和本钱外，唐代驿站还接受私人的馈赠，“有商胡康廉者，天宝中为安南都护，附杨国忠，官将军。上元中，出家赀佐山南驿禀，肃宗喜其济，许之，累试鸿胪卿②”。

驿站本钱制度在实际操作中出现了富户和官员冒领本钱、本钱利息无法回收等大量问题，加重了国家财政负担，使得这项制度在唐以后就没有被沿用。

由于封建统治阶级的剥削本质，这种相对简单的军民结合的军事交通思想与规范，往往是为了解决统治危机、转嫁政府负担、弥补军费不足或借机盘剥百姓而产生的，所以也注定其不可能完善，但对于今天我们积极倡导的协同创新发展有积极借鉴意义。结合社会主义市场经济的建立和完善、信息化战争对军民一体化的要求和建立法治国家的基本方略，我们必须树立市场化、法治化观念，尊重民用企业法律主体地位和权益，遵循经济与国防双赢原则，充分调动各方的积极性、主动性和创造性，才能真正实现协同创新发展。

---

① 《新唐书》卷一七七。
② 《新唐书》卷二百四十六。

第二章
国防科技工业协同创新发展的
历程及立法变迁

我国在国防科技工业领域的协同创新发展，是在新中国建立后，伴随着国家建立独立的国防科技工业体系，经历了以军为主、军民结合、军民兼容、寓军于民，再到协同创新的发展历程，相关立法也不断发展，现在初步形成国防科技工业协同创新发展的法律制度框架。

一、"以军为主、民为军用"时期——国防科技工业独立发展

朝鲜战争结束后，世界局势趋于缓和，而国内"一五"建设时军费过高对经济建设产生了影响，"我们一定要加强国防，因此一定要先加强经济建设。只有经济建设发展得更快，国防建设才能够有更大

的进步①"。国家开始在国防科技工业领域推行军民结合的方针。

1952 年，中央军委兵工委员会决定兵工企业实行军需与民用相结合的原则。1956 年 1 月 25 日，毛泽东同志在最高国务会议上指出，在生产上也要注意军民两用，注意学会军用和民用的两套生产技术和设备，平时为民用生产，战时转化为军用生产。在《论十大关系》中，毛泽东同志专门论述了要正确处理经济建设与国防建设的关系。1958 年国家成立国务院一机部和二机部管理国防工业，成立国防部国防科学技术委员会管理国防科技。1960 年，党中央、中央军委制定了国防科技工业的"军民结合、平战结合、以军为主②"的方针。1958—1965 年，军工创造的民品产值占军工总产值的 60.8%。③

但在新中国成立初期的很长一段时间内，我国外部安全环境压力较大，局部武装冲突不断，始终都存在外部强敌入侵的可能性，中苏关系破裂后，尤其是苏联在我北方边境陈兵百万，珍宝岛战役中苏联甚至企图对我进行核打击。而由法国和美国相继发动的越南战争如火如荼，我国家安全面临严重威胁，由此国家确立了"早打、大打、打核战争"的临战方针，国防科技工业进入临战状态。另外，当时的国

---

① 《建国以来毛泽东军事文稿》中卷，军事科学出版社 2010 年版，第 308 页。

② 军民结合是总体方针，即国防工业与民用工业相互结合，在国防科技工业领域军品生产与民品生产相互结合。平战结合强调在和平时期抓紧军品科研，保障国防科技发展势头，同时研制国计民生需要的产品，并建立灵活的平战转换机制。以军为主，是在保证完成军品任务，充分保障尖端军事技术不断发展的基础上，充分利用多余的能力生产民品。姜鲁明等：《军民融合发展战略探论》，人民出版社 2017 年版，第 7 页。

③ 彭坚：《中国工业的平战结合与军民结合》，兵器工业出版社 1989 年版，第 4 页。

防科技工业极端落后，处于初创的关键时期，为防止武器装备上受制于人，把国家安全的命脉牢牢掌握在自己手中，国家对国防科技工业确立了军民结合、军主民辅、民为军用指导方针，建立了独立的国防科技工业体系，保证了国家安全、主权独立与领土完整。1960年在国务院召开的国防工业会议上，国防工业的民品生产遭到批判，被称为"不务正业"。此后国防工业的民品生产全部下马，军工企业回到单一军品生产的老路。

此时期，军工企业通过大规模仿制苏联的先进技术装备，在50年代末，已经能够制造各种制式大口径火炮、中型坦克、喷气式飞机、轰炸机、地空导弹、中小型舰艇、军用电台和雷达电子设备，在短时间内基本赶上了世界武器装备发展的同等水平，走出了跨越式发展的捷径，基本满足了军队现代化、正规化建设的需要。"文化大革命"严重冲击了国防科技工业体系，但也成功研制了"两弹一星"、09 I 核潜艇、59式主战坦克、051驱逐舰、035常规潜艇、歼—5、歼—6、歼—7等军用飞机、红旗—1地空导弹、军用雷达等常规武器装备。

但此时期过分强调了国防科技工业体系的独立完整，造成了军用和民用工业体系的分裂，军工企业粗放型发展，民品生产被认为是不务正业，军品的民用产值低，不利于军工行业的技术进步和创新。到1978年，民品产值仅占国防科技工业总产值的8%。[①]

此时期，根据上述方针，国家计划委员会同军工生产部门制定了

———————————
① 于宗林：《我国军民结合战略具有明显时代特征》，《中国工业报》2008年10月14日第03版。

《关于在和平时期发挥国防工业的生产能力，组织生产民用产品的办法》，鼓励国防科技工业企业利用富余的生产能力生产民品。

二、"军品优先、以民养军"时期——推动"军转民"

改革开放后，外部环境和国际局势缓和，和平发展成为世界主流，经济建设也成为国家工作重心，国防科技工业开始全面调整，"民"的地位开始上升，但"军"仍然处于优先地位。

1978 年 4 月，中共中央发布《关于加快工业发展若干问题的决定》，明确要求军工企业要军民结合、平战结合，把生产能力充分利用起来。1978 年 6 月，邓小平在听取国防工业部门汇报时指出：国防工业要军民结合、以民养军。国外没有专门搞军用的，我们搬照的是苏联的制度，是浪费，是束缚技术发展的制度。总的方针是军工至少拿出 1/2 的人搞民用，将来自动化了，可用 2/3 的人搞民用，这个道路是对的。1979 年 4 月，李先念在中央工作会议上提出军工企业要认真贯彻执行军民结合、平战结合、以军为主、以民养军的方针，这是中央首次明确提出军民结合的"十六字"方针。[①] 同年国务院、中央军委为国防科技工业制定了"军民结合、平战结合、以军为主、以民养军[②]"的方针。1982 年 1 月，邓小平在听取国防科技工业汇报时

---

① 石世印：《军民融合战略思想的继承与创新性研究》，《中国军转民》2012 年第 9 期。

② 以民养军，是指军工企业通过大力发展民品，取得的高技术成果和经济效益可用于军品的开发和生产，形成军、民品相互促进的良性循环机制。

明确指出，国防科技工业过去叫作军民结合、平战结合、以民养军、以军为主，今后不提以军为主，改为军品优先，其他三句不变。①1982年，成立国务院、军委双重领导、隶属军队编制的国防科学技术工业委员会（简称国防科工委），初步实现了国防科研、生产的集中统一领导。1984年10月，在军委座谈会讲话中，邓小平同志指出，军工应该纳入整个国家规划，要结束"另外一个天地"的时代。1985年的全国国防军工协作工作会议提出要加速军用技术向民用转移。同年的中央军委扩大会议强调国防和军队建设要服从服务于经济建设大局。

国家以三线建设、五年经济发展计划、国务院机构改革、国家科技体制和军工企业改革为契机，加速推进军工企业参与国家经济建设。1986年，由国防科工委管理的核、航空、兵器、航天四个军工部门划归国务院直接领导，这是国防科技工业的一次重大战略性转变。这个时期，国防科技工业出现重大转变。一是在服务方向上，由过去主要为军队现代化服务向整个国家现代化建设服务。二是在功能和结构上由过去单一军品型向军民结合型转变，已经不是单纯的军工了。1993年6月，国家撤销航天部，成立中国航空工业总公司。这一时期，取得了"三抓"任务的成功（向南太平洋发射运载火箭，发射巨浪–1潜射导弹和地球同步静止通信卫星），确立了"863"计划和"载人航天工程"等尖端装备和技术，成功研制歼–8等二代机、052型二代驱逐舰、"银河"巨型计算机

---

① 军品优先，是处理军品任务与民品任务关系的原则，明确了军工企业对军品生产任务应承担的责任和义务。

等常规装备。许多具有军工背景的企业逐渐生产出一批诸如长虹彩电、嘉陵摩托、长安汽车等国内知名品牌。航空工业民品产值从 1973 年占总产值的 7% 提高到 1984 年的 29.3%，当年产值达到 10 亿元。到 1989 年，核、航空、电子、兵器工业的民品产值占总产值的比重由 1979 年的 8.2% 大幅度提高到 70%，[①] 但军工企业的民品生产没有形成产业规模，而且重复投产现象严重，导致效率低下，同时由于受到传统体制机制的制约，军民分割的问题并没有完全解决。

这个时期，国家出台多部重要法律法规推进军民结合。1978 年，中央发布《关于加快工业发展若干问题的决定》，其中第 17 条指出军工企业要军民结合、平战结合，把生产能力充分利用起来。1980 年，国家有关部门制定《军工企业生产民品暂行管理办法》，规定了国防科技工业民品生产的计划安排、物资供应、产品分配与销售、质量和技术管理等。1982 年，国家经济委员会、国家计划委员会和国防科工委发出《关于进一步搞好军工企业民品生产的机构问题的通知》，提出了进一步搞好军工企业民品生产的意见。1984 年，国务院先后通过《关于军工技术向民用转移工作的安排意见》和《关于加强军工技术向民用转移工作的意见》，将军工技术向民用转移工作列入议事日程。同年的国务院通过的《国防科技工业民品科研生产管理办法》，从组织领导、计划管理、技术管理与产品质量、物资供应、发展资金、成本与价格、税收、产品销售、奖惩等方面作出了详细的

---

① 《新中国航空工业发展进入新的历史时期》，http://www.sohu.com/a/69966827_11592620 18–(1–1)，最后访问日期：2018 年 11 月 12 日。

规定。① 此后，军工企业的民品生产正式纳入了国民经济发展轨道。1986 年，国家有关部门印发《关于调整军工科研、生产能力的通知》，军品科研生产只保留精干的队伍，大部分力量要投入国民经济建设中。此时最重要的、最具有代表性的法律制度是国防科技工业的订货制度。1986 年，国务院、军委批准实施《武器装备研制合同暂行办法》，最核心的内容是国防科技工业实施订货合同制。1990 年，国务院、中央军委联合颁布《国防专利条例》，首次以法规形式对国防专利的申请、审查、授权、复审、保密、实施、转让、补充、管理和保护等方面做出具体规定。国家后来又陆续颁布系统配套措施，如《国防专利条例实施细则》、《国防专利收费项目、标准及费用减缓》（1993年）、《国防专利补偿办法》（1996 年）、《关于专利申请保密审查》（1997年）等。

三、"军民结合、寓军于民"时期——开启"民参军"

国防科技工业开始根植于国家经济体系中。20 世纪 90 年代中后期，随着以信息技术为代表的新军事革命迅猛发展，以及国

---

① 总则部分规定要充分利用军工企业的多余能力。在组织领导部分规定，军工管理体制要逐步形成军民结合、科研与生产结合、工贸结合、内外贸结合的管理体制。在计划管理方面，民品的规划、计划采取分级管理的办法，根据任务来源和市场需要，区分不同的产品，分别纳入国家、部门、地区、厂（所）的规划、计划。在物资供应方面列入国家计划的民品，所需统配、部管原材料和配套产品按军品或民品渠道解决。对军工投产的民品给予减免税的优惠政策。

内社会主义市场经济体制改革目标的确立，协同创新发展开始进入军民兼容、寓军于民的新阶段，军品的研制生产日益根植于整个国家经济科技体系中，开始涉及经济建设和国防建设两大战略任务的有机统一，从国家总体改革与发展层面深化拓展军民结合、寓军于民。[1]

"按照发展社会主义市场经济的要求，坚持军民结合、平战结合，建立和完善国防工业运行机制，提高军民兼容程度[2]"，建立寓军于民的国防科技工业体制。1995年，党的十四届五中全会指出，要坚持平战结合、军民结合，建立完善国防工业运行机制，提高军民兼容程度，增强平战转换能力，走出一条符合国情并反映时代特征的国防现代化建设道路。1998年12月，江泽民同志在军委扩大会议的讲话中指出：军队建设必须同国家经济建设紧密结合，充分利用国家经济科技成果和市场资源，能收到事半功倍的效果。2000年的《中共中央关于制定国民经济和社会发展第十个五年计划的建议》提出：坚持军民结合、寓军于民，建立适应国防建设和市场经济要求的新型国防科技工业体制。2002年党的十六大报告中提出：坚持寓军于民，加快国防科技和武器装备发展。2003年，我国开展中长期科学和技术发展规划研究时，也面临着如何解决将协同创新发展作为规划的基本原则等问题，但由于存在不同意见而最终将其修改为军民结合、寓军于民。2005年《中共中央关于制定国民

---

[1] 寓军于民，核心在于突破军民界限，在整个国家范围内统筹安排和合理配置资源，实现富国强兵相统一。

[2] 《江泽民文选》第一卷，人民出版社2006年版，第473页。

经济和社会发展第十一个五年规划的建议》明确提出：国防科技工业要坚持军民结合、寓军于民。2006 年《国防科技工业中长期科技发展规划纲要》提到要建设军民结合、寓军于民的国防科技创新体系。

在"寓军于民"思想指导下，从 20 世纪 90 年代末开始，我国开始大幅度改革国防科技工业体制，组建军工集团，成立总装备部，组建新的国防科工委，成立信息产业部负责军用电子行业管理等。1993 年国家调整军工管理体制，国防科工委只管理军工企业的武器装备研制生产，国防科技工业向整个国民经济建设服务。除电子工业部外，军工部门全部转变为军民结合的国务院直属经济体。1997 年，改组并成立 10 大军工集团。这个时期，突出"军民结合、寓军于民"是与国家整个经济体制调整改革相一致的，强调两头兼顾，协调发展，从社会主义市场经济总体改革与发展层面深化和拓展军民结合、寓军于民，达到相互促进、相互兼容、协调发展，最大限度发挥军民资源的综合效益。这在认识和实践上都是新的提高和跃升，军品研制生产正日益根植于整个国家经济科技体系中，国家先后实施了"高技术工程"和"载人航天工程"，歼 10 等三代机、空警 –2000、东风 –31 固体洲际核导弹、直 –10 武装直升机、99 式主战坦克、052C 和 D 型驱逐舰、二代 09 Ⅲ 攻击型核潜艇、三代 039A 新型常规潜艇和第三代军用信息系统等相继列装。截至 20 世纪 90 年代末，军队参加和支援国家重点工程建设项目 1 万多个，帮助贫困地区创办乡镇企业 3500 多家，实施科技扶贫项目 1.2 万余个，为社会培养各类科技人员近 100 万人，帮助地方企业技术改造 900 多项；同时，军队还先后向地方开放 101 个机场，开放和转让 29 个港口、380 多条铁路专线、90 多条通信线路、1000 多个仓库，向社会转让科技成果 1 万多项等，为经济建设作出了积极贡献。①

"寓军于民"思想开始突破军地资源的板块式结合，一定程度上体现了"军转民"与"民转军"的双向转化和部分军地资源的条块式融合发展，但军地相对隔离、各自运行的"二元结构"运行体制，决定了"寓军于民"阶段协同创新发展要想突破条条块块，在更广泛、更深层次，特别是在一些关键性要素和领域内取得广泛深层的融合发展，还需要进一步探索。

这一时期的立法主要是国防法（1997 年颁布），规定了"国防科技工业实行军民结合、平战结合、军品优先、以民养军的方针""国家对国防科研生产实行统一领导和计划调控""国家根据国防建设的需要和社会主义市场经济的要求，实行国家军事订货制度"等基本原则方针，而协同创新发展则要求军工集团拥抱市场经济，参与市场竞争，不再简单地按计划生产。1997 年 8 月，国务院印发《关于加强军工科研院所与企业结合进一步促进军转民工作的若干意见》，提出要建立与社会主义市场经济相适应的军转民新体制和新机制。1999 年，国防科工委出台《武器装备科研生产许可证暂行管理办法》，正式开启"民参军"的大门。

---

① 《新中国航空工业发展进入新的历史时期》，http://www.sohu.com/a/69966827_11592620 18-（1-1），最后访问日期：2018 年 11 月 12 日。

四、协同创新发展时期——初步形成协同创新发展的法律制度框架

军民融合发展战略正式成为国家发展战略,①最重要的内容是军民协同创新发展,而且协同创新发展开始超出国防科技工业领域,向多个领域扩散。党的十八大以来,党中央将军民融合发展上升为国家战略,并具体回答了"为什么融""融什么"和"怎么融"等一系列根本问题,初步形成一个完整的、科学的协同创新发展战略认知体系,确立了协同创新发展战略的总体框架,为深入实施协同创新发展战略提供了坚实的思想理论基础。

---

① 军民融合发展战略正式成为国家发展战略。军民融合发展是我党在新世纪新阶段提出的重要战略思想。随着信息化战争和市场经济不断发展,科学发展观指出军民融合的本质是把国防建设与经济建设更有效地统一起来,实现全面协调可持续发展,达到富国强军的战略目标,由此标志着军民融合战略思想和理论正式确立,包括军民融合思想的指导方针、战略目标、体系重点等。2007年党的十七大首次将军民融合思想写入报告,强调必须站在国家安全和发展战略全局的高度,统筹经济建设和国防建设,在全面建设小康社会中实现富国与强军的统一。报告突破了国防科技工业领域的局限,提出要"建立和完善军民结合、寓军于民的武器装备科研生产体系、军队人才培养体系和军队保障体系,坚持勤俭建军,走出一条中国特色军民融合式发展路子"。2012年党的十八大明确要求坚持走中国特色军民融合式发展路子,坚持富国与强军相统一,加强军民融合式发展战略规划、体制机制建设、法规建设,明确了军民分别为军民两大部门。为使军民融合发展取得突破,2013年党的十八届三中全会提出军民融合深度发展的国家战略,并将其作为国防和军队建设改革的三项任务之一,强调要推动军民融合深度发展,"在国家层面建立推动军民融合发展的统一领导、军地协调、需求对接、资源共享机制。党的十八届四中全会又提出加强协同创新深度发展法治保障。党的十九大报告明确提出,形成协同创新深度发展格局,构建一体化的国家战略体系和能力。

逐渐建立协同创新发展的管理协调体制和机制。2008 年，国家撤销国防科工委与信息产业部，成立工业和信息化部，下设国防科技工业局，负责组织协调武器装备科研生产重大事项，保障军工核心能力建设，同时工业和信息化部还代表国家原子能局和国家航天局，下设军民结合推进司，负责提出军民两用技术双向转移、军民通用标准体系建设和军民结合发展规划。军队体制改革后，成立军委战略规划办公室，其负责协调军方协同创新发展规划工作；成立军委装备发展部，其负责装备建设领域协同创新发展工作；成立装备建设军民融合部际协调委员会，其负责装备建设协同创新规划计划制定、重大项目审批、装备建设协同创新执行效果监督等。2017 年 1 月，党中央又成立只对中央政治局负责的中央军民融合发展委员会，系中央层面协同创新发展重大问题的决策和议事协调机构，统一领导协同创新深度发展事务。此后，各省、自治区直辖市先后设立省级军民融合发展委员会。

国防科技工业协同创新发展开始逐步深化，大批国防专利解密并服务于经济建设，大量民营企业参与国防科技工业建设。在国防科技工业方面，歼 –20 隐身战斗机、001 航母、055 驱逐舰、09 Ⅳ 核潜艇、巨浪 –2 潜射导弹、运 –20 大型运输机陆续服役，动能、强激光、高功率微波等新概念武器加紧研制，载人航天和超级计算机技术等大量转化为民用，助力经济建设。以航空工业为例，在 21 世纪初，航天工业已经根据自身特点开发出 5000 多种民用产品，累计实现产值 550 亿元，平均增长速度达到年均28％，民品产值和民品队伍均占航天工业总产值和职工总数的

2/3。①2017年4月下水的首艘国产航母，参研单位有300多家，其中中央企业27家、地方国企50家、民营企业312家，民营企业在其中发挥了积极作用。②"十二五"规划首次将协同创新发展列入国民经济和社会发展规划，并且提出了"国家主导、制度创新、市场运作、军民兼容"的发展原则。由此再进一步，制定并实施协同创新专项立法，对推进协同创新发展的一系列重大原则、体制和方向性问题作出明确规定，将有助于理顺各种涉及军民两大体系互动的诸多重大利益关系，使协同创新发展成为推进军队战斗力生成的强大推动器。

经过多年的努力，国防科技工业协同创新发展的法律制度初步形成，包括信息发布、资格申请、审查批准、日常管理、公开招投标、竞争性采购、合同管理、知识产权、成果转化、退出机制、奖励惩戒及纠纷解决等法律制度。国防科技工业是推进协同创新发展的重点领域。2010年，国务院、中央军委出台了《关于建立和完善军民融合寓军于民武器装备科研生产体系的若干意见》，在"军转民"、"民参军"、军民资源共享、体制机制等方面提出了政策措施，也是近几年来武器装备科研生产领域推进协同创新发展的纲领性文件。

---

① 《新中国航空工业发展进入新的历史时期》，http://www.sohu.com/a/69966827_11592620 18–（1–1），最后访问日期：2018年11月12日。

② 《砥砺奋进的五年：国防科技工业是军民融合的主战场》，http://www.sohu.com/a/169358051_99935805，最后访问日期：2018年12月12日。

（一）建立装备采购信息公开发布制度

目前国家层面已经建立了装备采购信息网、国家军民融合公共服务平台，但二者并未建立互联互通。各相关机构也建设了多种方式的信息发布平台。工业和信息化部下属国防科技工业局开通了国家军民融合公共服务平台，已经发布了三万多条信息，其中军民的供需信息超过五千条，有三千多个企业、一万多个微信用户关注。

2015 年初出台的《关于推进全军武器装备采购信息网建设发展的措施意见》，突破了以往军、民信息沟通不畅的障碍。随后全军武器装备采购信息网正式上线运行，标志着我军主动融入互联网时代、以更加开放的姿态对外发布装备需求信息。军委装备发展部在北京、上海、沈阳、深圳、重庆、西安等地设立了 6 个涉密信息查询点，为进入装备市场的创新主体提供便利。军委装备发展部 2016 年 8 月首次通过全军装备采购信息网集中发布了经费总计达 20 亿元(共 475 条)的"十三五"装备预研指南信息，引起轰动。目前，该网成为两级装备机关（军委装备发展部和军兵种装备部、军委机关分管有关装备的部门）发布装备采购信息的唯一"官网"，广受各界关注。2017 年 4 月，军委装备发展部发布 60 亿元的装备预研指南项目（共 921 条），有关军兵种装备机关和预研联合基金也在装备采购"官网"发布信息，吸引了数量众多的各类企事业单位参与竞争。2017 年 8 月，军委装备发展部在全军武器装备信息网的"通用装备"栏目集中发布 6 类 61 条需求信息。截至 2018 年 1 月，全军武器装备采购信息网已运行 3 周年，平台年度信息发布总量从第一年的 1200 条到第三年的 4500 余条，增长了近 4 倍，注册认证的企业用户已达 11900 多家，发布军队装备采购信息 7500 多条，企业自我推荐的优势产品和技术 5000 多项，有效搭建了网上供需信息对接平台。①

2017 年年初，根据近两年运行情况，吸纳各军兵种装备部门行之有效的经验做法和有关承制单位的合理建议，军方开始制定《装备采购信息发布管理办法》，优化采购信息网，对装备采购信息发布工作程序环节进行细化规范，提高了实用性和可操作性。下一步，将扩大全军武器装备采购信息网和国家军民融合公共服务平台这两个网站和平台的信息资源，在提高这些信息的时效性和针对性的基础上，将推进两网的融合，实现这两个网的互联互通，信息共享，为社会优质资源打开参与国防科技创新的大门。

（二）初步形成民营企业市场准入与退出的制度

放宽民营企业军品市场准入和许可。随着协同创新发展的推进，承担武器装备科研生产的民口单位及其非公经济主体越来越多，国家逐步建立了武器装备科研生产许可制度，原总装备部 2003 年制定了《武器装备合格供应商目录》，目录发放范围是全国企事业单位。原国防科工委 2005 年颁布了《武器装备科研生产许可实施办法》。2008 年，国务院、中央军委共同颁布的《武器装备科研生产许可管理条例》出台，对武器装备科研生产的多元主体实施分类管理，保证武器

---

① 姜鲁明：《军民融合发展进入新时代——2017 年军民融合发展回眸》，《光明日报》2018 年 2 月 3 日。

装备科研生产活动有序进行。从 2010 年起，为了推进协同创新发展，原总装备部和国防科技工业局在准入许可方面进行了联合审查，简化了准入手续，出台了《武器装备科研生产许可实施办法》《武器装备科研生产许可目录》《进行武器装备科研生产许可现场审查规则》《军工产品质量监督管理暂行规定》《武器装备科研生产许可监督检查工作规则》《武器装备科研生产单位保密资格审查认证管理办法》《武器装备科研生产许可退出管理规则》《GJB9001B—2009 质量管理体系要求》等规定，为民营企业进入军工市场建立了国军标质量体系认证、军工保密资格认证、武器装备科研生产许可和准入审批提供了可操作性的规定，初步建立民企"参军"的军工资格"四证"制度。

第一，武器装备承制单位资格审查由中央军委装备发展部负责。装备承制单位，是指承担武器装备及配套产品科研、生产、修理、试验及技术服务等任务的单位。军队实施装备承制单位资格审查制度，是依据中华人民共和国《政府采购法》和《中国人民解放军装备条例》《中国人民解放军装备承制单位资格审查管理规定》等法规，由军方作为"采购方"，对武器装备"供应商"实施的资格审查，是对承制单位资格的申请受理、审查实施、批准注册、监督检查等的一系列管理活动。通过资格审查的单位将统一编入《中国人民解放军装备承制单位名录》。装备资格审查目的是降低装备采购风险，提高装备建设质量效益，促进承制单位管理水平不断提高。取得装备承制单位资格，意味着该"供应商"的能力和管理水平达到军方基本要求，可以承担武器装备采购任务，并签订装备采购合同。装备承制单位资格审查由军委装备发展部统一管理，各军兵种（陆军、海军、空军、火

83

箭军、战略支援部队等）装备部组织军事代表机构实施，具体工作由各级合同监管部门负责。资格审查工作实施"两报两批"制度：一是申请单位向全军装备承制单位资格审查申请受理点递交资格审查申请，各军兵种装备部核实后上报审查计划，由军委装备发展部统一下达；二是各军兵种装备部按照计划组织审查工作，对审查通过的单位，军委装备发展部批准注册，发放装备承制单位资格证书。装备承制单位资格审查是装备采购管理工作的一部分，获得装备承制单位资格是承担装备采购合同任务的前提条件。未取得装备承制单位资格的单位，不能与军队直接签订装备采购合同（部分预研项目除外），特殊情况报军委装备发展部批准。装备承制单位资格审查分为以下五种类型：1.初审，是对首次申请装备承制资格的单位进行的审查。2.续审，是对已取得装备承制资格的单位，在《中国人民解放军装备承制单位名录》注册有效期内申请继续保持装备承制单位资格所进行的审查；续审申请应在有效期满前6个月提交。3.扩大范围审查，是对已取得装备承制资格的单位，申请扩大承制性质和装备类别范围所进行的审查。4.年度监督审查，是对已取得装备承制资格的单位资格保持情况进行跟踪，监督其是否仍然符合要求的审查。5.重大事项专项审查，是对已取得装备承制资格的单位在发生重大违约、质量、保密等问题或承制能力发生重大变化时，为确认其能否继续保持装备承制单位资格所进行的审查。装备承制单位资格审查不收取任何费用，所需费用全部由军方承担。装备承制单位资格从《中国人民解放军装备承制单位名录》发布之日起生效，有效期5年。装备承制单位应在注册有效期满前6个月提出续审申请，续审程序与初审程序相同。

　　第二，国军标质量管理体系认证，由武器装备质量体系认证委员会负责。武器装备质量管理体系是依据 GJB9001《质量管理体要求》建立、实施并有效运行的质量管理体系。该体系是在等同采用国家质量管理体系标准的基础上，增加军方参与质量体系管理、"六性"管理、外协外购质量控制、软件质量管理、技术状态管理、风险控制、生产工艺管理、售后服务管理、质量信息管理等方面的特殊要求，作为标准的一部分，列在国家标准相应条款之后，作为国家标准的补充条款。申请军队专用装备承制资格（A 类）的单位，应当建立并有效运行武器装备质量管理体系。武器装备质量管理体系在保持国标质量管理体系基本要求的基础上，突出了武器装备研制生产的特殊要求：一是适用范围，明确规定适用于承担军队装备及配套产品论证、研制、生产、试验、维修和服务任务的单位；二是目标要求，着眼于满足未来一个时期（6 年至 10 年）装备质量管理体系建设需求，适应武器装备质量发展建设新形势，与武器装备法规建设步调一致，与各项质量管理国家军用标准有机衔接；三是标准结构，在等同采用国标的基础上增加军队装备质量管理体系特殊要求，将装备全员、全系统、全寿命、全特性质量管理要求融入标准之中；四是管理理念，吸收国内外、军内外先进方法，创新装备承制单位资格审查工作的管理理念、管理原则、体系架构、规范要素和应用实施，突出质量管理新理念、新趋势、新特点；五是内容要素，坚持继承与创新相结合，强调健全和落实装备质量责任制；细化通用质量特性、软件工程化、风险管控、技术状态管理，关键过程控制以及实施技术归零和管理归零等要求，保持体系要求的先进性、技术性和可操作性。

第三，武器装备科研生产单位保密资格的认定，由国家保密局、国防科技工业局、中央军委装备发展部共同负责。国家对涉密武器装备科研生产任务的企事业单位实行保密资格认定制度，武器装备科研生产单位保密资格分为一级、二级和三级3个等级。国家军工保密资格认定委员会负责一级保密资格认定；省、自治区、直辖市军工保密资格认定委员会负责二级、三级保密资格认定。保密资格证书有效期5年。

第四，武器装备科研生产许可证的认证，由国防科技工业局负责，同时需要征求中央军委装备发展部意见。国家对从事武器装备科研生产许可目录所列的武器装备科研生产活动，实行武器装备科研生产许可。国防科技工业局对全国的武器装备科研生产许可实施统一管理，军委装备发展部协同管理。武器装备科研生产许可分为一类许可和二类许可。国防科技工业局负责第一类许可申请受理、审查实施；省、自治区、直辖市国防科技工业管理部门负责第二类许可申请受理、审查实施。许可证的有效期限为5年。

当然，并非所有的军品研制生产都需要此"四证"，而是视企业军品任务类型而定。中央军委装备发展部按军品任务的差异将"军品承制单位资格"分为三类，各类企业的军工资质认证流程各异。一类企业承担武器装备总体、重要分系统、核心配套等任务，认证过程最复杂，需要获得全部"军工四证"。二类企业生产技术简单的军品。在一定条件下，可只与采购方签署保密协议，不需要申领保密资质。三类企业生产"军选民用产品"。除了武器装备承制单位资格证外，不需要其他认证。申请"四证"的具体要求和流程规定，参见本书附录。

2014 年，原总装备部和国防科技工业局联合出台《武器装备科研生产许可与装备承制单位资格联合审查工作规则》，使审查程序大大简化，促进了民口企业进入武器装备科研生产的积极性。此外，原总装备部陆装科订部相继出台了《总装备部陆军装备科研订购竞争性采购装备价格工作实施细则》《关于进一步完善军选民用类装备招标采购组织程序》等相关细则。2014 年，原总装备部、国防科技工业局、国家保密局三个部门联合出台了《关于加快吸纳优势民营企业进入武器装备科研生产和维修领域的措施意见》《关于引导优势民营企业参与武器装备科研生产和维修的措施意见》等法规，按照民营企业"参军"路线与主要环节，重点围绕"政策法规、市场准入、公平竞争、信息互通、过程监管"5 个方面改革创新，筹划启动"民参军"措施任务。同年，原总装备部发布《关于发布装备承制单位资格审查申请受理点的通知》，明确了依托军事代表机构或授权机构在全国主要城市设立 45 个装备承制单位资格审查申请受理点。2015 年原总装备部修订颁布《中国人民解放军装备承制单位资格审查管理规定》，主要内容是分类审查。同年，国防科技工业局和原总装备部联合公布了新版武器装备科研生产许可目录，将武器装备科研生产许可目录减少到 755 项，比 2005 年版的许可目录减少近 2/3，对武器装备作战性能影响不大的一般分系统和配套产品，不再被列入许可管理范围，实质性降低了"民参军"的"门槛"。许可管理范围大幅缩小，对于推动军工开放，充分利用优质社会资源，加快吸纳优势民营企业进入武器装备科研生产和维修领域，促进有序竞争，推动协同创新深度发展具有重大意义。工业与信息化部印发《军民融合深度发展 2015 年专项行动实施方案》，部署发布"军转民"与"民参军"名录、推进科研生产许可与承制单位联合审查、推进民机民船等典型军民结合产业发展等十二项专项任务，推动工业领域与信息化系统进一步协同创新深度发展。国防科技工业局也先后于 2015 年和 2016 年发布了《军民融合专项行动计划》，明确当年推进国防科技工业协同创新的任务分工和时间要求，推动实现"支撑国防和军队建设、保障武器装备科研生产"与"发挥军工优势推动国家科技进步和服务经济社会发展"的双重目标。

从 2017 年下半年开始，军委装备发展部实施《装备承制单位资格审查和武器装备质量管理体系认证"两证合一"管理改革措施》，将"装备承制单位资格审查"与"武器装备质量管理体系认证"实施"两证合一"管理改革。对上述"两证"，统筹申请受理、现场审查、注册审批、证书颁发、人员派遣等各环节工作，实行统一审查，一次审查作出结论，发放一个证书，即统一发放新版"装备承制单位资格证书"，并标明满足国家军用标准质量管理体系要求。① 同时调整了装备承制单位分类，将装备承制单位类别由原来的三类简化为 A、B 两

---

① "两证合一"是军委装备发展部贯彻协同创新发展国家战略采取的一项重大改革措施，是落实"吸纳优势民营企业参与武器装备科研生产修理领域"要求的需要，是降低装备市场准入门槛、加快促进"民参军"的需要，是培育和选择竞争主体、提高装备竞争性采购质量和效能的需要，意义重大、影响深远。"两证合一"的意义：一是减轻了申请单位多次或重复接受审查的负担，节省成本，缩短取证周期，提高效率；二是有利于申请单位整合各种管理体系，提升综合能力；三是军方通过日常监督和年度监督审查，加大了对企业资格保持情况的监管力度。

类（A类为军队专用装备承制单位，在资格审查时对武器装备质量管理体系进行审核；B类为军选民用装备承制单位，需取得国家标准的质量管理体系认证证书）。实施"两证合一"，减少了对承制单位的重复审查，缩短了审查周期（有望由原来的9—12个月减至3—6个月），现在民营企业办理上述"三证"平均时间由过去3—5年缩短到1—2年，办理费用也大大降低，[①]大幅度减轻了企业负担，增强了"民参军"积极性。此外，军委装备发展部正全面推开武器装备科研生产许可与装备承制单位联合审查工作机制，积极与国务院有关部门协商，探索军工资质"四证"（上述"两证"加上"保密认定"和"许可审查"）的联合受理、联合审查机制，加快调整完善装备市场准入制度，进一步降低装备市场准入"门槛"。2018年12月，国防科技工业局和军委装备发展部联合印发2018年版武器装备科研生产许可目录，再次大幅度降低军品市场准入门槛。[②]2018年版许可目录包括导弹武器与运载火箭等7大类285项，在2015年版目录的基础上再次减少了62%，大范围取消了设备级、部件级项目，取消军事电子一般整机装备和电子元器件项目，取消武器装备专用机电设备类、武器装备专用材料及制品类和武器装备重大工程管理类的许可，仅仅保留对国家战略安全、社会公共安全有重要影响的许可项目，大幅度缩减了武器装

---

① 李晓松、肖振华、吕斌：《装备建设军民融合评价与优化》，国防工业出版社2017年版，第188页。

② 武器装备科研生产许可目录是实施武器装备科研生产许可的重要依据。我国武器装备科研生产许可制度从1999年开始启动。原国防科工委分别于2000年、2002年、2005年发布了三版许可目录，国防科技工业局和原总装备部于2015年8月发布了2015年版许可目录。2018年版许可目录是第5次对许可目录进行修订。

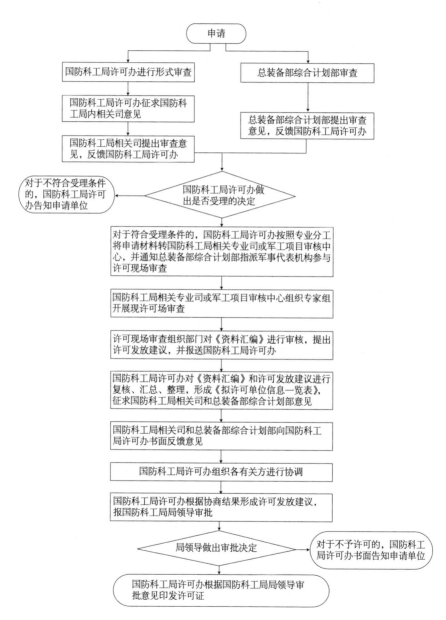

图2-1 军改之前的武器装备科研生产许可申领流程（军改后流程也基本类似）

备科研生产许可的管理范围，从政府管理层面上解决了许可管理范围过宽、社会反映准入难等问题，有利于加快吸纳优势民营经济，带动创新创业中小企业进入武器装备科研生产和维修领域。

此外，地方政府也纷纷出台相关简化准入的规定。2017年年初，四川省军民融合发展推进领导小组通过了《四川省军民融合企业（单位）认定办法（试行）》，与军委装备发展部、国防科技工业局联合开展《武器装备科研生产许可证》和《装备承制单位资格名录》联合审查试点。

规范军品市场退出管理方面。原总装备部和国防科技工业局于2013年6月联合出台了《武器装备科研生产许可退出管理规则》，规范承担武器装备科研生产任务的企事业单位退出军品市场的程序和办法，明确不论何种所有制单位，存在质量、保密信誉以及经营质量问题的，都将被及时淘汰，打破了军品市场"终身制"，维护了武器装备科研生产正常秩序，保证了武器装备科研生产体系完整有效。2015年，原总后勤部物资采购工作领导小组根据检察机关和审计部门反馈意见，对江苏丹毛纺织股份有限公司等39家供应商的违规行为和不正当竞争行为作出处罚，将其列入不良供应商名单、取消军队物资供应商资格，并按照《军队物资工程服务供应商管理规定》，自2015年12月3日起终身禁止其参加军队物资采购活动。同年，原四总部财经管理审计过程中，发现三河市科达科技有限公司和三河市晟皓机械制造有限公司"设备老旧、生产能力不足，与申报的状况不完全相符"，按照《军队物资供应商库管规定》，将其列入不良供应商、取消军队供应商资格，自2015年12月3日起终身禁止其参与军队物资采购活动。2018年12月底，军队有关部门发布公告：19家供应商严重违规被终身禁止参加军队采购。

（三）允许民间资本参与军工集团的改制

引入社会资本投资军工固定资产。国防科技工业的投资体制改革主要是随着国家投资体制改革而变动。改革开放前投资方式为单一指令性计划，投资范围主要是按部门和企业隶属关系安排国家投资。改革开放后，国防科技工业的投资体制随着市场经济体制改革的推进而变动，逐步实行项目法人责任制、招投标制、资本金制度、监理制等。原国防科工委成立后，在体制改革方面发布了一些重要的法规政策。比如 2007 年 1 月国务院颁布的《关于深化国防科技工业投资体制改革的若干意见》，这一意见强调在保持国家对核心能力有效控制和支持的同时，引入社会资本，推动投资和产权主体多元化，更深入地贯彻了协同创新发展的思想。

此外，在《国防科技工业固定资产投资管理暂行规定》《国防科工委关于国防科技工业固定资产投资项目招投标管理若干问题的通知》等投资制度的制定，使政府的投资范围由向军工单位投资转为向军品能力投资，资金来源也由比较单一的政府投资扩大到利用社会投资，如银行贷款、证券市场融资等。

允许民间资本直接参与军工企业改组重组。2006 年—2008 年，出台了《涉军企事业单位重组上市军工事项审查暂行办法》《关于推进军工企业股份制改造的指导意见》《军工企业股份制改造分类指导目录》等政策。2009 年，国防科技工业局发布年度国防科技工业社会投资领域指导目录，以及国防科技工业社会投资项目核准和备案管理暂行办法，规定了拟准许民间资本进入的领域和程序。2012 年，国防科技工业局和原总装备部出台了《关于鼓励和引导民间资本进入国防科技工业领域的实施意见》，为民间资本进入军工领域提供了制度依据。2016 年，国防科技工业局出台《涉军企事业单位改制重组上市及上市后资本运作军工事项审查工作管理暂行办法》，鼓励民用资本参与军工单位的改革重组，为资本的协同创新提供了依据。2017 年 7 月，国防科技工业局召开军工科研院所转制工作推进会，宣布启动首批 41 家军工科研院所转制工作，标志着军工科研院所转制工作正式启动，军工科研院所改革进入最为关键的实施阶段。军工科研院所改革是国防科技工业一场广泛而深刻的变革。军工科研院所覆盖面宽、涉及领域广、人员数量多，改革任务复杂艰巨。军工科研院所被分为基础类、工程类、工艺类三类，除基础类保留事业单位属性之外，其他两类均需完成转企改制。

积极推进军工集团的混合所有制改革。国防工业核心技术军转民用核心表现形式就是混合所有制改革，同时具有军品和民品的国有企业通过增资扩股等方式，引进社会资本，进而可以满足扩大生产线、提升技术等方面需求。从 20 世纪 90 年代开始，我国就允许国内民间资本和外资参与国有企业改组改革，目的是引入民资促进生产力发展，经济改革的实践证明，混合所有制能够有效促进生产力发展。2017 年 6 月，国防科技工业局发布《2017 年国防科工局军民融合专项行动计划》，该计划指出"深化国有军工企业投资主体多元化改革，完善政策环境，编制《涉军企事业单位改制重组上市及上市后资本运作军工事项审查申报指南》，深入推进军工企业混合所有制改革，组织 3 家首批试点单位实施混合所有制改革，配合发展改革委遴选第二批试点单位并组织实施"，还指出"完成企业投资国防科技工业固定资产投资项目核准和备案管理办法、国防科技工业固定资产投资政府核准和备案项目目录编制，积极引导各类社会投资主体参与国防科技工业投资建设，扩大军工投资的渠道和来源"。2017 年 12 月，国务院发布《关于推动国防科技工业军民融合深度发展的意见》，明确除战略武器等特殊领域外，在确保安全保密的前提下，支持符合要求的各类投资主体参与军工企业股份制改造，明确鼓励符合条件的军工企业上市或将军工资产注入上市公司，建立军工独立董事制度，探索建立国家特殊管理股制度。①2018 年 9 月，国家发展改革委等八部委联合下发《关于深化混合所有制改革试点若干政策的意见》，从国有资产定价、妥善处理职工劳动关系、土地处置与变更登记、员工持股和财税支持政策等方面，对军工集团混改做新的安排，并指出既有的关于军工企业国有股权控制类别界定的政策规定，已经不适应协同创新发展的需要。要抓

---

① 意见从七个方面提出了推动国防科技工业协同创新深度发展的具体政策措施，其中明确指出，要积极引入社会资本参与军工企业股份制改造，修订军工企业股份制改造分类指导目录，科学划分军工企业国有独资、国有绝对控股、国有相对控股、国有参股等控制类别，除战略武器等特殊领域外，在确保安全保密的前提下，支持符合要求的各类投资主体参与军工企业股份制改造。按照完善治理、强化激励、突出主业、提高效率的要求，积极稳妥推动军工企业混合所有制改革，鼓励符合条件的军工企业上市或将军工资产注入上市公司，建立军工独立董事制度，探索建立国家特殊管理股制度，充分发挥国有企业混合所有制改革试点示范带动作用，及时推广相关经验。该意见的发布，表明这是我国推进协同创新深度发展的重要举措，也是推动国防科技工业协同创新深度发展的顶层设计和行动纲领。

紧对军工企业国有控股类别相关规定进行修改，确属混改需要突破相关比例规定的，允许符合条件的企业以"一事一议"方式报国防科技工业局等部门研究办理。目前包括中核集团和兵器工业等数家军工企业入围混改名单。2018 年 11 月，国家发展改革委副主任、国家统计局局长宁吉喆在民营企业座谈会上介绍："截至目前已推出三批共 50 家混改试点示范项目，下一步将进一步加大工作力度，为民营企业参与国企混改释放更大空间，尽快启动第四批试点，持续释放试点示范效应。重点在充分竞争的行业和领域，鼓励发展非公有资本控股的混合所有制企业，通过企业股权结构优化，促进企业治理结构优化，增强企业活力和竞争力。出台重要领域混改试点企业员工持股等政策措施，完善与混合所有制企业相适应的市场化薪酬机制和更加灵活的工资总额管理制度等，探索适用于"混改后"企业的国资监管新模式[①]。"

（四）推进军地科技资源共享

推进军地重大实验设施资源共享。2011 年，国务院出台了《军工设备设施管理条例》。此后，国防科技工业局、财政部、原总装备部出台了《军工关键设备设施登记管理办法》《军工关键设备设施处置管理办法》等，在登记、处置方面进行了规定。2015 年，国防科技工业局、财政部联合下发了《关于推动军工重大试验设施和大型科研仪器向社会开放的通知》《关于发布第一批军工重大试验设施和科

[①] 《宁吉喆：尽快启动第四批混改试点，为民企参与改革提供更大空间》，东方财富网，http://finance.eastmoney.com/a/20181110981842610.html，最后访问日期：2019 年 7 月 26 日。

研仪器开放目录的通知》《国防科技工业科技创新资源开放共享暂行办法》等，推动了军用重大试验设施军民共享。2018 年 6 月，科技部、国家发展改革委、国防科技工业局、军委装备发展部和军委科技委印发《促进国家重点实验室与国防科技重点实验室、军工和军队重大试验设施与国家重大科技基础设施的资源共享管理办法》，按照资源共享要求，加强国家重点实验室和国防科技重点实验室双向开放、相互融合和有效集成，开展协同创新能力建设，并明确了管理职责、信息互通、双向开放、协同创新和评价考核等具体措施。

促进军民科技成果相互转化。2000 年后，出台了《关于加强国防科技资源共享的指导意见》《关于大力发展国防科技工业民用产业的指导意见》《关于进一步推进民用技术向军用转移的指导意见》《军用技术推广专项管理细则》《国防科学技术成果鉴定管理办法》等相关政策制度。2015 年 8 月，修改后的科技成果转化法，新增了"国家建立有效的军民科技成果转化体系，完善国防科技协同创新体制机制"的内容，强调通过协同创新等政策协同，为科技成果转化创造良好环境。《关于加快众创空间发展服务实体经济转型升级的指导意见》明确"促进军民技术双向转化"。2015 年 12 月，国防科技工业局制定了《关于促进国防科技工业科技成果转化的若干意见》《国防科技工业科技创新资源开放共享暂行办法》等科技成果转化和科技资源共享的政策。此外，国防科技工业局先后发布"首批国防科技工业知识产权转化目录"、《军用技术推广专项成果汇编》、2015 年度《民参军技术与产品推荐目录》、《军用技术转民用推广目录》等文件，积极引导先进民用技术与国防科技成果相互转化应用。同年，国防科技工业局发布的《关于加快国防科技工业科技协同创新的意见》，制定了工作方案，明确了责任主体，旨在推动形成军工科研机构与民用科研机构、高等院校间的协同创新机制。2016 年 5 月 19 日发布的《国家创新驱动发展战略纲要》要求，建立协同创新重大科研任务形成机制，通过基础研究、关键技术与集成应用等创新链一体化设计，构建军民共用技术项目联合论证和实施模式，建立产学研相结合的军民科技创新体系。

大规模国防专利解密工作首次展开。2017 年 4 月，军委装备发展部国防知识产权局首次集中解密了国防专利 3000 余件，并通过全军武器装备采购信息网进行陆续发布，首次发布解密国防专利信息 2346 件。此次国防专利信息的解密与发布，是国防专利制度实施三十多年来，首次在协同创新深度发展的大背景下，拓宽军民之间科技信息交流互动、推动"军转民"的有益实践。以此为突破口，下一步还将专门制定国防专利定密解密相关规定，国防专利解密信息定期公布将成为常态化工作。

（五）试行武器装备科研生产竞争性采购

近年来，全军各级装备部门按照决策、执行、监督相对独立、相互制约、相互监督的改革精神和我军装备采购制度改革要求，依照中央军委《关于深化装备采购制度改革若干问题的意见》和原总装备部《关于加强竞争性装备采购工作的意见》的要求，积极探索和实践竞争性采购，并以《装备条例》《装备预先研究条例》《装备科研条例》《装备采购条例》《装备采购方式与程序管理规定》等法规为顶层指导，通过制度设计，推动建立适合我军装备采购管理特点，职责清晰、决策规范、实施透明、监督有效的竞争性采购规则体系。

通过公开竞争的方式确定武器装备科研项目。2004 年，中央军委发布《中国人民解放军装备科研条例》和《中国人民解放军预先研究条例》。与之相配套，出台了《武器装备研制合同制工作文件》等相关的配套制度。在这些法律制度中，协同创新的思想也得到了体现。以预先研究为例，其中的应用基础研究、应用研究和先期技术开发都在全国的科研力量和机构中通过公开投标、邀请招标、竞争性谈判采购、单一来源采购等方式选定承研单位和采购定价。①

武器装备进行竞争性采购。2002 年，中央军委颁布《中国人民解放军装备采购条例》，作为我军装备采购的基本依据。条例提出了

---

① 单一来源采购是指只能从一家承制单位采购装备的采购方式。符合以下三种情形可采用单一来源采购方式：1）只能从唯一装备承制单位采购的；2）在紧急情况下不能从其他装备承制单位采购的；3）为保证原有采购项目的一致性或者服务配套要求，必须继续从原装备承制单位采购的。目前，军方鼓励竞争，尽量避免单一来源采购，若必须采用单一来源采购的，则在该装备的下一层及如分系统、单机等进行竞争性采购，装备采购业务部门对此进行督促。

竞争性谈判采购是指通过与不少于两家承制单位进行谈判，择优确定承制单位并与之签订合同的装备采购方式。采购金额达到 300 万元以上、符合下列情形之一的装备采购项目，可以采用竞争性谈判方式采购：1）招标后没有承制单位投标或者没有合格标的的；2）采用招标方式所需时间无法满足需要的；3）因技术复杂或者性质特殊，不能确定详细规格或者具体要求的；4）不能事先计算出价格总额的。采用竞争性谈判方式实施装备采购时，在谈判前，价格审核组应当对被邀请的装备承制单位报价进行审核，提出价格谈判预案；谈判结束后，其价格方案应当报总部分管有关装备的部门、军兵种装备部审定。

公开招标""邀请招标"均采用"竞标定价"方式，军方制定价格标底，不对投标企业进行审价。从全军武器装备采购信息网来看，公开招标和邀请招标一般用于采购较为成熟的产品。

竞争性采购的思想，将"积极引入竞争、评价、监督、激励机制"作为装备采购工作的基本原则。与此同时，制定了《装备采购计划管理规定》等5个配套规章，构成了装备采购的法规体系。2003年，原总装备部发布了《装备采购方式与程序管理规定》，明确了"公开招标采购、邀请招标采购、竞争性谈判采购、单一来源采购、询价采购"多种采购方式。2005年，中央军委颁布《关于深化装备采购制度改革若干问题的意见》，提出改革装备采购管理体制，完善装备采购运行机制，加强装备采购制度改革配套建设。其核心思想是推进分类、分层次的竞争性采购，广泛吸纳具有规定资质的装备承制单位参与武器装备采购竞争，同时推行装备科研、采购一体化竞争，鼓励科研单位和生产单位联合参与竞争。2009年，原总装备部发布了《关于加强竞争性装备采购工作的意见》，积极适应社会主义市场经济和装备发展要求，加快建立完善以竞争为核心的竞争、评价、监督、激励机制，不断提高装备质量和采购效益，促进装备建设又好又快发展。同年，原总装备部与国防科技工业局联合发布《关于进一步推动军民一体化装备维修保障建设工作的意见》，加快军民一体化装备维修保障配套建设。2010年后，根据竞争性装备采购的精神，原总装备部又出台了多项相关政策，如2013年的《总装备部陆军装备科研订购竞争性采购装备价格工作实施细则》。特别是2014年7月，原总装备部颁布的《竞争性装备采购管理规定》，作为第一部从顶层上规范和指导全军竞争性采购的专门规章，在装备采购计划制定、合同订立、合同履行监管等重要节点嵌入竞争性采购要求，强制推动竞争性采购工作的全面开展，规定了对公开招标、邀请招标、竞争性谈判、询价、评审确认等竞争性采购方式的实施方法，成为我军推行竞争性采购的重要里程碑。2015 年根据推进军民深度融合发展的要求，出台了《关于进一步完善军选民用类装备招标采购组织程序事》等政策细则，军兵种也细化了竞争择优的相关政策，如《陆军及通用装备型号研制竞争择优实施办法（试行）》。在总结指南发布和项目评审经验基础上，军委装备发展部 2016 年年底制定《关于进一步促进装备技术创新竞争择优的意见》，规范了装备技术创新竞争择优管理。制定下发《装备招标管理办法》等竞争性装备采购配套法规，规范采购行为，建立公平、公正的采购规则；论证起草《总（主）承包企业开展分系统或配套产品竞争性采购管理规定》，确立分系统和配套产品竞争要求，明确竞争范围与经费比例，鼓励民营企业参与装备预研，进一步扩大装备预研指南发布范围，支持民营企业参与项目申报。此外，装备研制（竞争性装备采购的重点）、装备维修（竞争性装备采购的补充）阶段的竞争开放，也在有序推进。2017 年，军方开始制定《装备采购竞争失利补偿管理办法》，开展竞争采购失利补偿试点，发布并适时调整更新《竞争性采购负面清单》。

当前军品采购的主要方式有 5 种，即单一来源采购、竞争性谈判、公开招标、邀请招标及询价采购。①对应的军品定价机制有三种：定价成本加成、竞标定价及询价定价。其中，单一来源采购、竞争性

---

① 询价采购是指向有关承制单位发出询价单让其报价，在报价基础上进行比较并确定最优装备承制单位的采购方式。军方不得同某一供应商或承包商就其报价进行谈判，采购合同一般授予符合采购实体需求的最低报价的供应商或承包商。采购金额在 300 万元以下、不需要保密且符合下列情形之一的装备采购项目，可以采用询价采购方式采购：1）通用性强，规格、标准统一，货源充足的；2）价格变化幅度较小的。

谈判采购均采用"定价成本加成"定价机制，新一轮军品定价机制改革主要针对该两种采购模式下的军品定价。①

（六）完善民营企业"参军"的技术基础与服务制度

积极推动军民用标准和计量等技术基础的统一。2009 年，原总装备部、原国家质量监督检验检疫总局、国家标准化管理委员会出台了《关于进一步加强国家标准化和军用标准化工作管理、促进协同创新有关事宜的通知》，促进了标准的协同创新。2010 年，国务院、中央军委联合发布《关于建立和完善军民结合寓军于民武器装备科研

---

① 我国完整的军工产业链从上到下为：装备总体（主机所）—系统、分系统—器部件、组件—元器件—原材料等层级。总体（主机所）是总体设计单位，在拿到订单后，将负责武器的总体设计、指标分配、综合协调和总装；民营军工企业则主要是为航天、航空、船舶、兵器、电子、核等大军工集团"总体单位"提供辅助，主要产品集中于分系统、器部件、组件及原材料等领域，即为十二大军工集团提供配套，各级配套配合总体进行武器部件生产，间接为军队提供军品，目前能做到分系统及以上层级的民营企业还较少。军工产业链由军方的订单推动，供应方层级较多，利益分配受总体设计单位和关键技术单位主导。军工产业链的需求来源于军方，即军工产业链的上游是军方，军方的订单决定了军工集团的销售情况。上游的供应商是生产电子元器件、专用芯片、电源配电、电池、电路等；原材料供应商提供基础材料。目前所有的研制经费全部由总体、分系统、单机、元器件这样从上游到下游传递，经费的流动和利益格局也是依据此来进行分布的。经费重点集中在以下单位：拥有 1+1>2 能力的总体设计单位、参加批产的各分系统及单机单位、拥有核心技术和不可替代性的关键技术单位、享受整个行业增长的分立器件，上游高市占率的企业。当前，军工产业链营业利润率从高到低排序如下：单机／部件（民参军，20%＋）＞元器件／原材料（15%）＞分系统／大部件（6%）＞整机／总体（5%）。其中，整机与核心分系统主要集中在军工央企，受"成本加成"定价机制约束，营业利润率维持在 5% 左右的低位。参见《2019 年中国军民融合白皮书》，投中研究院，http://www.chainnews.com/articles/010625959512.htm，最后访问时间：2019 年 7 月 26 日。

生产体系的若干意见的通知》（国发 37 号），明确提出"积极采用先进适用的民用标准。充分利用民用科技工业成果，推广先进的生产组织方式和生产技术，积极采用先进适用的民用标准，提高武器装备生产标准化和专业化协作水平。制定军用标准化管理条例，深入研究军用与民用标准之间的关系，加强军民共用标准的制定与修订工作"。2012 年，国务院、中央军委共同批准发布《统筹经济建设和国防建设发展规划（2011 年—2015 年）》，明确提出实施"军民标准通用化工程"。2016 年，中共中央、国务院、中央军委在《关于经济建设和国防建设融合发展的意见》（中发〔2016〕12 号）中提出："将军队标准化需求融入国家标准化体系，积极推动军用装备和设施采用先进适用的民用标准，将先进适用的军用标准转化为民用标准，推动军民标准通用化建设。"2017 年 4 月，军委装备发展部发布《军事计量军民融合技术规范目录（V2.0）》，覆盖军事计量几何量、热学等通用计量专业，以及医学、气象两个专业应用领域，共收入军地现行计量技术规范 819 个。①2017 年 9 月，军民标准通用化工程第一批建设任务下达，包括工程重点规划民用标准采用、军用标准转化、整合修订、通用标准制定、资源共享、机制建设等任务。2018 年 1 月，新修订的《标准化法》正式实施，进一步明确了统一管理和分工管理的体制，明晰了国家标准、行业标准、地方标准以及团体标准、企业标准的相关内容，强化了对标准工作的监督管理，推进中国标准与外国标准的相互转化与应用。2018 年 7 月，中央军民融合发展委员会办公室会同国

---

① 其中国家计量检定规程 488 个、国家计量校准规范 719 个、国家标准 23 个、国家军用标准 70 个、部门（行业）标准 59 个。

家标准委员会、军委装备发展部、国防科技工业局联合发布《统筹推进标准化军民融合公正总体方案》，明确利用 3—5 年时间，基本消除军民标准交叉重复矛盾问题，老旧标准得到及时更新，重点领域新增标准军民通用化率达到 60% 以上。

加强国防知识产权的保护。2004 年，国务院、中央军委联合修订出台了《国防专利条例》，是一部针对在国防建设遇到的专利问题而设置的条例，对专利的保护期限、申请权和专利权、专利的管理和保护都进行了规定。同时，原国防科工委还制定了《国防科工委关于加强国防知识产权工作的若干意见》《国防科技工业知识产权推进总体方案》《国防科工委关于实行知识产权信息报送制度的通知》等政策。2008 年，国家颁布《国家知识产权战略纲要》，首次从战略层面明晰国防知识产权概念，将国防知识产权从国防专利扩展到国防著作权、商标权等多种类型的知识产权。随后颁发的《实施纲要任务分工》和《关于贯彻落实纲要的实施意见》，细化了原总装备部、工业和信息化部、科技部等部门的国防知识产权专项任务。2009 年，原总装备部牵头发布《国防知识产权战略实施方案》，并成立国防知识产权战略实施工作领导小组，同年成立原总装备部国防知识产权局。新的军队体制确立后，国防知识产权制度改革正在加快推进。在其他配套政策方面，军委装备发展部在 2016 年年底推出《关于贯彻落实创新驱动发展战略，加强新形势下国防知识产权工作的意见》，针对国防知识产权存在的突出问题（权利归属不明确、利益分配不落实、管理要求不清晰、维权保护不到位等），提出了颇具改革意义的举措。同时，为解决军用软件计价存在的现实矛盾和问题，军委装备发展部发布了《军用软件研制概算计价规范（试行）》，首次将军用软件计价的范围进行了规范和界定，通过科学量化军用软件研发智力成本，切实尊重软件研发人员创造性劳动，激发软件研发人员创新活力和潜力，充分调动广大软件研发人员的积极性。2017 年年底，军委装备发展部以国家标准的《企业知识产权管理规范》为基础，结合装备领域有关特点，发布《装备承制单位知识产权管理要求（GJB9158—2017）》，这是我国首部装备建设领域知识产权管理国家军用标准，明确了知识产权获取、维护、运用、保护全过程的一般要求，主要包括装备承制单位知识产权管理的范围、术语和定义、知识产权管理体系、管理职责、合同管理、装备采购各阶段知识产权管理等内容，装备预先研究、型号研制、生产、维修保障等各阶段，以及招投标、合同订立履行等各环节，明确了装备承制单位知识产权工作的特殊要求，为装备承制单位建立科学、系统、规范的知识产权管理体系，强化知识产权创造、保护和运用能力，提供了指导规范。

加快军品价格改革，主要执行的是 1995 年出台的《国防科研项目计价管理办法》和 1996 年出台的《军品价格管理办法》，采用成本加 5% 加成的模式。自中华人民共和国成立以来，我国军品定价机制先后进行了多次改革。大体经过了无偿调拨、实际成本加成、计划成本加成、多种定价方式并存及装备购置目标价格管理机制等几个阶段。"成本加成①"始终是大型武器装备整机 / 总体类产品的主要定

---

① 该"成本"的含义一直在发生变化。从最初的"实际成本"，到军方审价的"计划成本"，目前演变为军方论证的"装备购置目标价格"，"加成"在原来固定比例加成的基础上又加入了激励约束利润，对军工企业降低成本予以激励。

价方式。在新中国刚刚成立的时期，我国的军工生产不实行经济核算，而是沿用战时的体制，采取实报实销的供给制办法。企业根据国家的指令组织生产，企业生产出来的装备调拨给军队使用，装备不计算成本和价格，军工厂所不计算盈亏，国家直接调拨企业所需的资金和原材料。1953 年，军工企业开始实行经济核算，生产出来的装备在经过军队订货验收后，才结算付款。国家对武器装备采用完全的计划调拨价，产品出厂之后，由国家进行统一定价。同时，武器装备采用低利率政策，实行 5% 的成本加成定价方法，并且考虑到通胀因素，实行一年一定价，后又实行三年一定价，合理的不动，不合理的调整，同时要求驻厂军代表经常了解军用产品的成本情况，协助工厂积极采取有效措施降低成本。①1966 年 12 月，财政部规定"将国防工业的装备超计划利润（即超过 5% 的利润率部分），由财政部退给军队继续用于购置装备"。1973 年 12 月，财政部又改变这种做法，对装备费实行实报实销的供给制办法。当时的武器装备生产受到国家严格控制，武器装备的生产是按照统一计划管理模式进行，军工生产企业必须上交所获的全部利润，如果亏损则由国家进行全额补贴。武器装备的价格制定由核算实际成本的基础上按一定利润率进行加成定价模式，改变为按计划成本的进行加成的定价模式，定价权为国防科技工业的相关主管部门，采取自上而下的纵向定价程序。在这一段时间内，武器装备的供给方与需求方逐步分离，军工企业是国家行政部门的附属物，也是行政机关的一个部门。装备采购经费也不掌握在需

---

① 摘自 1961 年 11 月 25 日颁布的《中国人民解放军驻厂军事代表暂行条例》。

求方手中，武器装备生产的数量、生产的种类，以及装备的调拨都由军队根据军事需求来决定。军队与军工企业的关系基本上与军队和政府的关系一样，二者并不是独立的利益主体。随着改革开放和社会主义市场经济的不断发展，为缓解装备成本与定价的矛盾，1986 年1 月，国家物价局发布《关于装备价格管理中有关问题的通知》，规定"生产企业在上报报价意见前，应及时向军事代表提供有关报价资料，军事代表接到有关报价资料后，一个月内提出对产品报价的具体意见。双方协商后，如仍有分歧意见的，可以保留，并将不同意见同时上报"。1989 年，原总参谋部装备部颁发了《军工产品审价试行规程》，规范了军事代表的审价工作，要求"了解工厂与订货产品有关的经济活动，对军工产品提出定价意见，协商价格方案，办理货款结算事宜[①]"。20 世纪 80 年代末，国务院和中央军委联合颁发《武器装备研制合同暂行办法》以及《国防科研试制费用拨款管理暂行办法》，武器装备开始实行合同制，其中发生了一个更具实质意义的根本转变，即将装备研制生产经费由原来直接划拨给军工生产部门改为直接拨付给军队使用部门，再由军队使用部门通过签订合同向军工生产部门订货。

成本加 5% 利润加成的军品定价模式的确立。20 世纪 90 年代，随着社会主义市场经济体制改革目标和打赢高技术条件下的局部战争的军事方针的先后确立，武器装备价格计划管理体制与市场价格形成机制的矛盾越发突出，高技术装备的高需求与装备经费供给严重不足

---

① 摘自 1989 年 9 月 26 日国务院、中央军委发布的《中国人民解放军驻厂军事代表工作条例》。

的矛盾日趋紧张，装备价格已成为制约装备建设和发展的重要因素。1996 年，国务院、中央军委批准颁发了《军品价格管理办法》，财政部、国防科工委制定颁发了《国防科研项目计价管理办法》。两个办法规定了装备价格实行高度集中统一的管理模式，以"保本、低利、免税"为根本原则，明确装备价格实行国家定价，装备价格由军队按照规定程序和标准对军工企业进行审核，确定"成本加成"定价机制，即按产品单位成本加上一定比例的利润制定产品价格的方法，装备购置价格 = 军品定价成本 ×（1+5%），其中 5% 为固定利润率，军工领域总装现在仍多使用传统定价成本加成模式。此处军品定价成本是指军品定价时所依据的计划成本，包括制造成本和期间费用两部分。制造成本一般包括直接材料费、燃料动力费、直接工资及福利费、专项费及制造费等；期间费用则主要包括管理费用和财务费用两部分。2013 年 9 月，原总装备综合计划部发布《装备购置目标价格论证、过程成本监控和激励约束定价工作指南（试行）》，规定新立项的型号研制生产项目应由军方论证目标价格，批量生产后价格按照"定价成本 +5% × 目标价格 + 激励约束利润"来定采购价格，标志着新一轮军品定价机制改革的启动。

此时期，军队价格管理工作开始确立并逐步完善。中华人民共和国成立后至 1984 年，军队没有建立单独的装备财务与价格管理体制。对装备经费的管理，除在初期很短一段时间由生产装备的国防军工部门直接向国家财政部门领报装备经费外，都是由原总后勤部财务部向国家财政部门随军费一起领报装备经费。军队所需装备，按业务系统逐级申请领报实物，各级装备部门不直接管理装备经费和装备价格。

1985 年，为提高经费的使用效力，军队确定将装备购置费的管理由原总后勤部（财务部承办）对总部、军兵种有关部直接管理，改为通过原总参谋部（装备部承办）归口管理，并连同财务机构和人员一并划归总参管理。至此，军队装备财务管理体制独立建立。1992 年 8 月，总参下发了《关于加强军队武器装备审价工作的决定》和《关于武器装备审价工作分工的规定（试行）》。1997 年 9 月，总参下发了《进一步加强武器装备价格工作指示》。10 月，总参装备部印发了《贯彻〈军品价格管理办法〉有关问题的处理意见》。1998 年 4 月 5 日，原总装备部正式成立，实现了装备科研费、购置费、维修费等装备经费的集中统一管理。1999 年，原总装备部成立了全军装备价格管理中心，负责统一管理全军装备科研价格、购置价格和维修价格。至此，我军高度集中统一的、全系统、全寿命装备财务与装备价格管理体制基本形成。1999 年以来，原总装备部制定颁布了国家军用使用标准《装备价格审查程序》《装备价格测算程序》和《军事代表对承制单位型号研制经费使用监督程序》，明确规定了军队参加装备全寿命费用管理及装备成本、价格管理工作的原则、职责、内容、程序、方法和要求。2011 年 3 月，国家发展改革委、财政部、原总装备部联合印发了《关于进一步推进军品价格工作改革的指导意见》，对军品价格工作改革给出了方向性的规划。文件提出了"单一定价模式"向"多种定价模式"转变，实施武器装备分类定价；同时"事后定价"向"事前控制"转变，开展面向研制全过程价格管理，要求建立军品过程成本监控机制，实现装备研制、生产、修理过程技术状态与成本目标的同步双重控制。2013 年 9 月，原总装备部综合计划部印发了《装备目标价格论证、过程成本监控和激励约束定价工作指南》，规范和细化购置目标价格论证、过程成本监控和激励约束定价等三个方面的工作内容、程序和方法。由军委装备发展部、财政部联合制定下发的《国防科研试制费管理办法》规定了可计入装备科研成本的 10 项费用。凡是获得国防科研试制类、技术类、研究类项目的单位，都应获得装备型号研制费、预先研究费、技术基础费、论证研究费（包括专用工具软件费和知识产权使用费）。2016 年 6 月。军委装备发展部综合计划局制定下发了《军用软件研制概算计价规范（试行）》，规定了软件功能点和软件成本计价方法与操作程序。

支持民营企业申报军工固定资产。2016 年，国防科技工业局印发《关于非国有企业申报军工固定资产投资项目有关事项的通知》，打通民营企业申报军工固定资产投资项目的渠道。支持军工和民口单位组建创新战略联盟，加快军工体系开放竞争和科技成果转化，鼓励民营企业与军工单位建立产学研用合作机制和军民两用技术创新联盟。国防科技工业局发布的《非国有企业军工项目投资监管暂行办法》规定，对承担高新工程任务且武器装备科研生产能力和技术在国内具有唯一性和不可替代性的民营企业，给予固定资产投资扶持。

针对现行装备建设固定资产投资与税收优惠等政策主要根据"所有制身份"制定，民营企业在竞争中难以享受"国民待遇"、处于不利地位的现状，国家税务总局出台了《关于军火武器合同免征印花税问题的通知》《关于军品科研生产免税凭印问题的通知》等制度。2014 年，财政部和国家税务总局印发《关于军品增值税政策的通知》，重新规范免税军品的范围、免税清单的形成、免税政策的实施等问题，从制度上确立涉军企事业单位免税的主体地位，从原则上解决了民口企业销售军品没有免税政策依据的问题。

搭建协同创新投融资平台，发展多元化产业链金融体系，拓展协同创新投融资渠道，是以融促产，汇聚社会资本共推协同创新深度发展的重要手段。在上市融资方面，2008 年国防科技工业局、人民银行、证监会出台《军工企业对外融资特殊财务信息披露管理暂行办法》，对军工企业对外融资中财务信息如何披露进行了明确。2017 年3 月，全国首家军民融合科技支行在四川绵阳成立，并推出"军工订单贷""军工研发贷"等系列金融产品，提供一体化协同创新金融服务。2017 年 5 月，四川银保监局向中国工商银行成都东大支行等 5 家支行授予"军民融合金融服务中心"。截至 2017 年第一季度末，四川全省银行机构为协同创新企业授信额达 564.78 亿元。[①]2017 年年底国务院办公厅印发《关于推动国防科技工业军民融合深度发展的意见》，提出 7 个方面的具体措施，包括积极引入社会资本参与军工企业股份制改造以来，着力于设立运营各级协同创新发展产业投资基金等，引导社会资本进入协同创新领域，股票、债券、金融衍生品等资本市场以及地方股权交易中心的平台融资作用正在日益渗透。协同创新重点产业投资周期长、资金需求壁垒高的难点正在加速破除。

为了指导涉军企事业单位在改制、重组、上市及上市后资本运作过程中规范操作，国防科技工业局制定了《涉军企事业单位改制重组上市及上市后资本运作军工事项审查申报指南（2018 年版）》。这一

---

① 陈耿等：《中国军事法治发展报告（2018 年）》，法律出版社 2018 年版，第 134 页。

指南对涉军企事业单位改制重组上市及上市后资本运作的申报要求、材料编制、申报审查和军工事项管理等重要问题，都作出了明确的规定。该指南的发布对于进一步完善涉军企事业单位改革发展环境，指导涉军企事业单位在改制、重组、上市以及上市后资本运作过程中的规范操作，具有重要的指导意义，是指导涉军企事业单位改制重组及上市后资本运作的根本指导原则。

协同创新代理、服务机制初步形成。2017 年 3 月，工业和信息化部发布协同创新科技服务机构推荐名单，首批 51 家入选。其中供需对接类包括中船重工第 714 所等、创业孵化类包括湖南麒麟信息工程有限公司等、科技评估类包括工业和信息化部电子科技情报研究所等、管理咨询类包括中船重工第 714 所等、科技投融资类包括西安中科创星科技孵化器公司等。2017 年 9 月，军委装备发展部与 13 家招标代理机构签署代理服务协议，13 家机构入选"全军装备采购招标代理服务机构名录"。

强化民营企业武器装备科研生产的监管与保密管理。除对民营企业"参军"的保密资格审查外，2011 年 7 月，工业和信息化部联合国家保密局颁布了《军民结合、寓军于民武器装备科研生产体系建设保密管理办法》，规范了武器装备科研生产体系中的国家秘密类型、具体的保密制度及奖惩等内容。国防科技工业局先后出台《国防科工委关于非国有企业军工项目投资管理有关问题的意见》《非国有企业军工项目投资监管暂行办法》《军品配套科研项目管理实施细则》《国防科工局科研项目管理办法》等规章文件，强化了协同创新型军工项目的政府监管、强化财务与审计监督。军队层面，原总装备部出台的《装备承制单位资格审查管理规定》强化对民营企业的运营情况掌握、资质动态管理、合同履行监督与风险防范管控，并为后续开展民营企业合同履约信誉等级评价工作打下基础。国防科技工业局与原总装备部联合发布《鼓励和引导民间资本进入国防科技工业领域的实施意见》，要求加强安全保密和监督管理，确保国家秘密安全。

规范国防科技工业技术基础科研奖励。2017 年 12 月，国防科技工业局制定了《国防科技工业技术基础科研奖励性后补助实施细则(试行)》，主要是规范相关项目单位先行投入资金，针对国防科技工业技术基础共性问题和急需解决的问题，组织开展标准化、科技情报等科研活动，取得的成果在国防科技工业改革发展中发挥基础性、战略性和支撑性作用，经审查核定通过后，中央财政给予 10 万—100 万资金补助，以切实发挥中央财政资金效率效益，激发有关单位积极性、主动性。

（七）在其他相关法律制度中融入协同创新发展的内容

在科技领域，《科学技术进步法》《中共中央国务院关于实施科技规划纲要增强自主创新能力的决定》（中发〔2006〕4 号）、《国家中长期科学和技术发展规划纲要（2006—2020 年）》（国发〔2005〕44 号）、实施《国家中长期及科学和技术发展规划纲要（2006—2020 年）》（国发〔2006〕6 号）的若干配套政策、《关于深化科技体制改革加快国家创新体系建设的意见》（中发〔2016〕6 号）、中共中央办公厅国务院办公厅关于印发《深化科技体制改革实施方案》的通知（中办发〔2015〕46 号〕、中共中央国务院关于印发《国家创新驱动发展战略纲要》的通知（中发〔2016〕4 号）等相关法规政策中也陆续增加了一些促进科技协同创新的内容。

第三章

当前国防科技工业协同创新发展
立法存在问题及根源分析

当前国防科技工业协同创新发展的法律制度框架初步形成，但这个框架还相对滞后，国防科技工业协同创新发展并没有完全纳入法律调整范围，没有体现其本质要求，不能完全适应国防建设与经济建设协调发展的需要。

一、缺乏协同创新发展的综合性基本立法

作为整个国防和军队建设领域的基本法，国防法仅有四个条款对国防科技工业和国防动员的协同创新发展有原则性规定，①难以统率

---

① 包括国防法第 30 条第 1 款、32 条第 1 款、34 条和第 45 条。国防法第 30 条第 1 款规定：国防科技工业实行军民结合、平战结合、军品优先、以民养军的方针；第 32 条第 1 款规定：国家对国防科研生产实行统一领导和计划调控；第 34 条规定：实行国家军事订货制度；第 45 条规定：国家在和平时期进行动员准备，将人民武装动员、国民经济动员、人民防空、国防交通等方面的动员准备纳入国家总体发展规划和计划，完善动员体制，增强动员潜力，提高动员能力。

国防科技工业协同创新发展的具体事务。《国防动员法》只涉及国防动员，人民防空法和军事设施保护法仅涉及防空事务和军事设施保护，无法指导国防科技工业的协同创新发展事务。

当前军民融合发展已成为国家发展战略，但在法律层面缺乏在协同创新领域起统率作用、全面规范推进协同创新发展的综合性法律规范。即缺少一部协同创新发展的基本法，可以为协同创新发展的顶层制度设计提供宏观指引，并对协同创新发展中所涉的主体、权责、原则等要素予以明确规范。这部综合性基本法的缺失，导致协同创新发展的管理体制与决策协调机制没有明确，协同创新重大战略规划、项目布局和国防核心能力建设等重大问题缺乏法律保障，协同创新各个领域的立法缺乏统一规范的指导和遵循，整个相关立法不能及时跟进，协同创新的主体、范围、权利、义务、对接渠道、保障措施等内容界定不清楚，缺乏供国家、军队、企事业单位共同遵循的法律依据，不能有效发挥法律的规范、引导和保障作用，与军民融合发展作为国家战略的地位极不相称。

没有相关基本法的指引与规范，导致协同创新发展相关的法律制度非常分散，呈现出立法碎片化的现象。现行协同创新政策法规多为部门规章和"办法""意见"等指导性文件，法规不健全、不完备、不配套，存在各自为政、分散孤立、相互脱节等问题。行业、部门、行政色彩浓厚，操作性不强，有些甚至相互冲突，或超出规范范围，导致法规文件数量虽多但缺乏权威性、综合性、一致性，影响法律效力。在部门立法模式下，除可能出现的立法冲突外，多头行政管理在实践中亦会出现职能交叉，尤其在缺少厘清各部门职责的上位法时，适用主体缺乏高位阶的法律依据，政策法规文件的落实和执行便存在协同合作的难度，且法规文件的层级相对较低、权威不足，这些情况都将不利于协同创新快速稳健的发展。例如，尽管国务院或国防科技工业局等部门发布了有关允许、鼓励、支持和引导民参军的政策法规文件，对申请武器装备科研生产许可证的单位、企业的性质未予任何限制，但民营企业在实际申请过程中仍然会感到"玻璃门"和"弹簧门"普遍存在，进而影响了贯彻落实军民融合发展战略的总体效果。

二、重点立法进展缓慢、法律位阶不高、涉密过多

基础性立法、关键性立法进展缓慢。如《国防动员法》从启动到出台历经 29 年，《国防交通法》历经 18 年。不少立法项目不仅耗费时间长，而且难以面世。如《国防科研生产法》从 1990 年 1 月开始起草，第七届全国人大法律委员会、财经委员会已列入立法计划，但至今没有出台。由军队有关部门牵头起草的《海洋基础测绘条例》《军港条例》，原本是贯彻执行测绘法、港口法的立法项目，立法的紧迫性和必要性毋庸置疑，却一直未能取得实质进展。

从数量上看，当前协同创新发展相关法规文件数量相当可观，但"重量级"的法律漏项仍然较多。例如，国防科技工业、武器装备采购、航天等方面的基本法律尚为空白，基础设施建设、国防经济动员、后勤保障、退役军人保障等方面的基本法律也急需研究起草。如《中华人民共和国采购法》中把政府采购分为民品采购和军品采购，

而对军品采购仅仅规定：军事采购法规由中央军事委员会另行制定。国防法虽设专章规范国防科研生产和军事订货，但规定过于原则，操作性不强，难以发挥有效的指导作用。而作为规范国防采购的基本法律制度，国防科研采购法多年没有能够出台。此外，军用标准与民用标准的协调统一也举步维艰。

多数立法位阶不高，且分布很不均衡。当前，我国协同创新法律、法规、文件、规章、规范性文件呈递增排列，法律和法规数量偏少，规章和规范性文件数量明显较多。如《国防专利条例》《武器装备科研生产许可管理条例》《武器装备质量管理条例》《军品出口管理条例》和《武器装备科研生产许可实施办法》，这些规定法律阶位较低，效能有限，统一协调性差，约束力不强，无法适应协同创新深度发展的需要。已经制定出台的 55 部相关法律均为军民融合子领域法律，且均在少数条款中涉及军民融合有关内容。[①] 目前，协同创新法规文件数量居于前三位的领域分别是统筹社会服务保障、统筹应急应战和公共安全、基础设施共建共享，数量最少的是统筹经济和军事"走出去"领域，分布不够均衡的问题比较明显。在国防科技工业领域，现有法律法规主要集中于规范民营企业进入国防科技工业领域，军队装备领域全寿命管理的法规比较多，但军队服务社会的相关法律制度少。主要原因是我国协同创新发展相关法律制度建设的组织领导分工还不够明确，缺乏归口部门对其进行统筹协调，难以从根本上对协同创新发展的立法进行系统论证、综合归类、顶层设计，导致该领

---

① 宋善秋：《军民融合发展法规制度建设探析》，《中国军转民》2018 年第 1 期。

域法律规范体系结构不科学、分布不均衡，尤其是协同创新和重点安全领域法制建设明显滞后。

涉密政策性文件多、公开法律法规少。现行规范协同创新发展的制度，主要是"红头文件"，如《国防科技工业产业政策纲要》（2004年）、《关于鼓励支持和引导个体私营等非公有制经济发展的若干意见》（2005年）（又称国务院"非公经济36条"）、原国防科工委发的《关于非公有制经济参与国防科技工业建设的指导意见》（2007年）、《国务院关于鼓励和引导民间投资健康发展的若干意见》（2010年）、《关于建立和完善军民结合寓军于民的武器装备科研生产体系的若干意见》（2011年）、《国防科工局和总装备部关于鼓励和引导民间资本进入国防科技工业领域的实施意见》（2012年）、《关于深入推进上海市军民融合发展的意见》（2013年）、《关于加快吸纳优势民营企业进入武器装备科研生产和维修领域的措施建议》（2014年）、《中共中央、国务院、中央军委关于经济建设和国防建设融合发展的意见》（2016年）和《国务院办公厅关于推动国防科技工业军民融合深度发展的意见》（2017年）等，但文件无法起到法律的广泛性、长期性、稳定性和高效性的作用。而且很多促进协同创新发展的条例规章和文件密级较高，如国防科技工业领域相关规定基本都带有密级，难以公开，不利于民事主体参与国防和军队建设事务，难以有效维护自身合法利益，也使得规定的内容难以在实际工作中得到落实。

立法主体层次不高，部门立法现象严重。立法主体是指有权制定、认可、修改、废除法律的国家机关。立法主体的层次，直接影响和决定法律效力。从目前情况看，协同创新相关法律法规普遍存在立法主体层次不高的问题，影响了法规体系的权威性和影响力。一是军地规章制定不均衡。目前，协同创新相关规章中绝大部分由军委机关（解放军原四总部）制定，国务院部门制定的相对较少，存在以军事法规或部门规章代替国家法律的问题，导致所出台军事法规、规章的权威性、适用性和影响力受限。二是军地立法缺乏统筹。现行法律法规中，不少都因军地二元化结构导致内容不衔接，相互割裂分离。由政府牵头制定的法律法规，在涉军时往往以另行规定加以回避，加重了军民两套体系相互分离的色彩。而军队制定的法规，又基本上只能在军队内部适用，对地方企事业单位缺乏有效的约束力。三是部门立法现象较为普遍。协同创新相关法律制度需要军地之间统筹规划、密切协调、系统论证、科学设计，才能确保实施效果。但在实际工作中，因军地不同部门各管一摊，职能交叉重叠，甚至为了"抢地盘"，制定出台政策制度前未进行充分协商，存在相互不衔接、内容不系统等"先天不足"的问题，导致落实效果大打折扣。

三、部分法律制度内容相对滞后、不协调、不统一

部分法规制定年代较早，内容严重滞后，急需重新制定。如《军用标准化管理办法》（1984 年）、《军品价格管理办法》（1996 年）等，其中的某些规定早已不符合协同创新深度发展要求，如 1996 年以来，国务院、中央军委颁发《军品价格管理办法》，以及财政部、国防科工委颁发《国防科研项目计价管理办法》，军品价格和国防科研价格

主要是采用计划成本加 5% 利润的模式,这种计价模式难以适用市场经济条件下装备定价规律。中华人民共和国成立以来,我国军品定价主要经历了无偿划拨供给阶段、实报实销阶段、计划成本加 5% 利润阶段以及混合合同定价等阶段。[①] 我国目前处在混合定价阶段,在逐步引入市场竞争导向定价,但对于单一来源采购仍采取计价成本加 5% 利润的模式,这是绝大部分装备的定价模式。根据现行《中国人民解放军装备采购条例》,装备采购方式分为公开招标、邀请招标、竞争性谈判、单一来源、询价采购及原总装备部认可的其他装备采购方式等。军工总装类公司产品基本都是通过单一来源合同定价,对单一来源的采购合同,我国目前采用的是成本加成定价法,在计价成本的基础上加成 5% 的固定利润,这也是军工产品主要计价方式。自

---

① 混合合同定价是指军方在不同任务阶段与承制商签订合同,包括预研阶段、型号研制阶段和批产阶段的合同,不同研制阶段的合同有不同的成本核算方式。(1)预研阶段:预研当成是新产品的研发投入,以成本价格签订合同,并没有收益。预研产品的合同价款只包括计价成本部分,涵盖从方案论证到设计定型阶段所发生的 8 项费用,包括设计费、材料费、外协费、专用费、试验费、固定资产使用费、工资费、管理费。由于预研产品的技术不确定性比较高,预研计价成本计算准确性较低。(2)型号研制阶段:军品价格 = 计价成本 + 收益 + 不可预见费用。型号产品的合同价款由计价成本、收益和不可预见费三部分组成。型号产品的技术状态相对比较稳定,成本计算比较准确,也是该产品装备采购定价的重要依据。计价成本与预研阶段相同,同样是那 8 项费用;收益按计价成本扣除外购成品附件费、外购样品样机费、专用设备仪器费后的 5% 计算;型号研制时,有可能存在技术方面的不确定性,需要更多投入而预留部分费用,作为不可预见费。(3)批产阶段:军品价格 = 制造成本 + 期间费用 + 利润。批产阶段的合同价款由制造成本、期间费用和利润构成,批产产品的技术状态已稳定,尽管随着时间的推移有些原材料、器件和人工会提高,军方也很少调整批产产品的价格。制造成本 = 直接材料费用 + 直接工资费用 + 制造费用 + 军品专项费用;期间费用 = 管理费用 + 财务费用;利润按照计价成本(制造成本 + 期间费用)的 5% 计算。

1995 年《军品价格管理办法》《国防科研项目计价管理办法》颁发以来，军品价格管理办法和国防科研计价办法，基本都是采用计划成本加 5% 利润的模式。① 这种模式不分行业、不分地域，成本越高，获利的绝对额越大，不利于军工企业降低装备研制、生产成本，抑制了企业加强管理、降低成本的积极性，也不利于调动总体单位开展分层次、分系统竞争。依照《军品价格管理办法》《国防科研项目计价管理办法》的规定，军工基本建设投入形成的固定资产通过折旧计入军品成本，形成了"条件保障投入越多，军品价格就越高"的怪圈。

随着协同创新不断发展，一些新兴行业的管理出现了法律制度空白，如海洋、太空和人工智能等行业。② 如中国航天一直由国家主导，在航天领域基本没有民间资本。私企很少涉及航天行业的原因有很多，一方面是由于国家政策的限制，另一方面航天对资本和技术的要求高、风险大、投资回报周期长。中国对私企和外企进入航天行业有着严格的限制，如《政府核准的投资项目目录》《外商投资指导目录（修

---

① 科研价格即国防科研试制费，制订依据是 1995 年国防科工委和财政部下发的 1765 号《国防科研项目计价管理办法》。根据 2006 年原总装备部和财政部下发的《国防科研试制费管理规定》，预研成本包括设计费、材料费、外协费、专用费、试验费、固定资产使用费、工资费、管理费。而军品价格即批产价格，制订依据是 1996 年原国家计委、财政部、原总参谋部联合下发的 108 号《军品价格管理办法》。主要包括直接材料、直接工资、制造费用，军品专项费和期间费用（管理费用、财务费用等）。以上费用都可记为成本，并由企业上报军方负责审核和承担。

② 国内航天商业立法还处于缺位的状态。现行管理空间活动法律法规主要有《空间物体登记管理办法》《民用航天发射许可管理暂行办法》《中华人民共和国电信条例》《卫星导视广播地面接收设施管理规定》，还包括一些原国土资源部颁布的卫星遥感的规章等，其他法律法规如《航天法》《卫星导航条例》尚处于制订中。值得一提的是，这些法律没有一部是专门规范航天商业活动的。

订版)》和《行政许可法》等均要求对进入航天行业的对象进行审查和限制。随着协同创新深度发展，目前国内已经开始出现民营企业涉足航天行业的案例，急需相关法律进行调整。另外，对民营企业的国防合同缺乏相应的法律调整。《合同法》中没有关于军品合同的规定，而国防法中的订货制度，也未涉及军品合同问题。政府采购法将政府采购分为民品采购和军品采购，没有考虑军民两用技术和产品的采购问题。

受多种因素影响，在涉及协同创新事务中，部分军事法规规章同国家法律之间存在偏差甚至冲突。某些军事法律制度自我封闭、自成体系，与合同法、仲裁法、政府采购法、产品质量法和《企业经营范围登记管理规定》等相关法律法规不统一、不配套。一些最新规范性文件与现行法律法规内容相互矛盾，如《个人独资企业法》《合伙企业法》《公司法》都明确规定企业不得从事法律、行政法规禁止经营的业务，而 2004 年《企业经营等级范围管理规定》明确法律行政法规、国务院决定禁止企业经营的行业共有 13 类，其中包括军工行业。《中华人民共和国私营企业暂行条例》直接规定私营企业不得从事军工的生产经营。而按照 2010 年《国务院关于鼓励和引导民间投资健康发展的若干意见》、2012 年国防科技工业局和原总装备部制定的《关于鼓励和引导民间资本进入国防科技工业领域的实施意见》和 2014 年原总装备部、国防科技工业局、国家保密局制定的《关于加快吸纳优势民营企业进入武器装备科研生产和维修领域的措施建议》规定：坚持吸引和鼓励民间资本进入国防科技工业领域。原国防科工委 2007年发布的《关于非公有制经济参与国防科技工业建设的指导意见》，则不允许民营企业参与第一类军品领域，即武器装备总体、关键分系统和核心配套产品。

相关程序性法规较少。协同创新中军地纠纷，主要是民事纠纷。目前在涉及军地民事纠纷的解决程序中，存在军事法院不能受理和地方法院与仲裁机构不愿受理的局面。一方面，按照 2012 年最高人民法院相关司法解释，军事法院只管辖军队的四类民事纠纷案件：双方当事人均为军人或者军队单位的案件、涉及机密级以上军事秘密的案件、军队设立选举委员会的选民资格案件和认定营区内无主财产案件，法院不审理军队的其他民事纠纷。另外，地方法院或仲裁机构在审理或仲裁军地民事纠纷时，面临军队拥有国防司法豁免权，即使审判或仲裁后也经常面临无法执行判决或裁定的局面，这使得地方法院和仲裁机构不愿意受理军地民事纠纷。当前，包括协同创新纠纷在内，军地民事纠纷基本都是通过调解或协商解决，但在国防建设与经济建设日益融为一体的市场经济条件下，协同创新发展中的军地民事纠纷复杂多变，形式多样，如果其纠纷不能通过法律诉讼方式加以解决，不足以达到公平、公正和高效目的，也不符合市场经济是法治经济的本质要求。

四、民营企业和地方高校在"参军"方面存在制度性障碍

军品市场准入制度办理时间过长、程序复杂、成本高，不适用高技术快速发展的实际需要。目前，进入军品市场的民用企业按照现

行体制，必须获得"三证"：武器装备科研生产许可证与合格装备承制单位资格证合二为一，还有质量体系认证和保密体系认证。办理"三证"的前提条件是必须参与过武器装备科研生产任务的企事业单位，保密资格证是办理武器装备科研生产许可证和承制资格证的前提条件，而保密资格证只有成立3年以上的企业才能申请办理，办理往往需要1年以上时间，此外质量体系认证是办理承制资格证的前提条件。国防科技工业部门依据行政许可法推行"许可证制度"、军委装备发展部遵循武器装备采购"军方主导"的国际惯例推行"资格审查制度"，分别控制军品市场的准入，[①] 但审查内容大同小异，审查内容有交叉重复，联合审查范围非常小，办理认证程序烦琐复杂，周期太长，耗费民营企业太多精力，增加了军品市场准入的成本。这些认证的有效期一般为4—5年，此期间按照规定还要进行若干复审（武器装备科研生产许可证、保密体系认证的有效期为5年，质量体系认证和合格装备承制单位资格认证有效期为4年，保密体系认证是2年复查一次、质量体系认证在有效期内3次现场监督审核、合格装备承制单位资格认证在有效期内视情实际情况复查）。有效期过后必须重新认证。很多民营企业不堪多重准入制度的重复而退出装备采购市场。而且企业为维护"四证"需投入大量人力物力，每年例行检查和多次非例行性监督审核以及新申请事项也将耗费大量时间和资金，仅武器装备质量管理体系认证1年的维护成本就可能高达人民币十万元之多，部分企业申请保密资质的成本可能高达百万元之多。另外，认证

---

① 从2017年开始，"武器装备质量管理体系认证"与"装备承制单位资格审查"两证融合，实现"两证合一"。

政策存在明显不合理之处。如装备承制单位资格审查管理办法，要求
认证的民营企业和民口单位必须承担过军品研制和生产任务，并且达
到相关要求，而装备采购条例又要求企业承担军品任务必须要取得承
制单位资格，这种"鸡生蛋还是蛋生鸡"的逻辑明显让很多民营企业
根本无所适从。

表 3–1　军工"四证"的一般性条件

资质证照	申请材料所涉重要文件
武器装备科研生产证	1. 申请书 2. 武器装备科研生产保密资格证 3. 武器装备质量管理体系认证证书 4. 安全生产达标证明文件（其中申请从事危险品生产的，提交安全生产许可证或者安全生产评价报告） 5. 法律、行政法规规定的环保、消防验收文件或者达标文件
装备承制单位注册证书	1. 申请表 2. 武器装备科研生产单位保密资格证 3. 武器装备质量管理体系认证证书 4. 专业技术资格文件
武器装备科研生产单位保密资格证书	1. 申请书 2. 科研生产场所产权证书或租赁合同 3. 合同甲方出具的研制项目或产品的密级证明，或者合同意向单位出具的合同意向证明及密级证明 4. 上一个年度财务验资报告 5. 国家军工保密资格认证委要求提供的其他材料
武器装备质量管理体系认证证书	1. 申请书 2. 相关装备主管部门或国防科技工业主管部门、军工集团公司出具的推荐意见证明材料

军地信息不对称，交易费用高。"民参军"信息渠道不能有效打
通，难以对接。民营企业"参军"难，不是难在技术的攻关，能进入
军品的都是有一定实力的企业；不是难在资金的筹措，现在很多社会

资本都愿意投资"民参军"企业。民营企业"参军"的难点仍集中反映在信息获取的渠道方面。得不到需求信息，技术再高、资质再全，地方高校和民营企业也都无处施展。民营企业无法系统获取军品市场规律的信息。特别是现阶段，军品准入刚刚全面放开，大多数民营企业不仅不知道军品准入渠道和监管程序要求，更不了解军代表的工作职能。民营企业和军代表双方的不了解、不信任，往往会导致优势民营企业就在身边，但得不到有效引导；军代表就在身边，但无法发挥作用。民营企业有技术、有资金，但不知道需要哪些特定资质和获取途径，不知道军品研制生产的一般要求，不知道军方或上级总体的需求信息。因此，对民营企业开展工作，大量集中在准入辅导、政策宣传贯彻、供需信息对接等基础性工作方面，这和传统军工企业有着本质区别。但实际工作中，军代表系统仍在沿用点对点的工作方式，这在"民营企业参军"日益常态化，规模化背景下，牵扯了军代表大量精力去开展简单的重复性工作；同时，这种先筛选后辅导的方式也剥夺了大多数民营企业接受军品任务宣传的机会，并给部分军代表提供了寻租空间。据统计，相比于已获得装备承制单位资格的民营企业数量，没有获得资质但已经在给军品做配套的民营企业数量接近前者的10倍。① 由于无法系统了解军工科研生产要求，无法获得相应的装备承制资质，这些"黑军工"只能长期定位在给传统军工企业"打零工、干散工"的角色，转正的过程艰难漫长。

---

① 李渊：《军牵民推优势互补合作共赢——军地双方推进"民企参军"途径探索与实践》，第三届军民融合发展高技术装备成果展暨论坛优秀论文，http://www.sohu.com/a/204388453_802190，最后访问日期：2018 年 12 月 26 日。

全军装备采购信息网的开通搭建了军民互动的平台，国家公布了装备采购的一些法规政策和采购信息，成效比较显著，但难以适用"民参军"的发展需要。2015年1月4日，全军武器装备采购信息网正式上线运行，有效打通了以往军方需求信息不透明的壁垒。目前，全军的预研信息，以及大量的科研和集中采购信息都已上线，极大方便了优势民营企业查询了解。但在装备需求信息方面，需求发布的范围还比较窄，主要侧重于装备预研和购置项目，型号研制、维修项目相对很少；配套采购的需求发布比较薄弱，军工集团作为配套服务的主要对象对此不够积极。不容忽视的是，大多数"民参军"企业都是"小而专"，其定位主要是给传统的军工企业提供技术补充或协作配套，并不具备直接承担军方研制任务能力。对这些企业而言，装备采购信息网的军方需求信息"高不可攀"，上级总体的需求信息却又无从获取，最后仍然只能是通过小道消息或找熟人等方式，"圈子文化"始终难以逾越。同时，出于配套协作的稳定性考虑，传统军工企业现存的"高门槛、低淘汰"的供方选用评价方式，犹如死水一潭，也极大影响了优胜劣汰机制的发挥，阻碍了优势民营企业的进入。在采购政策信息方面，发布的装备政策法规还有待细化，只是将民营企业带到"参军"门口，但入门后的种种渠道、精细化的介绍以及相应的网上培训服务没有同步跟上。民营企业不能深入了解装备建设领域相关法规政策，对装备科研、采购、维修保障等领域的管理职责分工、基本程序、相关军用标准等要求不清楚，导致四处碰壁，使准备进入军品领域的民营企业无所适从。比如：某民营企业申请装备承制单位资格证，但不清楚军方目前仅承认新时代认证中心的质量体系认证，而委托其他质量认证公司进行认证，导致企业走弯路。有的企业申请保密认证时，曾邀请保密部门进行培训，但培训使用的版本有五六种，标准不完全统一，导致保密认证评审时多次反复。同时军方和军工集团也缺乏掌握民营企业优势技术与产品信息的渠道和动力，制约了竞争性装备采购的广度和深度，阻碍了"民参军"的进程，影响了装备建设效益的提高。

军工行业垄断严重，民营企业难以参与竞争。目前军工行业垄断格局尚未打破，多数情况下，重点武器装备研制生产企事业单位仅此一家，竞争性采购范围较窄、规模较小、比例很低，竞争作为资源优化配置的作用远未得到发挥。军工集团一方面设置壁垒限制民营企业与自己下属单位开展配套产品竞争，将大批有实力的民营企业挡在军品市场之外。另外，军工集团还收购有优势的民营企业，继续巩固和扩大垄断地位，阻碍军方竞争性采购有效地展开。还有一些军工集团，利用资源、渠道等垄断地位，委托民营企业"贴牌"生产再高价转卖给军队。军工集团的垄断地位使得"民参军"活动主要集中在配套层次，采购规模偏小。民营高技术企业主要通过技术创新或技术引进等多种方式掌握单项或部分关键技术，进而组织产品研发，参与军品市场竞争。当前及未来一段时间，绝大多数民营企业不具备武器装备特别是大型复杂武器装备系统的总体设计和综合集成能力，参与装备建设活动主要集中在配套层次和提供军民通用性较强的货架产品，仅有少量的民营企业具有承担整机项目或者主战装备任务的能力。此外，从目前的实际情况看，来自民营企业的装备采购规模和比例还比较小。

　　军队装备采购管理效率低下，影响民营企业技术进步速度。长期以来，装备采购形成了一套完整的管理制度和程序，但程序复杂、冗长、效率低下。国防科研项目从申请到立项审批一般需要半年多时间，评审、汇报次数太多，耗费精力大、无法集中精力从事研究工作。立项环节的周期过长导致整个项目进度不确定，出现了有些项目下半年立项，第二年就开始中期评审的现象。同时多重环节、多层评审也影响了创新的时效性，一些具有创新性的项目甚至被扼杀在摇篮中。这种采购模式尤其不适用信息化装备发展的需要。民用市场信息化设备发展特别快，大的网络系统产品 5 年一代，小的产品一年一代。而军用市场则根据装备采购管理体制要求，层层审批，严格按照列装步骤评审，常常一代研制时间过长，一般超过五年，最后定型时，技术指标已经落后于民用市场的普通设备。军工集团人员工资有财政保障，而民营企业为完成型号研制，必须维持研发队伍，如果 3 年没有实现销售，就难以为继了。即使民营企业坚持到装备定型，往往此时性能指标落后于民用市场设备，军队不得不削减订单，使民营企业无法收回投入。

　　相关军工制度政策不公平，影响甚至阻碍了民营企业"参军"热情。一方面，在军工投资方面，国防科技工业局颁发的《非国有企业军工项目投资监管暂行办法》，虽然为民营企业获得军工固定资产投资提供了依据，但与军工企业单位普遍享受这一优惠政策相比，适用条件严格，多数承担军品研制生产任务的民营企业很难惠及，结果只有军工集团能够享受国家军工科研保障条件建设投资，大多数承担军品研制生产任务的民口单位难以享受同等待遇。在现行制度下，国防科研生产条件建设经费仅能投入军工企业和军工高校，不能投入地方高校和民营企业，国防科技工业主管部门也不能直接给高校进行条件建设，导致高校技术突破后难以满足产业化发展的需求；另外，国有企业参与军工生产，经申请、报批，可以获得相应的生产技术改造费，型号研制费由国家计划拨款，而绝大多数民营企业却无法享受该优惠，基本是自筹资金进行科研攻关；再次，现行军品税收政策不平等，对军工企业和民口企业实行"双轨制"。军工企业生产的军品（包括总承和配套产品）均享受增值税、土地使用税等免税优惠政策，科研费不计入产品成本；而民品企业生产的军品，只对 11 类特定产品在总装环节免征增值税，且退税周期过长，退税程序复杂，退税标准不一。[①] 而且民营企业军品产品计价时，需要采取各种变通手段将产品科研费用摊入产品成本，使得产品成本相对增大、利润率降低，而且投入大、资金回笼非常慢。[②] 这种有失公平的政策加重了民口企业参与军品市场竞争的负担。

军品定价缺乏弹性，且不公平。[③] 现行《军品价格管理办法》和《国

---

① 根据财政部、国家税务总局关于军队、军工系统所属单位征收流转税、资源税问题的通知（财税字[1944]011 号），这 11 类产品包括：枪、炮、雷、弹、军用航艇、飞机、雷达、电台、舰艇用柴油机、各种炮用瞄准具和瞄准镜。

② 兰卫国、孟庆贵、杨新改、蒋勤：《我国军民融合式发展的主要问题及解决方案》，第十五届中国科协年会论文集，中国科技出版社 2014 年版，第 135 页。

③ 军品定价方式主要分为价格审核和竞争性采购定价两类。价格审核方式主要适用于单一来源采购装备定价，其基本依据是 1995 年和 1996 年分别颁布的《国防科研项目计价管理办法》和《军品价格管理办法》。竞争性采购定价方式主要包括：招标定价、竞争谈判定价、询价定价等，其基本依据是 2003 年颁布的《中国人民解放军装备采购方式与程序管理规定》和《竞争性装备采购管理规定》。但在现行军品采购中，价格审核为主要方式。

防科研项目计价管理办法》，具有浓厚的计划经济色彩，使装备价格不能反映价值规律的客观要求：一是计价基础是企业个别成本而不是社会平均成本，既没有体现市场机制即供求、价格、竞争形成的内在联系和制约方式，也不能充分发挥价格对国防资源配置的杠杆作用和对装备研制、生产质量、进度的调节作用。二是与现行工业企业财务（会计）制度规定的成本核算办法不吻合，仍然沿用完全成本法，而不是制造成本法来确定定价成本，难以刺激军工企业改进技术、改善管理、降低成本，提高装备质量和服务水平。装备价格管理也主要依靠行政手段进行，基本沿用的是单一的会计核算方法，综合运用技术经济分析、价值工程、系统工程、电子计算机技术，进行装备成本价格事前预测、事中控制与事后审核的工作做得远远不够。目前，军工科研事业单位实际存在的"一所两制"（科研项目实行《军工科研事业单位财务（会计）制度》，生产项目实行《工业企业财务（会计）制度》），不能适应国防科研单位企业化改制的需要，加大了装备科研价格审核的难度。三是不符合建立现代企业制度的要求，不能反映军工企业产权制度和经营机制转换，独立法人实体和市场竞争主体确立后，对价格改革和竞争性市场形成的客观要求。国家依然实行的是指令性计划下的合同制，指令性计划价格管理体制与装备价格市场形成机制的矛盾日益突出，难以实现以市场为导向，计划与市场的内在有机结合。四是无法反映高技术装备的价格。长期以来，装备价格的免税政策、完全成本补偿、固定利润和结算优势，保证了装备建设的稳步发展。可是，也正是因为一视同仁的价格政策，阻碍了高技术装备的发展，其主要表现为：一方面不以研制、生产装备的技术含量的高低、生产质量的优劣、装备需求的强弱来制定价格政策，那些研制、生产高技术装备的承制单位得不到应有的价格倾斜，继而使那些为研制生产优质装备的高素质人才的劳动付出得不到应有的报偿，使其凝结在优质装备中的活劳动价值和无形资产价值无法得以充分体现，导致我军高技术装备的发展举步维艰。另一方面，以国防资产的国家所有权否认科研、生产单位拥有的独立知识产权和自我开发的核心技术价值，装备审价只重视对传统的有形资产的审核，忽视对高新技术产业化起决定性作用的无形资产的评价，缺乏对作为制定合理价格重要基础的开创性复杂劳动创造的价值衡量标准和办法，现行的定价办法也没有充分体现高级的复杂的脑力劳动是简单劳动的"自乘"或"倍加"这一重要的价值观念。现行按成本加成定价的定价模式，只考虑了简单劳动的成本补偿问题，没有体现技术含量和复杂劳动消耗，不利于鼓励高新技术装备的发展。如作为武器系统神经中枢的软件，其价格被严重低估。五是装备定价陷入国家投入越多，价格越高的怪圈。按现行军工企事业单位财务制度和《军品价格管理办法》，不管是在科研阶段投入的科研保障条件投资，还是在装备生产阶段投入的批生产技术改造投资，所形成的固定资产折旧，都要计入装备成本，助涨装备价格。出现国家出两份钱办一件事的现象，即国家为国防工业和装备建设投资越多，国防工业企业提取相应的折旧资金也就越多，装备的价格也就越高的"国防工业和装备建设投资怪圈"。目前，通过招标、竞争性谈判、询价等竞争性采购方式定价的装备比例不到10%，绝大部分装备采用单一来源采购和成本加5%利润的模式，助长了企业虚报价、报高价行为，装备价格事后审核的作用有限。六是军队装备价格管理运行机制不适应装备全系统、全寿命管理的需要。目前，各军兵种和总部有关部门，对装备价格分散管理、分阶段管理、分部门管理的现状，已经不能适应装备建设的集中统一领导和全系统、全寿命管理的要求。尽管已建立起相对完善的装备购置价格管理体系，但对装备科研价格、维修价格的管理涉足尚少，还未形成一套有效的体制编制、法律制度和运行机制。难以把装备技术与经济、设计与成本、生产与成本、维修与成本有机地结合起来，使有限的国防资源取得最大的军事经济效益。处在装备科研、生产质量、价格、进度监控一线的军事代表，基本不参与科研价格和维修价格管理。军方对订货装备成本也仅事后"调查核实"，而对装备成本、价格形成过程的监控极其不力，装备经费的隐性流失和浪费相当严重。

军用技术转民的机制不顺畅。军用技术和民用技术虽然有通用性，但军品与民品追求的目标不同。军品强调性能最佳下的成本合理化，民品追求质量最佳下成本最小化，因此其管理机制不相同。首先，总体上看，军工行业发展仍以计划经济模式为主。在实施军用技术推广过程中，部分企业还沿用原军品研制管理模式，采用军工技术开发系列民品，暴露出经营管理行政化、市场反应机制僵化，产品成本过高、对复杂市场竞争缺乏清醒认识，使得相关技术转型预期效益相对较低，项目风险相对较高，一定程度上影响了军转民的效果。其次，军用技术转民用，往往需要二次开发，加大了军转民的成本和风险，且市场前景不明朗，企业积极性不高。最后，国防科技解密制度严重滞后，庞大的国防专利无形加速折旧，失去了民用价值。

风险防范制度不健全，军队对民营企业参军存在顾虑。与传统军工企业相比，民营企业在参与装备建设时还存在一定风险：首先，缺乏政府的行业监督、发展规划和破产保护政策；其次，面临激烈的民品市场竞争，在整个装备寿命周期内，如果民营企业倒闭将直接危机装备研制生产和供应。而且我国民营企业平均寿命不到7年，中小企业更是不到4年；再次，民营企业在合同履约、战时动员、战时保障、售后服务等方面存在风险。朝鲜战争期间，少数资本家卖给志愿军劣质药品的教训深刻；最后，保密软硬件建设相对滞后，特别是人员的高流动性带来保密风险。这些风险的客观存在，使得军方对民营企业存在一定程度的担心和不信任，甚至对民营企业存在较大偏见。在选择军品过程中，宁愿把项目安排给国企，没有责任，而把项目安排给民营企业，则要承担较大责任风险，导致一线的军队装备采购人员对鼓励和支持民营企业参与装备建设缺乏积极性。而民营企业承担的军品任务大多为配套产品，且所占比例不高，其内心并不情愿接受军队的条条框框。从实际情况看，军代表介入民营企业后，产生的矛盾主要就集中在怎么管和管什么上。例如，按现行制度要求，军代表开展合同验收前，承制单位应制定质量保证措施，编制《产品质量保证大纲》《质量监督细则》等文件。民营企业承担的往往是底层配套任务，品种杂利润低，如果前期宣传贯彻、指导不到位，要在短期内对每一种产品都制定出相应的质量保证大纲和监督细则，难度不言而喻，合同很可能就无法执行，双方产生矛盾误会不可避免。也正因此，现阶段很多民营企业宁可选择"打黑工"，也不想让军代表介入后受束缚。

国防科技评价制度有待改进。地方高校内部考核中，国防任务不能发文章，难以保证教师职业发展，现有各类人才评价办法，没有突出国防科研团队的科研。国防任务的奖励一般只授予型号单位，高校的首倡权得不到应有的尊重，论证阶段高校创新工作得不到重视。高校教师为获得参与的机会，在论证初期就需要向工业部门提供技术思路和涉及方案，但在后续的论证和实施中往往石沉大海，创新性工作得不到正确评价和尊重，大大挫伤了高校教师参与国防科研的热情和积极性。工业部门往往拿着高校教师的技术思路与方案，稍加包装就向国家申请立项，获得可观科研经费后，再将少部分经费和主体任务给高校，最后用高校成果来结题和申报奖励。

此外，权利归属不明和缺乏民用转化内容的国防知识产权制度。我国国防知识产权激励方面采取"谁投资，谁拥有"的原则，军工企业的国防知识产权归国家所有，政府是知识产权的唯一拥有者，军方代表国家行使支配权，无偿占有、调拨、使用，但实际上军工企业成为国防知识产权的实际持有人，这种"拥有的不持有，持有的不拥有"使得国防知识产权成为"无主财产"，使得军工企业在管理上以利益倾向为主，对转化民用的积极性不高。我国国防知识产权领域目前主要有国防法、《武器装备研制合同暂行办法》《国防专利条例》等，但主要问题集中在国防知识产权权属不清、利益不明，特别是技术成果的研发单位或个人，享有的占有权和使用权不具有排他性，成果转化及其保护期过后的使用，都没有具体明确的规定，成果的定密解密制度滞后，技术成果缺乏流动性，也就不存在收益性，甚至错过技术转移最佳时机，容易挫伤承担研发单位或个人进行科技创新和成果转化的积极性，无法实现激励功能。我国尚未建立起系统规范的国防知识产权转化民用的相关法律制度。《国防专利条例》第4条规定，国防专利局受理的国防专利相关纠纷的解决在未解密前按照《中华人民共和国保守国家秘密法》和有关主管部门的规定进行管理。此处"有关主管部门的规定"应为 1991 年原国防科工委和国家保密局共同制定的《国防科学技术成果国家秘密的保密和解密办法》,但是该法规陈旧,涉及国防专利保护内容仅有几条,对于国防专利申请的受理、审查、复审及专利授权、转让、实施、调处纠纷和诉讼处置等缺乏明确设计规范,导致民口企业对于申请国防专利心存顾虑。《国防专利条例》对专利权所有人的利益补偿机制设计也不周全,制约了专利人主动申报国防专利以保护技术秘密。《国防专利条例》第 27 条规定了对国防专利权人予以补偿,明确由国防专利机构确定补偿费数额,但是由于这些规定语焉不详,操作性差,实践中民营企业和个人补偿不到位,国防专利解密后转化应用的利益回报相对有限,因此通常是把技术秘密以收益回报多的商业秘密方式保护,如此一来容易将涉及国家安全的技术秘密置于不安全状态下。此外,军工总体单位还滥用优势地位强占、滥用高校和民口企业知识产权,迫使民口企业在交付标的物时留一手,这既制约高校和民营企业积极性,也一定程度上增加了成果转化的难度。国防知识产权的管理机构分别由军队和地方两套系统负责,相互间职责划分不明,缺乏协同。国防知识产权评估、评价和交易机制尚未建立,缺少国防知识产权应用的信息平台,严重影响了国防知识产权的交易和使用,也影响到对民营企业的合理补偿,无法体现国防知识产权应有的价值。随着民营企业参与装备建设程度加深,民营企业的知识产权,特别是以自筹资金所获得的技术秘密信息的保护管理、许可使用和利益分配问题,已经成为焦点问题。

最后，还存在军民两套不同的标准体系，两者不衔接、不统一，造成协同创新的技术壁垒。目前我国军用标准和民用标准完全是两套体系。武器装备研制生产活动具有一定的特殊性和专用性，其标准与民用标准差别很大。武器装备研制生产采取国家军用标准及核、航天、航空、船舶、兵器和军事电子等行业标准进行管理。目前国家标准 26000 余项，军标 11000 余项，各自成独立体系，急需加强融合。[①]从现行《中华人民共和国标准》《军用标准管理条例》来看，以国家标准和行业标准为主体的民用标准体系，未包括适用的国家军用标准。同样，在以国家军用标准为主体的军用标准体系中，适用的民用标准也纳入得不够充分完整。随着民用技术水平的发展，一些民用标准已经大幅度提高，甚至超过了某些军用标准。同时武器装备科研生产领域的某些军用标准仍然沿用当年苏联的标准，相对陈旧，但仍然有效。这样，民用技术向军用技术转化就需要付出较大的代价和成本，限制了科技资源的流动，不仅直接影响了武器装备的现代化，而且为吸纳民用高技术设置了不必要的门槛，形成了高技术资源进入装备科研领域的技术壁垒。

时至今日，由于上述种种"无形"的限制性制度的存在，使得民营企业"参军"的参与范围有限、领域较窄、层次不高、比例很低，民营企业对国防科技工业和武器装备建设的贡献值十分有限。参与范围主要局限在军民通用装备和一般配套产品上，领域主要集中在国防科技工业社会投资领域开放指导目录下，技术产品主要应用于武器装

---

① 徐占斌：《在新的历史起点上推动国防科技工业军民融合深度发展——军民融合论坛主题发言》，《中国军转民》2015 年第 8 期。

备配套，较少应用于武器装备总体、关键分系统。民营企业参与武器装备研制生产修理项目与经费比例不足 20%。①

五、相关立法问题的根源分析

法的内容由一定物质生活条件决定。② 与世界军事大国相比，我国则存在军民科技管理体制先天分离、国防科技工业封闭垄断、市场经济体制的不完善和对协同创新发展认识的不足等根源性弊病，导致了国防科技工业领域协同创新发展的相关立法相对滞后。

（一）社会主义市场经济不完善，军工企业垄断格局没有被打破

协同创新发展是市场经济条件下有效的资源配置方式，所以成熟的市场经济体制是完善协同创新发展相关法律制度的物质基础。目前我国社会主义市场经济体制还处于初级阶段，重要的资源基本都掌握或垄断在政府手中，而非市场决定。③ 民营企业进入军工等领域成本和门槛高、限制多，困难重重，严重影响了协同创新发展及其立法的

① 张强：《"民参军"的"玻璃门"亟待打开——军民融合系列报道之一》，《科技日报》2018 年 11 月 9 日。
② 《马克思恩格斯选集》第一卷，人民出版社 1972 年版，第 268 页。
③ 按照欧盟市场经济的标准：1.经济决策没有明显受国家干预；2.有一套按国际通用准则建立的会计账簿；3.生产成本，财务状况未受非市场经济体系的显著影响；4.企业不受政府干预成立或关闭；5.货币汇率变化由市场决定。

开展。截至 2016 年年底，全国近 10 万家的民营高新技术企业，产值超亿元的有 1500 多家，而且部分企业在新材料、电子、信息等领域技术水平与研发能力超过军工企业，但能够参与军工装备科研生产的仅 1% 左右，"进入军工领域的只有 1500 多家民营企业，主要从事零部件配套和维修业务，仅有不到 100 家拥有二级保密资质[①]"。据统计，当前中国军用市场份额中"民参军"占比仅为 30%。而美国的军费开支中，民营企业大约占到 50%，达到了 2500 亿美元。[②]

市场经济体制的不完善，协同创新壁垒较多，主要受到以下三方面制约：第一，民营企业进入军工领域的行政审批与限制多。十多年的行政审批改革，问题依旧是政府与市场、社会之间职责不清晰，政府不愿放权，最主要的土地、信贷、能源等方面审批基本没有放开，对经济干预过多，严重制约了市场经济体制的完善，影响了协同创新的发展。民营企业要进入武器装备科研生产领域，除正常的企业审批外，还必须具备武器装备科研生产许可证、武器装备生产单位保密资格认证、武器装备承制单位资格审查认证和质量管理体系认证，并要进入装备承制单位名录。虽然目前武器装备承制单位资格审查认证和质量管理体系认证双证合一了，各军兵种也开始了对民营企业军品采购制度的改革，但也仅限于采购军民通用的产品。如果民营企业想开发列入武器装备科研生产许可目录的总体、关键重要分系统、核心配

---

① 《中小企业科技创新处、全国工商联支持民营企业参与军民融合》，载《军民两用技术》，2015 年第 8 期。

② 《2019 年中国军民融合白皮书》，投中研究院，http://www.chainnews.com/articles/010625 959512.htm，最后访问时间：2019 年 7 月 26 日。

套的产品，往往耗时数年都拿不下上述审批。而且上述认证的有效期一般为 4—5 年，期间按照规定还要进行若干复审（武器装备科研生产许可证、保密体系认证的有效期为 5 年，质量体系认证和合格装备承制单位资格认证有效期为 4 年，保密体系认证是 2 年复查一次、质量体系认证在有效期内 3 次现场监督审核、合格装备承制单位资格认证在有效期内视情况复查），有效期过后必须重新认证。很多民营企业不堪多重准入制度的重负而退出装备采购市场；第二，目前军工行业垄断格局尚未打破。多数情况下，重点武器装备研制生产企事业单位仅此一家，竞争性采购范围较窄、规模较小、比例很低，竞争作为资源优化配置的作用远未得到发挥。军工集团一方面设置壁垒限制民营企业与其下属单位开展配套产品竞争，将大批有实力的民营企业挡在军品市场之外。另外，军工集团还收购有优势的民营企业，继续巩固和扩大垄断地位，阻碍军方竞争性采购有效地展开。还有一些军工集团，利用资源、渠道等垄断地位，委托民营企业"贴牌"生产再高价转卖给军队；第三，国有企业政企不分。国有企业（包括军工集团）负责人都有行政级别，依然由政府任命，习惯用行政手段管理企业，没有真正实现现代公司治理模式，效率低下，严重妨碍了军工集团与民营企业之间的有效合作。

消除协同创新的市场壁垒，需要最大限度取消或简化名目繁多的市场准入，尤其是协同创新领域的行政审批制度，统一军队和政府审批权限，放开涉及市场竞争的土地、信贷、能源等关键要素审批，改变重事前审批、轻事后监督的做法，重点是通过完善的市场法律制度来规范企业协同创新的行为，以加快推进国防市场的成熟完善。要打破当前的行政性垄断，就是要明确政府权力的边界，建立各级政府权力清单，取消限制民营企业进入国防领域等市场的不合理限制，大力推行混合制经济，保证民营企业享受同等待遇。进一步推行国企（包括军工集团）的政企分开和股份制、混合所有制的改革，取消其行政级别和政府任命制，真正落实现代公司治理各项制度和模式，为协同创新创造有利的市场条件。

（二）军民体制分立严重，无法形成统一的立法

军民体制分立严重，既阻碍了协同创新的深度发展，又造成协同创新发展的法律制度无法统一协调，严重影响了立法的开展。

政权组织结构上的军民分立。宪法规定的政权结构体系中，作为中央人民政府的国务院与中央军委是属于并列的平行机构。国务院领导管理整个国家建设，包括国防建设，但国防部只是名义上归国务院管辖，其权责有限，并不管理国防和军队建设的实质性事务，所以国务院难以实质性管理国防建设事务。实践中形成了军队自身主导国防和军队建设（包括非指挥作战事务），也无形中造成了军民分立的格局，从而影响了协同创新的发展和相关立法工作的开展。此外，在协同创新事务的管理中，多头管理、各自为政、分散交叉、缺乏权威机构统管协调。国务院、中央军委专门委员会负责国防科技有关重大问题的决策协调，国防动员委员会管理国防动员，国务院、中央军委军队后勤保障社会化工作领导小组负责军队社会化保障，国防工业、国防科技、人民防空、国防交通、国防教育等职能分散在国家发展改革

委、工业和信息化部、城乡建设部、交通部、教育部等。中央军民融合发展委员会成立后，通过了《中央军民融合发展委员会工作规则》《中央军民融合发展委员会办公室工作规则》《中央军民融合发展委员会近期工作要点》和《省（区、市）军民融合发展领导机构和工作机构设置的意见》。截至 2017 年 12 月底，31 个省、市、自治区党委相继组建了协同创新领导机构，标志着我国协同创新两级组织管理协调体制基本建成，制约协同创新发展的体制性障碍正在排除，但这种多部门分散管理的局面短时间内难以得到根本性改善。

国防科技工业长期独立于国民经济体系，使得协同创新相关立法难以统一协调。作为协同创新最重要的领域——国防科技工业领域长期独立于整个国民经济体系。虽经多年改革，国防科技工业自成体系、封闭垄断的格局没有得到根本性改变。资料显示，通过资产证券化实现并购整合，是世界军工企业强国的普遍做法。在美国防务新闻网公布的全球最大的 100 家军工企业中 80% 为上市公司，资产证券化率大都在 70%—80% 的水平。借助资本市场美国催生了波音、洛克希德马丁、雷神、通用动力等军火巨头，长期稳居世界军工企业排行榜前列。截至 2015 年 6 月，我国军工集团公司证券化率达 42%，远低于发达国家军工企业资产证券化率 80% 的水平。[①] 截至 2016 年 4 月，军工集团的外部配套率仅有 13%，军工相对封闭的状况尚未根本改观。[②]

---

① 栾大龙：《军工资产证券化大有空间》，《中国经营报》2015 年 8 月 10 日。

② 《军工央企齐聚四川 军民深度融合需"两只手"共同作用》，https://www.sohu.com/a/71550643_119556，最后访问日期：2018 年 5 月 29 日。

国防科技工业经费管理的分立。由于管理体制的分立，国防科技工业和武器装备的科研条件保障费、生产技术改造费、装备研制费、购置费、维修管理费、阵地建设费、使用保障费的管理，分属于国防科技工业、军委装备发展部和军委后勤保障部三大部门，无法统筹计划与使用，导致重复投入与浪费现象惊人。

立法体制分立。我国最高立法机关——全国人大及其常委会中，有民族、外事、内务司法等专门委员会负责相关事务和领域的立法工作，但却并没有专门负责国防和军队事务立法的专门委员会，而国务院又不负责国防和军队建设的实质性事务，所以实践中基本由中央军委专门负责国防和军队建设立法工作，客观上造成了协同创新相关立法的分立。军地、部门、行业之间的行政壁垒和利益羁绊仍然存在，导致法规标准体系协同创新不畅通，军民两大体系之间"封闭化""孤岛化"和互动共享不足等问题凸显，客观上阻碍了融合步伐。如有的部门和单位在军工、民品企业税收、信贷、投资等方面实行"双轨制"，承担配套任务的民营企业难以同国有军工企业享受税收减免等优惠政策，对协同创新产业发展的投入难以获得合理回报。

健全的协同创新体制才能促进协同创新相关立法的完善：一是在明确中央军民融合发展委员会的办事规则、机构设置、工作重点和地方机构设置的基础上，进一步明确中央军民融合发展委员会统一负责军民融合事务协调的体制，明确其在立法方面的协调职责，统一从中央到地方的管理权限，推动立法的有序开展。

在当前确立的管理体制呈现出供需分离、军政分管、政企分开等基础上，按照决策体制要权威集中、管理体制要统一高效、执行部门要专业多元和管理政策要公正透明的原则，重在强军，先解决涉军业务的统一管理，再解决军民结合和融合发展。先抓住主要矛盾，解决最核心、最重要的装备科研生产协同创新问题，后解决次要矛盾和其他问题。坚持能合并的尽量合并，不能合并的才用协同机制解决。从而彻底解决军队和政府部门横向多头管理、政出多门的问题，实现规划计划预算执行一体化，实现全系统、全寿命、全费用管理。多年实践表明，军口统筹民口容易，民口统筹军口较难。理想管理体制要实现三统：军民规划统筹、涉军经费统管、政策制度统一。管理政策改革重点：信息公开、认证简化、公平竞争、待遇相同。

借鉴外国做法，在不分散军委主席负责制和中央军委对军队指挥权的高度集中统一下，可由中央军民融合发展委员会全面负责军民融合深度发展事务，下设若干协调管理机构。调整并充实中央军民融合发展委员会、国防动员委员会、军队保障社会化领导小组、军委战略规划办、国家发展改革委、工业和信息化部等相关职能，明确在军民融合事务上的领导或指导关系，并与军队相关部门实现业务对接。建立地方各级政府与省军区系统、驻军组成的地方军民融合发展委员会办公室，统筹本地区军民深度发展事务，接受中央军民融合发展委员会和上级有关部门的工作指导，领导协调地区国防与经济建设协调发展事务。从世界主要国家建设协同创新科技创新体系的实践看，美、俄、英等国的协同创新科技创新体系建设均依靠国家顶层决策、政府部门联合协同、执行机构联动实施，唯有如此，才能确保协同创新科技创新体系建设的顺利推进。

二是要建立国防与军队建设的专门立法机构。在全国人大设立国防或军事工作专门委员会，专门负责国防与军队建设重大事务的立法工作，这样能使得国防立法着眼国家安全及利益拓展的需求，在整体国家利益平台上统一优化配置国防权力资源，为国家安全和可持续发展提供坚强后盾，也能更好地从事涉及军队和政府的协同创新发展事务的立法，同时也解决最高立法机关没有专门国防立法机构的空白。

在美国，其最高立法机构——国会主导国防和军队建设重大事项立法事务，参、众两院均设有专门的国防和军队事务立法机构，负责国防和军队建设重大事项立法与监督。美国国会推动制定了许多重大的国防和军队建设法律，如 1986 年 3 月 6 日，美国会参议院武装委员会推动国会通过了著名的《戈德华特——尼科尔斯国防部改组法案》，使美军真正建立了联合作战指挥体制，从根本上扭转了军方高层对联合思想的看法，为建立联合作战人才培养机制打下了基础，是美国建军史上的一次根本性巨变。[1]

（三）国防权力划分不清晰，军民各自成独立体系

国家的国防权一般包括国防决策权、军事统帅权和国防行政权。国防决策权是最高权力机关拥有的权力，包括制定国防军事战略、确立国防和军队建设的发展方向和方针、决定，涉及国防利益重大问题的政策和原则、决定，国防重大突发事件的处理措施等。军事统帅权是最高军事机关拥有的一项对武装力量的指挥和控制权。国防行政

---

[1]　李成刚：《美军联合作战指挥体制改革的最终突破及启示——由海湾战争看〈戈德华特——尼科尔斯国防部改组法〉》，《军事历史》2014 年第 2 期。

权，是行政机关依据国家法律，管理、执行与军事有关的政治、经济、外交、科技、教育、文化等方面的国防事务的权力。

根据现行宪法，我国的国防权由中共中央、全国人大及常委会、国家主席、国务院、中央军委执行。中国共产党在国家生活中，包括国防事务中发挥核心领导作用。宪法和国防法都明确规定党对武装力量的绝对控制，中共中央在国防事务中发挥着决定性的领导作用，这也是我国国防权力结构的显著特征。全国人大及其委员会拥有国防决策权，包括国防立法权、战争决定权、监督权，选举中央军事委员会主席及组成人员。国家主席根据全国人大及其常委会的决定，宣布战争、发布动员令等。中央军委领导全国武装力量，行使军事统帅权。国防行政权归属国务院，国务院领导和管理国防建设事业，具体部门为国防部。国防法对国务院的国防行政权与中央军委的军事统帅权做了详细的规定。从这看来，军事统帅权与国防行政权是分离的，前者属于军事机关，后者属于行政机关。地方各级政府也有管理本地区国防行政事务的权力，包括征兵、国防教育、国民经济动员、人防、国防交通、军事设施保护、拥军优属等。国防行政权由各级政府行使。

在协同创新深度发展的背景下，要确保国防权力配置的合理化、科学化，实现国防权力协调配置与良性互动，必须有新的思路，采取积极对策。首先，完善国防决策的顶层架构，建立权威有效的国防决策机构。在信息化战争和协同创新发展的要求下，需要理顺党领导军队与政府管理国防的关系，建立权威高效的国防决策机构。完善由最高领导人负责，吸纳国内政治、军事、经济、科技、外交、文化等部门负责人参加的国防领导机构。同时建立起国防决策咨询机构，在全国人大设立国防工作专门委员会，负责国防立法工作。其次，要统一国防动员与应急动员两大动员体系，充分利用社会力量为军队提供服务保障，有效避免重复建设、分散建设。最后，构建国防权力运行的协调机制，强化政府的国防行政权力，剥离军事统帅权中的非军事职能，[①] 更好地促进协同创新发展。

（四）协同创新发展的法理研究不够深入透彻

协同创新是我党在新世纪新阶段提出的重要战略思想，经历了军民结合、军民兼容、寓军于民再到协同创新的发展过程。[②] 但目前，协同创新战略思想和理论更多地停留在会议和文件中，还没有及时落实到现行法律法规中。协同创新法理研究比较欠缺，如协同创新相关法律制度的基本原则、评价体系、管理体制、融合途径、国有与民营

---

① 毛国辉：《军民融合视野中的国防权力配置——兼论国防立法的完善》，《当代法学》2011 年第 6 期。

② 改革开放之前，协同创新发展思想局限于国防科技工业领域，国家确定了"军民结合、平战结合、以军为主"的方针。改革开放后，国防科技工业领域确定"军民结合、平战结合、以民养军、军品优先"的方针。随着市场经济体制改革目标的确立，协同创新发展思想开始进入军民兼容、寓军于民的新阶段结合，2005 年《中共中央关于制定国民经济和社会发展第十一个五年规划的建议》明确提出：国防科技工业要坚持军民结合、寓军于民。其后随着信息化战争和市场经济不断发展以及科学发展观的提出，2007 年党的十七大报告强调，必须站在国家安全和发展战略全局的高度，统筹经济建设和国防建设，在全面建设小康社会中实现富国与强军的统一，这标志着协同创新发展战略思想和理论正式确立。党的十七大报告也指出协同创新发展领域还包括武器装备科研生产领域、军队人才培养领域和军队社会化保障领域。参见石世印：《军民融合战略思想的继承与创新性研究》，《中国军转民》2012 年第 9 期。此外，协同创新发展还应包括重大国防基础设施与战场建设领域。

关系调整、国外立法经验借鉴等，缺乏系统深入的理论研究成果，这很大程度上影响了协同创新相关立法的进展。

首先，协同创新立法应该以国家安全为根本原则。安全为国之根本，有利于国家安全的就应该融合，不利于国家安全的就不融合，不能只顾经济利益不顾国家安全。我国国防和军队现代化建设融入经济社会发展体系过程中。也应充分考虑国防安全问题，并以法规形式划定明确的边界。在强调融合式发展的同时，必须从有利于国防安全出发，针对不同的领域、不同部门和不同项目，以法律法规的形式规定出不同的办法，实现军民合理融合结合。如在国防科技工业领域中，军队应该保留武器装备科研和生产最核心的技术、人才与能力；在军队人才培养方面，地方院校培养技术军官，指挥军官应该由军队院校培养；军队社会化保障中不能包括直接影响作战任务或与公共利益关系极大的军队保障部门；在国防动员中，军队应该保留核心的动员能力与力量；在重大国防基础设施和战场建设领域，军队应该具备最核心的设施建设能力。

其次，协同创新立法应该以市场经济为依循。在市场经济日益完善的今天，协同创新发展要成为现实，必须坚持市场在资源配置中的决定性作用，运用价值规律，充分调动民用资源积极性，才能促使民用资源真正融入国防建设，实现真正的协同创新。

再次，协同创新立法必须体系化，并融入整个国家法律制度体系中。在国防与经济建设融为一体的情况下，其运行体制机制必须要得到制度化的保障，不能仅仅依靠领导的重视和部门的临时协调，这样才能常态化平稳运行。这就要求必须建立完善的管理体制，构建层次分明、覆盖全面的法律制度，并融入整个国家的法律制度体系中，才能确保协同创新平稳发展。因此，必须将协同创新发展的相关理论，落实到具体的法律制度中。

最后，协同创新立法模式不尽相同。各国国情不同，军民融领域特点规律也不尽一致，这导致了不同的立法模式。如在国防科技工业领域，目前世界各国就有多种不同的融合方式，产生了不同的立法模式。美国走的是"军民一体"，军工产业与民用企业在技术和资源上是双向转移的，所以美国制定颁布了许多军民通用的法律制度。日本由于受到种种国际法制约，对国防科技工业采取了"以民掩军"的模式，由民用企业生产武器装备，所以在立法上，日本通过法律对相关民营企业给予重点扶持政策，制定了许多扶植民用企业进行军工生产的法律制度，如《国防装备和生产基本政策》将"寓军于民"战略思想确定为军工生产基本方针，国家不设军工厂，武器和物资全部由民用企业提供。在日本的《中小企业开拓新领域协调法》中，将军品产值占企业总产值 10% 以上的民用企业列为重点企业，实行经费和税收优惠、政策倾斜和分散轮流订货，以确保企业生存和发展。

此外，还要加强协同创新发展的重大理论与现实问题研究。将协同创新法律制度建设理论研究作为国家和军队理论研究领域的一项重大任务，纳入国家和军队科研规划计划，并组织国家和军队科研院所有关科研力量，分专题开展协同创新法律制度建设理论研究，针对基础设施、信息、电磁频谱、航空、航天、海洋和国防动员与应急管理衔接等立法难点、热点问题进行重点攻关，注重成果转化应用，为立法实践提供理论支撑。

第四章
外国国防科技工业协同创新发展
立法的特点与启示

在当今世界，在推进国防科技工业协同创新发展和军民一体化发展方面，尽管各主要国家的称谓和做法不尽相同，但都高度重视从国家立法层面确立工作的基点和遵循，协同创新发展基本实现了制度化、常态化，形成了以宪法和基本法为依据，以军事法律为主干，以专项立法为推手，以行政法规和政策计划规划为配套的法律制度规范，并不断完善这些法律制度，为协同创新发展提供了有力的制度保障。

一、以法律推动落实协同创新发展的国家战略

综观世界主要国家的协同创新实践，可以看出相关政策制度的构建是一项国家战略工程，需要通过国家战略、重大工程、科技发展战略等战略文件，从顶层设计上为协同创新发展确立相关体制、把握发

展方向，引导军队、政府和企业协同创新战略重点，促进协同创新发展。因此，主要国家纷纷明确协同创新发展的国家战略，注重以法律推动并落实其顶层战略宏观指导的作用。

（一）确立协同创新发展的国家战略

美国分别在国家层面、军队层面制定了相应的协同创新发展战略。在国家层面，1994 年，美国国会根据国会技术评估局的长篇研究报告《军民一体化的潜力评估》，第一次将"军民一体化"作为国家战略，并在国家层面作出了战略总体设计与长远规划。① 美国定期发布制定了《国家安全战略》《国家军事战略指南》《国防战略》《国家安全科技技术战略》《四年一度防务评审》和《国家计算机网络安全战略》等顶层战略文件，从顶层明确装备建设和国民经济建设协调发展的总要求，形成了国家层面的协同创新总体框架和执行路线图，它们是美国科技领域协同创新必须遵循的基本战略。在军队层面，不同历史时期亦制定相应的军事战略，对当时的国防科技创新方向进行具体地规范。比如在 20 世纪 70 年代中后期，美国针对苏联的常规军力优势，提出了以信息技术为核心的"第二次抵消战略"。该战略指导了美国之后 20 多年的协同创新科技创新。

---

① 军民一体化是指国防科技工业基础建立在更大的民用工业基础之上，形成一个完整统一的国家科技工业基础的过程。在军民一体化基础上，采用共用的技术、工艺、人才、设备、材料、基础设施等要素，满足军用和民用两种需求是冷战以后美国国防工业采取的主要政策走向。

20 世纪 70 年代末，美国推出过多项技术开发计划，如因特网、全球定位系统、隐身技术、指挥控制系统、微机电脑系统等，这些计划如果没有"第二次抵消战略"稳定性支持及国防部内部以及后来白宫和国会的批准，很难落地。20 世纪 80 年代，里根政府大规模扩充军备，大大地推动了国防科技的协同创新发展，开发出大量军民两用技术成果，这些技术成果均是美国"第二次抵消战略"发展的重点，最终在"沙漠风暴"行动中亮相，震撼世界。近年来，美国陆续发布大量科技发展战略，如《国家安全领域科学技术创新发展战略》《维持美国全球领导者地位：21 世纪国防发展重点》《云计算战略》《大数据研究与发展战略》《国防部制造技术战略规划》《网络电磁空间发展战略》等，要求军民通力合作为装备建设和经济建设服务。

俄罗斯在自上而下开展的协同创新过程中，从国家安全战略层面提出要统筹国防和经济等各个领域建设。1997 年《俄罗斯国家安全构想》突破了传统安全观中局限于军事安全为核心的狭隘范围，同时将政治、经济、生态、社会和精神等安全提到重要位置，主张运用政治、军事、经济、外交等多种方式维护俄国家安全。2000 年的《俄联邦国家安全构想》中，突出强调了经济安全的重要性，认为经济安全是国家安全的关键所在。随着 2008 年的《2020 年前俄罗斯联邦国家安全战略》的出台，俄将经济安全置于国家安全的最核心地位，视经济增长为维护国家安全的重要手段，由"以安全保发展"转变为"以发展促安全"。

日本确立"以民掩军"的协同创新发展国家战略。日本作为第二次世界大战的战败国，《波茨坦公告》第 11 条规定日本不得拥有军事工业，所以日本宪法规定："日本国民衷心谋求基于正义与秩序的国际和平，永远放弃以国家权利发动的战争、武力威胁或使用武力作为解决国际争端的手段。为达到前项目的，不保持陆、海、空军以及其他战争力量，不承认国家的交战权。"宪法从法律上限制了日本军事力量的发展，使其不能按照正常国家的方式来发展军事力量。但日本谋求军事霸权之心不死，在宪法的约束下推行协同创新发展战略，充分调动民力与社会经济资源参与国防建设，实现军事力量的隐性发展。第二次世界大战结束后，日本在《国家安全战略》中明确规定：须促进包括军民两用技术在内的技术革新，凝聚企业、研究单位、政府的力量，努力在安全领域有效利用。自 20 世纪 60 年代开始，日本政府提出军事技术的开发要充分利用民间的科研力量和开发潜力，其"寓军于民"的国防工业指导思想逐渐明晰。在此期间，日本半导体零部件制造商纷纷参与到集成电路领域研发中，通过引进国外先进技术的方式，实现集成电路产业化并在政府支持下实现电子计算机的国产化，并开始在金融业、制造业、铁路等各领域应用。1970 年，日本颁布了《国防装备和生产基本政策》，以法律形式确定了国防工业"寓军于民"的战略思想，国家不设军工厂，武器和物资全部由民用企业提供。20 世纪 80 年代，在日本"科技立国"发展战略指导下，日本政府与企业界通力合作，在微电子、生物、高密度半导体、人工智能、砷化镓、光导纤维等领域遥遥领先，军民两用技术应用的深度和广度进一步扩大。2000 年以后新的《中期防卫力量发展计划》再次强调这一基本方针。2014 年 6 月，日本防卫省颁布《防卫生产和技术基础战略》，进一步强化"以民掩军"思想的核心地位，强调建立军民长期合作关系对维持和强化国防工业的重要性，对未来 10 年国防工业发展目标和政策举措等方面进行了全面规划部署，并通过国防工业体制改革、武器装备出口、军民两用技术转化等举措，维持并提升国防工业能力。①2016 年 8 月 31 日，日本防卫省又发布《防卫技术战略》，提出培育和挖掘具有军用前景的先进民用技术，更有效地推进技术民转军。

其他大国也非常重视协同创新国家战略的指导作用。1992 年德国国防方针明确规定，要做好战略规划，在"寓军于民"的同时必须保持强有力的军工核心力量。为此，国防部在规划工作中考虑和照顾军工企业的利益，使军工企业界获得可靠的规划保证，以便更好地安排长远工作。2010 年，英国发布《国防采办改革战略》，强调军民之间应保持良好的合作关系。2011 年 12 月，英国政府出台《以增长为目标的创新与研究战略》，对未来的创新与前沿技术研发进行全面部署，重点投资生命科学、太空技术等能够带来最大潜在回报的新兴技术领域等。2012 年英国发布《国防工业政策》白皮书强调国防工业的开放性与竞争性。同年英国国防部发布的《通过技术保障国家安全》的防务白皮书，明确提出国防科技发展应充

---

① 该战略通篇讲述协同创新发展的理念，并部署了深化协同创新发展的五项具体措施：一是加大对企业的扶持，建立双方密切关系，优化开展深度融合的大环境；二是制定并向企业公开装备发展规划，引导企业策划战略投资、开展长期研发、进行人才培养；三是广泛采用先进的民用标准和产品，将民品列为装备采购对象；四是积极推动军转民工作，探索建立防卫技术解密再利用制度；五是在网络和外空等前沿领域加强基础设施和创新人才共建共用，破解新兴领域的发展障碍。

分利用民用领域的先进技术和创新应用。2013年，英国国防部发布了《2012—2022年武器装备规划》，明确未来十年重点建设的武器装备领域。为此。英国还废止了大量军用标准，广泛采用民用标准。

（二）建立国家顶层协调管理体制

协同创新需建立统一的高层决策机构，形成推动协同创新发展合力，确保政策法律制度的贯彻落实。再完善的法律法规体系，还须有相关机构来具体负责落实和协调工作，从而形成由国家顶层决策启动并监督，军政多部门协同推动的体制机制环境。主要军事大国均没有设立专职的协同创新管理机构，而是由国家元首兼任领导者的国家级别委员会，往往是国家安全委员会来行使协同创新统筹决策权，纵向上实行分层次管理，横向上实行分领域、分专业协作。

世界主要国家在推进协同创新科技创新体系建设过程中，结合自身国情、军情，不断完善相关体制机制。美国通过建立国家层面、军队层面和执行层面的专门机构，建立和完善协同创新创新系统中的组织体系。从20世纪90年代开始，美国就成立许多机构，负责军民一体化政策的落实和协调工作。美国政府在国家统筹层面，主要有国会、国家安全委员会、国家经济委员会、总统国家科学技术委员会和总统科技与政策办公室等机构在国家决策层面推行协同创新，负责协调和推动军民一体的科技创新体系建设，促进军民两用技术的发展，加快新技术融入武器装备中的步伐，① 最高协调机构为国家安全委员会。② 在政府部门层面，主要有能源部、国家航空航天局、交通部、教育部、国家科学基金委、国土安全部、国防部等。还包括部级协调机构：国家科技与工业委员会、国家生产法委员会、核武器委员会、航空航天技术委员会等。美国1993年设立的跨部门的国防技术转轨委员会，成员有陆海空军、商务部、能源部、运输部、国家航空航天局及国家科学基金会等单位。国防部还设立技术转移办公室，作为军民用技术转移牵头管理部门，负责与能源部、商务部等政府部门和协会的协调。

能源部、国家航空航天局和交通部分别负责军用核、航空航天和船舶等领域的工业管理。国土安全部负责统筹国防工业动员的相关规划计划和基础设施防护等，国家科学基金会负责支持和管理军民通用

---

① 美国国会统筹协同创新发展的机构有：众议院科学、空间和技术委员会，小企业委员会，国土安全委员会；参议院的小企业和企业家委员会，美国政府问责办公室等。国家安全委员会负责向总统提供与国家安全相关的内政、外交和军事方面的建议，统筹规划国防经济以及有关国家安全所需的预算及资源，从而使军事部门和其他政府部门更有效地合作。国家经济委员会隶属白宫政策规划办公室，通过召集会议的方式统筹协调国防建设与经济建设。

② 美国国家安全委员会负责协助总统制定、审查并提出与国家安全有关的内政、外交和军事政策。早期由总统、副总统、国务卿、国防部部长、财政部部长、中央情报局局长、参谋长联席会议主席等高层官员组成的总统班底，目前已发展为正式的政府机构组织，由200余人组成，包括百余名专职人员。在协调经济与国家安全方面，该委员会明确将工业和人力动员、基础设施保护、全民防御、政策连续性和自然灾害、应对恐怖主义等方面作为决策内容，国家安全委员会还设立紧急准备与动员计划政策协调委员会，设有军事动员、应急通信、应急反应、工业动员、资源动员、科技动员、财力动员、民防动员、地震动员、国防后勤、动员与部署指挥等12个部级协调组。

的基础研究工作。国防部主要有国防部长、参联会主席、国防部负责装备采办、技术和后勤的副部长办公室和国防研究与工程署等机构，其主要职能包括：致力消除民用技术和军用技术之间的壁垒；推动国防采办适应科技创新体系建设向军民一体的形势转变；将最新技术纳入武器装备体系的目标；等等。

在执行层面，国防部负责采办、技术和后勤的副国防部长，负责国防工业的建设、发展和管理。其中研究与工程助理国防部长负责制定和管理国防科学技术的规划计划，制造和工业基础政策助理部长帮办负责国防工业基数能力建设，确保国防工业建设与国防经济建设相适应，且满足国家安全需要。小企业计划局负责扶持中小企业参与国防建设，国防高级研究计划局负责规划和管理军民一体化的预研计划。1991 年，为了促进军民技术的双向转移，美国国防部成立了技术转移办公室，隶属于国防研究与工程署，作为军民两用技术转移的牵头管理机构，监督国防部和各军种的科研工作，确定有商业化的技术项目，直接负责与能源部、商务部等部门协调管理军民用技术转移事宜，并向国会报告国防部与工业界共同进行的两用项目的进展。1993 年，美国成立跨部门的"国防技术转轨委员会"，指导协调军民一体化转轨；同年，国防部成立"技术转让办公室"，负责国内技术转移计划，制定技术转移和两用技术政策。国防高级研究计划局则是国防战略转轨计划的首要执行机构，负责军民两用技术基础研究和应用技术研究，既服务于军备研制，又负责开发民品技术，美国国防预算中设有专项经费供其使用。为了更好地推进军标改革工作，1995 年成立了"单一过程倡议"（SPI）执行委员会，负责采办与技术的副部长首席帮办任委员会主任，成员由采办部门、合同管理部门、合同审计部门、企业界的代表组成，在推动军用标准和规范改革，使军、民用产品的质量体系和工艺规程合二为一的进程中发挥了很大作用。

表4-1　美国为推进协同创新而设立的部分军地部门联合协作机制

协作机制	主要内容
技术转移办公室	作为军民合用技术转移的牵头管理机构，负责与能源部、商务部等部门的协调，促进军民用技术的双向转移
核武器委员会	核武器采办是由国防部与能源部共同负责管理，为推进更好协调，在两部门之间设立核武器委员会，作为协调机构
航空航天技术委员会	航空航天技术的采办，设有航空航天技术委员会，负责国防部和宇航局两部门的协同和合作

俄罗斯组建军民协调机构，为协同创新提供组织保障。在国家层面有总统、联邦安全委员会和总统科学技术政策委员会等。联邦安全委员会通过国防工业跨部门委员会，负责统筹协同创新事务。作为跨部门的总统科学技术政策委员会，协助政府制定适用于军民双方的国家科技发展政策，并提出具体措施建议。在政府部门执行层面，有俄罗斯工贸部、联邦航天署、原子能集团公司、国防部等，还包括部级协调机构：政府军事工业委员会和跨部门科技政策协调委员会。国防部则有负责装备工作的副部长和联邦武器军事和特种技术装备及物资供应署，负责制定军民两用技术的规划计划，参与制定国防工业发展规划计划。

2006年，俄罗斯成立了军事工业委员会，专门负责制定武器装备及国防工业政策，统筹解决军转民、国防工业能力调整等问题。

2012 年起，俄罗斯组建和完善了若干军民统筹协调机构：一是建立协调协同创新的最高机构"联邦安全委员会"；二是赋予俄军事工业委员会组织协调国防工业政府主管机构和国防部装备采办管理机构的职能，同时，负责军民相关重大举措的协调和仲裁；三是俄工业与贸易部组织成立跨部门军民两用高新技术创新与转换中心；四是仿效美国国防高级研究计划局（DARPA）成立了国防高级研究基金会，面向全社会寻求国防创新技术，试图从源头激发科技创新的活力。为了推动协同创新，俄罗斯采取一系列措施，包括前期研究基金会资助前沿研究、创建科技连、设立创新日，建立"开放式创新之窗"等，促进科技领域协同创新科技创新。

表 4-2 俄罗斯设立的部分军民协调机构

军民协调机构	建立协调协同创新的最高机构：联邦安全委员会
	赋予俄军事工业委员会协调军民两大领域活动的职能
	俄工业与贸易部组织成立跨部门军民两用高新技术创新与转换中心

为了适应协同创新创新体系建设的需要，英国在国家层面设置了"国防与海外政策委员会"，宏观统筹协同创新科技创新的主要活动及重大决策；同时在国防部下再设立国防工业委员会、先进技术发现及应用小组，负责制定协同创新科技创新及产业化的指导方针，并对协同创新科技创新活动进行组织协调。以色列在国家层面统筹协同创新事务的是国防委员会，由总理兼任主席，监督管理军民两用技术的开发、应用和转移，积极推进军民两用技术产业化，协调政府部门共同处理好军民科研生产活动中出现的问题。日本在国家层面统筹协同创

新发展的主要机构是国家安全保障委员会和综合科学技术委员会。国家安全保障委员会通过制定防卫战略和政策，统筹协调装备建设和经济建设。日本的《国家安全战略》明确该委员会"须促进包括军民两用技术在内的技术革新，凝集企业、研究单位、政府的力量，努力在安全领域有效利用"。综合科学技术委员会是政府关于军民两用技术发展的最高管理和协调机构，指导军民各个相关部门制定军民科研生产计划，配合政府实施军民两用技术发展计划，促进日本军民两用技术的发展。

（三）制定法律落实协同创新发展的国家战略

美国通过法律明确协同创新的国家战略，用法规引导协同创新发展，实现军民有效串联，提升资源配置效率。美国法典中的协同创新是指消除民用公司参与国防部项目的障碍，在承担国防项目的执行者之间创造新型商业关系，推行现有最佳做法，并推进新型商务做法的发展与应用。在采办政策上，要尽可能依赖那些符合国家安全需要的民用技术和工业基础，减少商业产品、工艺和标准运用的联邦政府壁垒。美国宪法对国防体制、总统与议会的国防权限，尤其是对确保国家安全或国防安全情况下，如何处理国防需求与民用经济或民事部门的关系做出了原则性规定。在宪法指导下，美国将"军民一体化政策"作为一项专门条款，写入《美国法典》第 10 篇"武装力量"第 148 章第 2501 条"国家科技工业基础的国家安全目标"的（b）款，把军民一体化的总体要求，作为一项长期的基本政策确定下来并实行强制执行，内容主要包括三个方面：一是最大限度地依托民用的国家科学工业基础，来满足美国的国家安全需求；二是对于在经济上依靠国防部业务的这部分科技工业基础，国防部要降低对它们的依赖；三是减少联邦政府对采用产品、工艺和标准的障碍，① 这些为实现军民一体化战略目标打下了坚实的基础，提供了强大的指导和规范。国会的立法对发展和推进军民一体化一直起着核心作用。无论是发展军民两用技术、促进两用技术的相互转移，还是扩大竞争规模、提高国防采办可利用的工业基础，都是法律先行，为下一步具体实施提供强有力的保障。即使有些措施可由国防部采取而无须立法部门的另外授权，如国防部改革军用标准的问题，也仍然需要国会的支持和相关法律的支撑指导，否则国防部采取的措施也不可能成功。1990 年，美国国会先后制定《联邦采办改革法》《国防授权法》《联邦采办精简法案》，要求国防部尽量采用民用企业的技术与产品，并以法律体系的形式确立一个统一的国家工业基础，以保障国防工业有强大的工业体系和创新能力。为促进军民大型科学仪器与设备共享，美国以法律形式保障政府对其科研基础设施的稳定投入，主要集中在国防、核工业、网络与安全等领域。1992 年，国会通过的国防技术转轨、再投资和过渡法明确规定推进军民一体化。1993 年国防授权法明确提出要实行军事和民用工业基础一体化。1996 年联邦采办改革法，确立了适用协同创新发展的具体采办程序，在美国协同创新的发展史上具有里程碑意义。1998 年国防授权法对军民两用技术的研发规定做了进一步

---

① 　The office of law revision counsel of the house of representatives, United States Code, 2008 Edition.

细化。[①]2000 年 10 月 23 日，国防部发布《国防部 5000.1 指示》《国防部 5000.2 指示》和《国防部 5000.2R 暂行条例》，规定了重大国防采办项目和装备自动化信息系统采办项目强制性执行程序，目的是确定简单灵活的采办管理框架，以便将军事需求转化为稳定的、有序的装备采办项目。同时，美国政府各部门推出一系列法律、法规、计划等，为具体实施提供法律支持和保障，包括国家安全法、兵役法、国家安全机构法、国防生产法、国防专利法、国防设施法、军事储备法等。此外，还制定专门用以协调特殊领域民用部门与国防安全之间关系的立法，如《战略和重要物资储备法》和《国防生产法》等。美国还通过制定《反托拉斯法》《签订合同竞争法》《购买美国货法》《合作研究法》等，在一定程度上构成了对军事科技工业的宏观管理。完善的法律机制为美国实现协同创新发展提供了制度依据，是企业开展协同创新的重要保障。

表 4-3　美国军民融合的部分法律制度与政策

法规政策名称	发布时间（年）	主要内容
1984 年签订合同竞争法	1984	推动军民兼容和国防采办改革
国防工业技术转轨、再投资和过渡法	1992	推动军用技术转民用、并要求发展军民两用技术
1993 年国防授权法	1993	明确提出要实行军事和民用工业基础一体化
为促进美国经济增长的技术：加强经济实力的新方针、美国变革和设想	1993	提出提高美国经济竞争力的新科技战略，使科技发展转向兼顾经济和国防需求的轨道

---

① Public law 105–85, national defense authorization act for fiscal year 1998.

续表

法规政策名称	发布时间(年)	主要内容
军民一体化的潜力评估	1994	首次将军民兼容作为本国长远发展规划进行国家层次的总体设计,标志着美国协同创新战略的全面展开
两用技术:旨在获得负担得起的前沿技术的国防战略	1995	提出三项要点:投资开发军民两用关键技术;发展军民两用生产技术,将国防科研成果转移到民用部门产业化;将民用部门的资源移植到军用领域,在开发新的军事系统时贯彻"为两用而设计"的思想
小企业创新研究计划	2000	面向小型科技企业,促进中小企业参与国防技术研发和产业化
国防工业技术转型线路图	2003	提出打破主承包商的垄断、引导、鼓励掌握创新技术的中小企业进入国防领域
国防研究与工程战略	2007	提出建立作战部队、国防采办部门、工业界和学界之间的合作伙伴关系,将技术优势转化为军事能力的优势
2009年国家国防授权法案	2009	提出要对国防部监督管理的技术转移项目、以及各军种的技术转移项目的资金使用情况、实际效果等进行评估,建立项目参与单位的技术等合法权益的标准
新版国家军事战略	2011	明确军事能力建设的新思路和新重点,提出国家工业基础能够满足部队所需的能力和装备规模
美国国防工业基础需要维持关键领域	2011	指出美国国防工业缺乏充分竞争等问题,强调要在主承包商和分承包商层面开展竞争
2013—2017年未来5年国防部技术转移战略与行动规划	2012	将完善技术转移绩效评价指标作为调整技术转移战略的一个重点,核心是强化技术转移的综合盈利能力并促进经济的增长
更佳购买力3.0	2014	提出要建立一个更佳开放和模块化的采购体系,能够使工业界尽早了解国防需求,并打破国防部采购商业产品的壁垒,在全球市场上寻找更先进科技

在协同创新发展战略指导下，俄罗斯陆续颁布 1993 年《俄罗斯联邦共和国国防工业军转民法》《国防订货法》《国防工业法》《1995—1997 年俄罗斯联邦国防工业转产专项计划》《1998—2000 年重组国防工业法》和 2001 年《2001—2006 年俄罗斯国防工业改革和发展规划》等，通过法律强力推动协同创新发展。其中《1998—2000 年重组国防工业法》成为俄罗斯国防工业新一轮改革的标志，该法案规定，到 2000 年以前，将 1700 家国防企业减至 670 家，以形成国防工业潜力的"核心"。

日本立法确立"以民掩军"的协同创新发展国家战略。日本以和平宪法为基础，在国家安全、军工科研、军事后勤等领域制定颁布了多项带有明显协同创新特点的法律法规，来落实"以民掩军"的国防科技工业协同创新发展的国家战略。《日本自卫队法》《安全保障会议设置法》《防卫省设置法》《应对武力攻击事态法》《关于武力攻击等事态下国民保护措施法》《海上保安厅法》《防卫计划大纲》等典型的国家安全法律规范中都有协同创新的内容。在日本《防卫计划大纲》及其配套的《中期防卫力量发展计划》中，要求自卫队要与地方政府等部门密切配合，共同完成防卫任务。例如《2005 年度以后的防卫计划大纲》中"国家安全保障基本方针"一节指出：自卫队、警察、海上保安厅等有关机构在适当分工的基础上，通过进一步加强情报共享、训练等，确保密切合作，努力提高整体能力。此外，在建立包括对各种灾害的处置及警报的迅速传达在内的各种国民保护体制的同时，国家与地方政府应相互密切配合，形成万全之态势。特别是近年来安倍政权解禁集体自卫权，力推新安保法案生效，结束了第二次世界大战以来"专守防卫"的国防政策，在军事上为"军事正常化"提供了合法依据，"和平宪法"名存实亡。在这种不断修宪背景下，2014 年 4 月，日本内阁通过"防卫装备转让三原则"，摆脱了武器装备出口的限制，调整装管理体制，推动装备研发与海外军售，这将使"以民掩军"的协同创新体制呈现出新特点。第二次世界大战后，日本以许可证方式生产了 29 套美国重要的武器系统，居世界首位。[①]

二、相关法律制度构建以国家安全利益为先

协同创新发展的核心目的仍是满足国家安全利益。协同创新绝不是一个自发形成过程，在这一过程中必须加强国家法律政策的引导作用，以保证协同创新不偏向。从美国相关经验看，像美国这样以安全立国的国家在实现协同创新发展过程中，更多的仍然是偏重于最大限度地获取安全收益。尽管美国强调军队建设融入经济社会发展体系，但对于哪些领域、哪些项目可以实现融合，而哪些领域、哪些项目不能融合，都以法律法规做出了明确的规定，以确保国家安全不受影响。如在国防科研与生产方面，美国一方面强调竞争性采购，但都支持与保留武器装备科研方面最核心技术与人才；在人才培养方面，美国尽管主张依托地方院校培养技术军官，但也都明确规定指挥军官的成长必须由军队院校培养；在后勤社会化保障方面，美国明确规定，

---

① ［美］理查德·J. 塞缪尔:《美国人看日本国防工业发展》，魏俊峰译，《现代军事》2006 年第 5 期。

社会化保障不包括"直接影响作战任务或与公共利益关系极大的军队保障部门";等等。

出于维护国家安全的需要,世界主要国家普遍认为军事法律体系作为国家法律体系的重要组成部分,不应该游离于社会体系之外,应当通过制定和完善军民统一遵循的法律法规来加强协同创新建设,维护国家安全。法国为规范包括军事采购在内的政府采购活动,制定了《公共采购法》(又译为《政府合同法》),是法国调整政府采购行为的基本法,也是军民统一执行的政府采购法律规范。在合同满足一定的门槛价之后,《公共采购法》适用于一切政府部门所订立的一切采购合同,既包括非军事采购合同,也包括军事采购合同。

通过完善的立法来推动协同创新的国防科技创新,以更好地维护国家安全。协同创新科技创新体系建设事关国家和军队的发展大计,涉及面广、程序复杂,必须有一整套法律法规作为依据。世界主要国家面对协同创新发展趋势,把科技创新置于促进经济发展和提升军队战斗力的核心地位,出台了一系列有利于促进协同创新的科技创新政策法规。美国立法机构与政府部门陆续出台了一系列的法律、法规,确保从国家层面推动国防科技协同创新发展。20世纪90年代的美国相继推出《国防授权法》(1990)、《国防工业技术转轨、再投资和过渡法》(1992)、《国家技术转让与促进法》、《技术转让商业化法》,以及《国家安全科技技术战略》(1995)、《两用科技技术计划》(1997)、《技术转移计划》、《先进技术计划》、《先进概念技术演进计划》、《国家计算机网络安全战略》等法规和战略,这些法规战略从顶层为国家推进国防科技协同创新指明方向,并提供基础性的法制保障。

同样，英国协同创新科技创新活动受益于完备的政策法规的支撑。1998 年颁布《精明采办战略》，在政策上为民用技术转为军用搭建了通道；2012 年发布《防务与安全政策》，为中小企业参与国防项目提供政策支持；2008 年发布《国防支持集团贸易基金法案》，在法规政策方面为协同创新科技创新活动提供资金支持；等等。

为了确保民用技术为军用，日本政府首先是在以下三项制度上予以扶持：一是有计划、有重点地开发军民两用技术，以保持相关领域的领先优势；二是抓紧抓好军民两用技术的相互转化，以满足紧急状态下的国防工业需求；三是吸引更多的私营企业参与军民两用技术开发，使自卫队更便于利用私营企业的技术和成果，借助私营企业的科研力量，从而达到节约人力、物力和财力的目的。采取经济资助制度，主要包括财政补贴和税收优惠等，财政补贴政策是政府直接对技术创新项目提供经费支持，补助对象是政府和大学的研究机构、企业重大技术创新项目等。如对本国计算机集成制造系统等高科技项目的开发提供了大量经费支持，对电子、生物工程、机器人和新材料等高技术产业实施优惠税制和特别折旧制度。实行"倾斜金融"制度，主要是设立不同种类的国有政策性金融机构，为军工产业结构调整、产业布局优化和中小企业发展提供资金支持。如通过日本开发银行和进出口银行，为军工企业提供融资，推动集成电路企业从大型整机企业中逐渐分立，并对合并重组后的企业给予税收优惠，试图改善日本企业结构，增强产业发展活力，日本开发银行的贷款利率要比民间银行实际利率低 3%—4%，主要贷款对象为军工企业；制定各种扶持军民两用技术发展的法案，由政府金融机构向军工企业研发活动提供长期、低利率的优惠融资，以引导和促进民间投资。开辟直接融资渠道。为拓宽中小企业的融资渠道，日本设立了专门的中小企业直接融资机构，如公私合营的中小企业投资建设公司和各种金融机构出资设立的民间风险投资公司，并允许和鼓励中小企业公开发行。

三、注重发展军民两用技术

军民两用技术具备军民通用性特点，典型代表包括航空、微电子、通信、计算机、材料技术等，是国防科技工业协同创新发展的基础。为了推动军用技术转民用，美国国会1992年制定了《国防工业技术转轨、再投资和过渡法》，要求发展军民两用技术。1995年9月，美国公布的《国家安全科学技术战略》特别指出"两用是技术上的根本性转移，应争取将来做到武器系统采用现成的民用部件和分系统进行设计，构建一个随时代需求在军民品间切换生产的新工业基础"。1993—1997年美国国防转轨计划拨款中，有75%以上的资金用于军民两用技术的开发与运用。[1]1995年美国国防部发表了加强两用技术转化的专门文件《两用技术，旨在获取经济可承受的前沿技术的国防战略》，报告强调了加强军民两用技术的研究和开发的重要性。1995年《国家安全科学技术战略》，1996年、1997年和2000年《国防科学技术战略》，《1998预算年度国防授权法》，2002年《国防报告》等

---

[1] 广发军工研究团队：《美国军民融合发展历程》，http://www.sohu.com/a/248712022_4659 15，最后访问日期：2018年11月26日。

对此都做出了相应的规定。如《1998 预算年度国防授权法》要求军方必须加大对两用技术开发的投资，并规定了两用技术项目经费军口和民口分摊的原则。政府出台补助政策，推动军工产能和技术向民用领域转移。军转民是从产能和技术两个层级实现军工向民品的转化。企业开展军转民除了是根据其经营情况而开展的业务调整外，美国政府也给予了经费支持，推动军工产能与技术向民用领域转化。1998年克林顿总统宣布"军转民"五年计划，拨款约 200 亿美元用于军企裁减人员再培训和补助、开发两用技术和开展技术转让等。

早在 1996 年，俄罗斯就出台了《科学和国家科技政策法》《发展军民两用技术大纲》等法规，对科学技术领域协同创新问题进行了原则性规定，成为科学技术领域协同创新的总纲领。1998 年，俄罗斯政府又通过了《俄罗斯 1998—2000 年科学改革构想》，2001 年、2002年分别通过了《2002—2006 年俄联邦科技优先发展方向研发专项纲要》《2010 年前俄罗斯联邦科技发展基本政策》，并提出发展军民两用技术，以民用技术需求促进军用技术向民用技术转移，以先进的军用技术带动民用技术的发展；在开发和利用军民两用技术的同时，注重军用技术和民用技术之间的交流和转化，大力发展军民两用技术，使得它们能够同时服务于国防工业和民用工业。1998 年政府出台鼓励优先采用军民两用技术的政策。典型的军民两用技术——俄罗斯卫星导航系统项目，在 2007 年底开始投入实际使用，而后继续向军方和普通民众提供服务。

1994 年法国国防白皮书明确提出，一部分国防工业要考虑向军民两用方向发展；国防高技术的研发要以两用技术为重点，要通过优先发展军民两用技术来加强研究和技术开发。此外，法国通过实施国家大型计划，发展军民两用国防高技术，确保高技术产业的国际领先地位。在国防部武器装备部的领导下，政府将部分生产重要武器的私营公司收归国有，按专业合并，使国防工业由分散状态转向主要由国家控制。军事装备采办工作，在总统和国家立法机构的直接干预下，由国防部统一领导，国防部下设的武器装备部具体负责。2012年2月1日，英国国防部发布了题为《通过技术保障国家安全》的防务与安全工业政策白皮书，明确提出国防科技发展应充分利用民用领域的先进技术和创新应用，与工业和学术界合作，加强技术利用，同时与英国的重要盟国合作开发和共享技术，共享资源、分散成本、降低风险。

日本防卫省下属的技术研究本部（现属于防卫装备厅）专门设立一个收集关于军民两用技术信息的部门，并协调将这些技术进行转移转化。如技术研究本部曾对日本光学、电子学和指挥自动化技术系统进行集成，并与军品承包商共同将军民两用技术部署至武器系统中。作为推动军民两用技术转移转化的机构之一，经济产业省监管着日本15个实验室和服务于技术创新及数量众多的原创性研究项目。这些实验室负责支撑私营企业无法完成的先进技术研发，这些研发活动促进了先进民用技术的发展，并将其应用到国防装备中去。为确保军用与民用技术相互转化，日本政府采取以民间企事业单位为主、政府科研部门为辅、军民结合及官产学共同发展的组织模式。在这一模式下，2015年10月新组建的防卫装备厅下设的技术战略部负责制定国防科技发展，包括颠覆性技术发展的战略规划；

采办管理部负责制订装备采办的规划计划以及工业企业的调查与管理；电子装备研究所负责电子装备领域装备体系的论证与技术攻关。民营企业科研机构承担着日本武器装备 80%的具体研制任务；大学、独立行政法人等科研机构主要承担国防战略性和基础性领域的科研工作。同时日本很早就注意到推动资源共享以便于技术转移的工作。其最早的方式是要求大学将其所拥有的大型学术研究设备、资料、数据提供给全国的研究人员共同利用，后来日本又将政府投资兴建的世界尖端大型科研设施对社会开放，并提供财政资金鼓励民间机构在研发活动中使用这些设施。日本政府还积极开展自然科技资源基础设施和全国科技信息网络建设，以扩大科技资源和科技信息库并且进行有效地整合。

当前，以 3D 打印、量子通信、生物技术、大数据、云计算、物联网、虚拟现实技术以及人工智能等一系列颠覆性技术、尖端技术为代表的新一轮科技革命和产业变革加速推进，带动了国防科技创新的发展。军事电子信息技术、太空和网络攻防、纳米技术、临近空间技术、高超声速技术取得突破，新概念武器向实战化方向发展，武器装备远程精确化、智能化、隐身化、无人化趋势更加明显，战争形态正在加速向信息化战争甚至是智能化战争转变。西方国家早已通过各种法规性质的规划，引导军民共同参与国防科技研发，共同推进军民两用技术的创新发展。2001 年后，美国开始大力推行"以信息技术为核心"的军事战略，强调要"利用民用经济中发生的高新技术爆炸来实现国防科技的跨越式发展"。2003 年，美国制定了《国防工业基础转型路线图》，提出构建"基于作战效能的国防工业基础"的战略构想，将工业基础按照作战需求重新划分为 5 个领域。2004 年，美国将工业基础调整为作战空间感知、指挥与控制、兵力运用、兵力和本土保护、聚焦后勤、网络中心站 6 个领域。美国还先后发布了《国家安全领域科学技术创新发展战略》《维持美国全球领导者地位：21 世纪国防发展重点》等科技发展战略，以及《云计算战略》《大数据研究与发展战略》《国防部制造技术战略规划》《网络电磁空间发展战略》等重点领域发展战略规划，要求军民通力合作为装备建设和经济建设创造更快捷、更高效、更安全的科学技术。随着中俄军事实力不断增强，美国于 2014 年推出"以创新驱动核心、以发展改变未来战局的颠覆性技术群为重点"的"第三次抵消战略"，加速了商业市场颠覆性技术向军事系统的转化，继续推进军事和商业技术体系的融合进程。

近年来，俄罗斯先后发布了《2020 年前俄联邦创新发展战略》《国家技术创新计划》等，最终确定了航空网络、能源网络、汽车网络、健康网络、海上网络在内的九个市场网络，以及数字建模、新材料制造、量子通信、生物技术、大数据、新能源等 13 个优先方向，还通过了《俄航空工业发展规划 2013—2015 年实施规划》《2013—2030 年船舶工业发展规划》《2013—2025 年电子和无线电电子工业发展国家纲要》等，提出了航空、船舶、电子等重要领域的发展规划，通过的法律、法令决议决策达 170 多个，强调要加强相关领域的转型力度，大力支持基础技术和关键技术的研发。2014 年出台的《工业政策法》专门提到在创新技术方面要发展中小型企业。

四、完善武器装备科研生产的市场竞争制度

（一）制定要求公开相关信息的法律制度

相关信息的公开是武器装备科研生产市场竞争的前提。《美国联邦信息法》规定，各政府部门需要公开包括法律、法规、指令、指示、意见、裁决令、记录和程序等信息，不宜公开的信息包括国防和外交政策、部门内部人事规则、贸易秘密、个人隐私、金融机构监管和地理情报资料等。在装备采购信息公开方面，国防部必须尽可能公开装备建设的战略文件、法律法规、采购项目和技术需求等信息。2012年，美国国防部根据《最优购买力1.0》和《最优购买力2.0》中"提倡竞争、改进采办服务技巧""促进国防工业创新""加强国防部与工业界的交流沟通"等要求，建立"国防创新市场"门户网站，将不同部门、不同军种、不同网站信息进行了集成，通过互联网向全社会统一发布国防科学技术发展战略、国防部最新年度科学技术重点投资领域以及采办项目和政策规定等信息，实现了国防部与工业界信息的双向无缝链接。该门户网站不仅提供"军转民"信息，还提供"民参军"信息，企业注册后，可以在网站上发布自己的成果，为军方发现优势技术和产品、寻找潜在供应商提供便利。美军还通过会议交流、刊物发布、信息推送等方式发布国防需求信息。美国还在数据平台上对相关信息进行分类管理，设置公开类、敏感类、机密类等。严格按照相关权限访问相关数据库，严密监控未经

授权的访问。如在国防创新市场，仅允许具有相关需求的国防部雇员通过"访问卡"进行访问，其他人员一律不能知悉。2012年，美国国防部整合了"承包商中央注册数据库""联邦政府注册数据库""联邦政府采购数据系统""在线声明和认证应用"等数据库和平台，形成了"授予管理系统"。该系统已经成为美国最大的收集、验证、存储和管理政府采购承包商数据的平台。企业只要通过获取企业身份识别码，并在该系统网站注册提交规定的资料信息，无须花费任何费用就可以成为国防部和主承包商的潜在用户，参与军品市场竞争。国防部在选择承包商时候，必须在"授予系统"的注册用户中挑选，对于参与过政府采购的承包商，主要通过"以往业绩信息检索系统"进行审查。对于首次参加装备采购的承包商，除审查注册资料外，还要进行现场调查和评估。

俄罗斯通过门户网站和电子终端等信息平台，发布相关信息，为军民双方合作提供便利。一是建立多种类型的信息服务平台发布军方信息，例如俄罗斯国防部、《红星报》、联邦总统等官方网站都可免费查阅与装备建设和国防订货相关的法律法规、总统令及部门规章；二是建立统一的科研和设计工作信息数据库，促进俄国防与国民经济建设各领域的信息互通，全方位提高俄军民高科技成果的应用能力。

日本防卫省专门设立"采办信息中心"等机构，通过装备设施本部采办信息网，公布装备研制和采购需求信息，为企业获取装备建设信息提供了有效途径。

（二）制定严密的国防采购法律法规

据统计，美国有关国防采购的法律条款近 900 项，如《国防生产法》《武装部队采购法》《国防合同法》《联邦采办条例》《国防工业储备法》《合同竞争法》。美国在实施军民一体化战略之前就制定了军民统一遵循的《武装部队采购法》，后该法主体部分纳入《美国法典》第 10 篇的第 137 章《采购总则》。在法规层次上，美国还制定了军事采购与政府采购合二为一的《联邦采办条例》（包括《联邦采办条例国防部补充条例》），用以具体指导包括军事采购在内的所有联邦采办行为，形成统一的政府采购条例。

法国为规范包括军事采购在内的政府采购活动，制定了《公共采购法》，是法国调整政府采购行为的基本法，也是军民统一执行的政府采购法律规范，既包括非军事采购合同，也包括军事采购合同。

1995 年，俄罗斯开始对武器装备采购实行国家军事订货制度改革，并颁布系列法律法规。如《俄罗斯国家订货法》《俄罗斯关于配置国家所需商品及服务订货竞争法》《关于实施俄罗斯国家军事订货法的决议》《编制国家订货计划及其主要指标的暂行办法》《关于优化国家军事订货委员会章程的规定》等。① 此外，装备采办经费纳入财政预算。俄罗斯武器装备订货经费已纳入联邦预算，通过拨款方式拨给订货主体，订货主体根据合同支付费用。若合同没有特殊规定，订货主体可向承包商直接支付费用。《俄罗斯国家军事订货法》还明确

---

① 　王建华：《供给侧结构性改革视角下我国航天产业发展对策》，《商业经济研究》2016 年第 23 期。

规定，由国家军事订货主体给总承包商或承包商费用，只能用于军事订货合同及相应工作的支出。根据《国防拨款授权法》和《国防拨款法》，美国国防部制订武器装备采购计划，必须逐年向国会申报，先经两院的军事委员会审议，再经两院的拨款委员会审议，通过年度拨款法案，规定装备采购在年度财政预算的拨款数额，并经总统签署后，方可实施。

（三）通过公平招标竞争确定武器装备承制单位

美国国会制定涉及采购竞争的法律有 30 多部。《武装部队采购法》是国防部管理武器装备采购中竞争工作的基本法律，规定"在和平时期，除了特殊情况下可通过谈判的方式采购军品外，一般的采购必须采用公开招标的方式，进行充分、公开的竞争"。《俄罗斯国家军事订货法》规定，军事订货承制单位要在竞争基础上进行，无论何种所有制形式的科研生产单位，只要具有完成军事订货任务的许可证，都能成为承包商。为此俄颁布《俄罗斯联邦关于配置国家所需商品及服务订货竞争法》，规定选择承包商主要采取招标方式，分为公开竞标和封闭招标两种形式。

（四）推行严格的合同竞争制度

合同制度在美国协同创新中不仅地位重要，而且形成了国防采办制度的特色。美国国会通过了《1984 年签订合同竞争法》规定："国防部（在采办资产和劳务时）要采用充分、公开的竞争程序……"，以推动协同创新和国防采办改革。美国政府对参与国防科研生产的军外单位采取合同制管理，《联邦采办条例》及国防部补充条例对于美军协同创新合同管理工作做出了详细规定。如《联邦采办条例的国防部补充条例》第1.103部分规定了本条例的适用范围为：适用于动用政府拨款（包括可利用的合同授权金额）在美国国内外购买供应品或劳务的所有采购和合同，也适用于支持军品外销的采购和合同。

　　武器装备订货通过合同具体落实。根据美国《武器装备采购法》，武器装备订货必须签订合同，按合同的履行阶段分期拨款，按合同的条款规范双方行为，尤其是武器装备的技术性能的检测考核标准，在订购合同中有明确细致的约定。根据费用要素（成本、利润、价格）的不同，可分为两大类合同：第一类着眼于价格因素，称为"固定价格合同"；另一类着眼于成本因素，称为"成本补偿合同"。固定价格类合同是美国国防采办中广泛采用的一种合同形式。为适应不同条件，固定价格类合同又分为固定价格合同、随经济价格调整的定价合同、固定价格激励合同、固定价格加奖励金合同、价格重定合同等。20世纪90年代美国防部实施了一系列采办改革，恢复了风险均摊的成本补偿合同并广泛推行激励机制，取得了相当大的成功。与定价合同不同，成本补偿合同不是按价格，而是按承包商执行合同所消耗的成本，再加上一定形式的补偿费（相当于利润）来计算。这类合同适用于不定因素较多，不能充分合理地估计成本，因而也不能确定价格，不能使用任何定价合同的情况。美国防部的成本补偿合同主要有成本合同、成本分摊合同、成本加激励金合同、成本加奖励金合同、成本加定酬合同、时间与材料合同等。美国在国防采办中的合同种类虽然很多，但是这些不同类型的合同无疑都是在市场经济条件下根据国防采办的不同要求而不断演变、派生出来的。这些合同类型的形成和演变本身就是竞争机制的产物，而合同类型的选择则是竞争机制的最重要的环节。也正因为这样，选择何种类型的合同，是军方和工业部门都极为关心的一个问题，但趋势是广泛推行带有激励机制的合同类型。2018 年 11 月 14 日，美国防部 F–35 联合项目办公室通过美海军航空系统司令部，以未确定合同行动的方式，授予洛·马公司一份关于 255 架 F–35 战斗机合同，合同总价值不超过 227 亿美元。此未确定合同行动修订授予方是美国防部 F–35 联合项目办公室，内容不但包括涉及继续开展第 12 生产批次飞机的生产活动，也涉及数个国际客户在第 12、13、14 生产批次（2018 财年、2019 财年和 2020 财年）中的订货。按计划，第 12、13、14 生产批次飞机将分别在 2020年、2021 年和 2022 年开始交付。其中：106 架提供给美军（64 架美空军的 F–35A、26 架美海军陆战队的 F–35B、16 架美海军的 F–35C）；89 架提供给美国防部之外的项目参与者（71 架 F–35A 和 18 架 F–35B）；60 架提供给对外军售用户（全部是 F–35A）。此次签约，集中体现了美军在重大项目研发中采用的先进采办策略，包括渐进式采办策略、合同激励策略、全寿命周期费用管理策略等。①

① 未确定合同行动是美国一种通用的签约工具，在详细合同条款尚在最终确定的过程中就提供资金。该合同使洛·马公司 F–35 飞机的生产和成本降低工作能够持续保持高效，即使在美国政府和工业界正处在达成最终合同协议的过程之中。这种签约策略，为洛·马公司维持连续且稳定的生产率提供了保障，使工业界能规划和实施投资，降低总成本，提高制造效率。所谓渐进式采办策略，是指采办过程分步进行，

俄罗斯武器装备采购合同分为国家合同和一般合同。内容包括：供应清单、数量及供货期限；订货总概算和价格，以及各部分、各阶段的概算和价格；订货主体清单；被提名的总承包商和承包清单等。

国防采购合同是日本促进军民两用技术发展的主要手段之一，主要着眼于利用防卫合同促进先进技术，特别是具有民用或两用先进技术的发展。如防卫省曾对海上装备进行评估审查，以确定哪些军用标准设备可被民品替代，包括船体、柴油机、计算机等被确认可从军用标准中清除。军工企业发展军民两用技术和相关产品，能够在获得国家经费支持的情况下增加民品技术含量及种类，从长远的角度看有利于军工企业的稳定和发展。目前，日本已经形成了官、军、民三位一

把采办计划分为若干批，一批比一批有所改进。美军 F-35 项目采用的是渐进式采办策略。原计划分为三批：第一批要求实现基本的作战能力，能携带并投送最基本的导弹和炸弹；第二批要求具有近距离支援与空中遮断能力，能使用较多类型的导弹和炸弹；第三批要求具有压制敌防空和进行纵深打击的能力，能使用更多类型的导弹和炸弹，具有相对完全的作战能力。此次签约体现了美军先进的全寿命周期费用策略。按照全寿命周期费用理论，新研的武器装备项目很难达到理想费用分布。一般会出现两种相互对应的情况：一种是研制中资金投入过于充裕，会导致资金损失，但可以使技术更成熟，得到较理想的装备；另一种研制中投入的资金不足，许多应做的试验等无钱开展，使技术成熟度较低，将为装备带来许多问题，可能为后面装备的维护保障甚至更改付出更多的资金代价，对全寿命周期来看并不一定合算，更可能在战场上付出高昂代价。理想情况是按科学规律投资，前期充分保障试验等研制费用，为降低全寿命周期费用打下好的技术基础。从装备全寿命周期费用考虑，欧美各国即使在采购全新研制的军用飞机时，除了保障制造商的研制费用，也会确定研制成功后的采购数量和费用，也就是未来的批生产目标。这样使得制造商可以从飞机的全寿命上综合权衡各阶段费用，具有一定的灵活性。这既保证了项目的延续性，也保证了制造商和订购方的利益一致性。这次签约还使美国防部遵循了美国会的增购指令，后者立法要求的 2018 财年增购 20 架机（纳入第 12 生产批次）和 2019 财年增购 16 架机（纳入第 13 生产批次），都被包含在本次合同修订中。洛·马公司承诺继续降低 F-35 飞机单价。

体的研发结构体系，防卫省制订武器装备计划与方案，军方科研部门与民间企业合作开发武器与装备。根据《基于研究委托合同或试行合同所得专利管理办法》，防卫省通过签订委托合同，所得技术成果的专利权归国家所有，政府出资支持的科研活动所得专利归民间企业所属，该措施极大地促进了民间企业的研发热情。防卫省还将从体制入手加强军民两用技术采办管理。2015 年《国防工业战略》提出，日本将建立企业联合采办的国防订货体制，整合各企业优势，实现企业间技术互补，推动联合研发，以提升装备技术水平；由政府成立综合项目管理小组，统一进行全寿命成本管理和节点控制。

（五）建立优先及扩大利用民用技术和产品的采购制度

从 1990 年开始，美国国会连续多年通过年度的国防授权法，鼓励采办民间企业的产品，明确提出应逐步建立一个"无缝"的国家科技工业基础。1992 年的《国防工业技术转轨、再投资和过渡法》，要求国防部改革法规，采办民品技术和促进民用企业创新。1993 年的《国防授权法》更是明确指示国防部修改其采办政策。美国国防部出台《采办变革：变革的命令》推进协同创新。1994 年国会通过《联邦采购精简化法案》，清理 650 多项限制性政府采购条文，废除 55 条并修改 175 条相关条文，简化采购数较少的合同程序，并允许国防采购部门与非军火供应商签订合同，使得国防部可以直接采购满足要求的民用产品予以军用。美国国防部指令 5000.01《国防采办体系》明确"采办项目要按照以下顺序进行选择，即采购或改进国内或国外现有的民用产品和技术，或发展军民两用技术；采购或改进美军或盟国以前研制的装备……国防部某一部局开发新的专用项目"。为支持和鼓励民用企业参与军用武器装备科研生产，《1993 预算年度国防授权法》提出了要实行军事和民用工业基础的统一。1994 年美国国会通过《联邦采购精简化法案》，规定了加大对民用市场技术、产品和服务的利用。2000 年以来，美国国防部每年的经费有超过 60% 支付给了私营企业为主的承包商，美国军费开支有一半左右来自民营企业。2003 年 2 月，美国国防部提出了《国防工业基础转型路线图》。该报告强调，必须改变主承包商控制国防市场的局面，引导和鼓励掌握创新技术的中小型企业进入国防领域，从而形成大小兼备、供应商众多的新型国防市场格局。《2009 武器系统采办改革法》规定，在武器系统技术开发阶段必须要有两个或更多竞争主体提供竞争样机。《国防生产

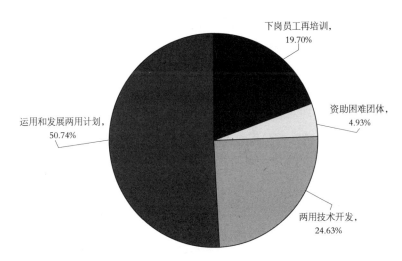

图 4-1　1993—1997 年美国国防转轨计划拨款去向

资料来源：黄如安：《美国的军事装备工业与贸易》，国防工业出版社 2015 年版，第 151 页。

法》要求总统应对小企业（包括转包商和供应商）给予优惠。

（六）确立竞争中的补偿制度

美国《联邦采办条例》规定了对武器装备承制单位的奖惩制度，如承制单位的研制费用超出军方的价格，作为惩罚，超出部分的30%由研制方承担。同时利用法律来鼓励厂方降低成本和价格。如果武器性能超过合同规定指标，则军方按照超过部分性能带来的军事效益，给厂方相应的奖励资金。在国防动员领域，美军每年对交通等投送企业提供巨额财政补贴，以高于市场价格征用其工具。由于战时民船运输危险度高，保险部门不愿为其提供保险，从而增加了民船的后顾之忧。为此美国在1935年设立了海战危险保险局，解除了民船后顾之忧。[①]1970年修改《商船法》规定商船征用时，政府必须支付必要费用，重申了对某些满足军用特殊要求的民船，给予建造成本35%补贴的规定。美国《海商法》具体规定了商船海上投送性质、作用和要求。第一，规范船队任务。商船队作为海军辅助部门，其发展须符合战时要求。第二，规范船员要求。美国船只高级船员和75%的一般船员必须是本国公民。第三，规范商船建造。商船必须在本国建造，须能具备战时交通运输及军事化改装要求。第四，实行商船改造补贴政策，由政府发放建造费35%的补贴。[②]英国《商船法》则明

---

① 赵占平：《世界主要国家军事交通管理体制研究》，国防大学出版社2007年版，第235页。

② 赵占平：《世界主要国家军事交通管理体制研究》，国防大学出版社2007年版，第56—78页。

确规定民船都有战时征用义务，大、中型船舶设计方案须海军部长签字，由此增加的成本由政府给予补偿。英阿马岛战争中，英商船改装平均时间为 72 小时，保证了战争的胜利。

《俄罗斯国家军事订货法》鼓励科研生产单位技术创新，规定在生产和设计中使用现代设备、利用新技术、新工艺和新材料的，从财政预算中进行拨款支持。根据《俄罗斯联邦关税税率法》和俄罗斯联邦有关的关税规定，总承包商还可免除完成军事订货、技术更新、技术改造及扩大生产部分所获利润的所得税和用于动员的资源税。对未按要求完成订货任务而造成的损失，《俄罗斯国家军事订货法》规定，责任方要根据俄罗斯联邦民法及合同要求，向对方赔偿损失。

在"以民掩军"的模式下，日本根据《中小企业开拓新领域协调法》，将军品产值占企业总产值 10%以上企业列为重点军工企业，实行经费和税收优惠、政策倾斜和分散轮流订货，以确保一旦需要可迅速扩产。日本为民营企业提供专门装备科研经费，每年拨给造船工业的科研费就高达 10 多亿美元。[1]

（七）加强资格评审，控制企业违约风险

西方国家通过企业绩效评估、建立不合格厂商目录等方式，有效降低企业违约、经营破产、产权变更、企业转产等带来的风险。美国国防部和各军种都建立了承包商以往业绩信息管理系统，从质量、成

---

① 孔祥富：《日本的国防产业》，《现代日本经济》2003 年第 3 期。

本、进度、管理和分包等方面对承包商进行绩效评估，评估等级为优秀、良好、满意、合格和不合格 5 个等级。如果军方发现企业有贪污、盗窃、伪造、行贿受贿、弄虚作假、逃税等违法行为，就立即将其纳入"不合格承包商目录"，在规定期限内该企业将失去承担国防项目的资格。近年来，美国国防部还提出建设"承包商绩效跟踪系统"，跟踪企业在项目全寿命过程中的各种行为，确保其始终处于国防部监控视线内，从而有效防范装备采办风险。

五、健全相关技术基础与服务制度

加快统一军用标准和民用标准。随着军民技术通用化程度不断提升，历史形成的军用标准已渐渐成为军民技术融合的阻碍。现今世界主要国家均大力推进军用规范标准改革，拆除军民两用技术标准壁垒，总的趋势是"减小军用标准数量，扩大民用标准使用范围"。

美国曾经的军用产品和装备的试验制造标准非常严格，使得民营企业难以进入军工市场。远超军事需求的传统军用规范和标准成为民营企业进入军工市场的一大障碍，同时额外增加采购成本 30%至 50%。①20 世纪 90 年代，美国国防部于对军用规范进行重大调整，降低了民用企业参与军工生产的门槛，只要民用标准可以满足军方需要，即无须另行制定军用标准。1993 年美国国防部审查了 3.5 万项军

---

① 广发军工研究团队：《美国军民融合发展历程》，http://www.sohu.com/a/248712022_4659
15，最后访问日期：2018 年 11 月 26 日。

品规范和标准，并对其中的 1.4 万项标准进行取消或修改，以此推动建立统一的商业标准体系。[①]1994 年美国《联邦采购精简化法案》对军用技术标准进行了重大调整，实施更多采用民用规格和标准的策略。为充分利用民口科研力量来推进国防科技创新，美国防部主张采用"基于性能的标准"，鼓励承制单位最大限度地采用满足军事要求的民用标准进行武器装备的研制。国防部对 31000 个规范进行了重大调整；为了推动军用标准和民用标准交叉化，1994 年 6 月美国国防部长发布《规范与标准：办事的新方法》备忘录，鼓励在装备采办过程中，只要承包商满足军事需求，尽可能采用民用标准，并严格控制军品规范的使用。改革降低了民参军门槛，每年为国防部节省约 300 亿美元的采购成本，约占其采购费用总额的 20%。[②]《1993 预算年度国防授权法》、2000 年的《国防科学技术战略》都明确提出了要实行军事和民用技术和工业基础的统一。随着技术的发展，美国的民营企业在一些技术领域中的技术水平能够赶上甚至超过军用产品，逐渐得到军方认可。在伊拉克战争中，美军使用的高技术通信器材、计算机软件、防毒软件及卫星照片分析技术等高科技产品很多来自硅谷。经过严格的招投标，硅谷有 600 家公司与美国国防部签订了生产产品与提供技术服务的合同，共获 250 亿美元的订单。[③]2003 年，国防部有关部门又对过去所有军用标准和规范进行了全面审查、清理，废止了大

---

① 吕薇：《从体制机制入手构建军民融合国防科技创新体系》，《中国经济时报》2016 年 12 月 15 日。

② 秦安：《数据保障，制胜网络空间的关键》，《解放军报》2017 年 10 月 31 日。

③ 吕海军、甘志霞：《美国和日本国家创新系统演进中的军民一体化及两用政策寓意》，《中国软科学》2005 年第 6 期。

量军用标准，军民通用标准数量从 1000 项增加到 9000 项，大幅度地提高了民用标准和性能规范在国防部标准化文件中的比例。2011 年 7 月，国防部再次发布《国防部标准化工作》，明确指出"优先采用民用标准，只有在无民用标准可用的情况下，政府才制定相应的规划和标准"作为基本政策之一。标准体系的融合极大地促进了美国的协同创新科技创新体系建设，深化了军民两大创新体系的融合程度。

英国国防部在协同创新科技创新体系建设中同样重视标准壁垒的拆除。为了减少军用标准的障碍，消除阻碍民口科研力量参与国防科研创新的阻力，英国国防部将国防科技分成三大类：国防专用技术、军民两用技术（即非国防专用技术）和可用于国防领域的民用技术。根据技术的军事专用性程度不同，国防部采取不同创新模式，第一类国防专用技术项目由国防部内部的专门科研机构来承担研发，第二类军民两用技术项目主要通过吸引社会力量研究机构来完成，第三类可用于军事的基础科研，主要由高等教育机构来承担。第一类技术采用军用标准，第二类、第三类技术则采用民用标准。在装备采办中，在不影响军事需求的情况下，鼓励承包商优先使用民用标准。当民用标准不能满足军事需求时，才可使用军用标准，且必须得到批准。同时，对过去所有军用标准和规范进行全面审查、清理，废止了大量军用标准，提高了民用标准和性能规范在国防部标准化文件中的比例。近年来，日本大力提倡使军用标准与民用标准最大限度地融合，要求在国防科研的基础研究阶段和开发武器装备中尽可能地采用民用先进技术。当前，日本防卫厅已着手推进用成本更低的军民两用产品替代标准军用设备。1990—2002 年间，日本共修改或废止军事技术标准及技术规范 10231 项，占所有军事标准的 74%。[①]

建立了协同创新过程中的国防知识产权权利归属和利益分配制度。为了鼓励创新，保护科研人员权益，美国建立了一套比较完善的知识产权保护体系，其中《专利法》《版权法》《反不正当竞争法》等法规全面覆盖了军民知识产权各个方面。美国认为在协同创新中，知识产权问题是一个关键问题，1980 年《拜杜法案》确认了"谁研制，谁所有"的原则，使私人部门享有联邦资助科研成果的专利权成为可能，极大地促进协同创新的推广。涉及国防知识产权相关法律法规包括：涉及政府采办中的知识产权由《联邦采办条例》来规范，涉及知识产权实施由《联邦技术转移法》规范，涉及军品贸易的知识产权由《军品出口控制法》《出口管理法》《出口管理条例》等来规范。此外，国防部与国防相关部门、各军种也制定了涉及国防知识产权管理的一些规定，如《联邦采办条例国防部补充条例》《联邦采办条例能源部补充条例》《联邦采办条例国家航空航天局补充条例》《陆军知识产权管理规定》等，不仅详细规定了民用产品和技术的采购管理部门、采购计划制订程序和合同签订办法，而且对涉及的知识产权问题也作了规定。

美国还放开军用技术使用权限，促进经济建设。美国国防部发布《国内技术转让条例》，规定在保密要求下将军用技术转给民用企业的相关工作。2000 年，时任美国总统克林顿开放 GPS 精准度限制，极大地推动了美国社会的经济发展和技术创新；根据 ASCR 公司的报

---

① 　吕斌等编著：《西方国家军民融合发展道路研究》，国防工业出版社 2018 年版，第 82 页。

告，2013 年 GPS 对美国经济的贡献就已经超过 680 亿美元。[①] 美国通过系列举措推动军用技术民用化，实现了技术二次革新和效益最大化，促进了国家经济建设。美国还建立了大规模的政府 / 军队科研体系，巨资兴建了大量先进科学仪器和基础设施，并积极促进这些设施的开发共享。美联邦政府授权国防部开放国防实验室的设备、技术和研究能力，向社会提供有偿服务。目前已开放了 1066 个实验设施，其中海军 473 个，陆军 455 个，空军基地 38 个，包括小型实验室、中心测试设施和靶场等 39 个。每年约有 2 万名研究人员使用能源部科学局管理的设备设施，其中 1/2 来自美国各高等院校，1/3 来自能源部国家实验室，其他来自工业界等机构。[②]

六、实施法律框架内的各种融合配套计划

协同创新是一个系统建设，相关法律制度的构建是一项精细化工程，不仅需要通过立法来统一思想认识和提出总体要求，消除障碍和阻力，而且还需要法律架下各种配套政策及实施重大项目计划作为支撑和牵引，以加强"立法上的微观管理"，为各部门具体实施协同创新战略提供依据和步骤措施，确保协同创新战略整合资源、锻炼队

---

① 广发军工研究团队：《美国军民融合发展历程》，http://www.sohu.com/a/248712022_4659
　　15，最后访问日期：2018 年 11 月 26 日。

② 尹常琦、于晓伟、吴蔚、冯静：《美国武器装备科研生产军民融合的主要做法》，《军
　　民两用技术与产品》2018 年第 11 期。

伍、创新机制并有序稳步地推进。

世界主要大国都非常重视通过战略性科技计划和科技工程来推动协同创新科技创新体系建设。为推动国防科技工业协同创新快速发展，美国颁布多种法规性质的融合计划规划，如技术转移计划、军民两用技术应用计划、国防生产法案第三篇计划、技术再投资计划、小企业技术转化计划等。[①] 从 20 世纪 40 年代起，大致每隔 10 年，美国便会推出一项重大军用或军民通用科技工程项目，作为动员社会科技资源的龙头，带动军民科技融合发展和同步创新。40 年代有"曼哈顿计划"、60 年代有"阿波罗"工程、80 年代有"星球大战"计划、90 年代有"信息高速公路"计划，21 世纪初推出"导弹防御系统"重大科技工程。20 世纪 90 年代以来，美国为了继续维持技术领先地位，实现军民两用技术对科技和经济的引领作用，推动国防科研生产领域的协同创新，先后制定了国防部军民两用应用计划（DUAP）、商务部高技术计划（ATP）和国防部牵头的技术再投资（TRP）等多项计划，由国防部、商务部、运输部、能源部、航空航天局和国家科学基金会等组成领导机构，共同组织计划实施。伴随这些计划不断实施，美国已基本实现军民两个创新体系的深度融合。目前，美国又推出"第三次抵消战略"。这些重大科研计划或科技工程，涉及的部门非常多，系统复杂、耗资巨大、周期较长，难以单独通过企业或市场行为来实施，必须通过国家投入并组织军民的大协作才能完成。以美国"星球大战"工程为例，它涉及几乎所有的国防科技研究领域，共

---

① 卢周来、于连坤、姜鲁鸣：《世界各主要国家军民融合建设评介》，《军事经济研究》2011 年第 2 期。

动员了 1 万多名科学家参与工程技术的研究、设计和武器制造等工作。"星球大战计划"对美国信息技术、航天技术、计算机技术、遥感技术的迅速发展和经济建设起到了强有力的推动作用，不但促进了国防工业的产业升级，而且带动了国防科技协同创新科技创新体系建设，进一步确立了美国在高新技术领域的领先地位。

表4-4　美国"技术再投资计划"的具体子计划

序号	子计划名称	子计划内容
1	国防两用关键技术合作计划	支持私营企业与国有研究所合作，研发既能满足国防需求又有商业前景的关键技术和工艺
2	军民一体化合作计划	支持国防部同高科技公司合作，发展有市场竞争力和潜在军用前景的两用技术，并使其商业化
3	国防先进制造技术合作计划	支持有关公司和国有研究所合作，研究和开发具有广阔前景的两用先进制造技术
4	制造工程教育补助金计划	资助大学及其他教育机构发展制造技术教育
5	制造技术专家授课计划	支持大学中有经验的制造技术专家参与教学和有关培训活动
6	制造技术推广计划	帮助小型制造企业提高制造技术水平，以满足商业和国防需要
7	国防两用技术援助推广计划	帮助国防部资助的企业取得两用技术开发利用能力
8	地区技术联盟援助计划	支持特定地区的州政府和有关企业合作，开发和应用两用关键技术，并使其商业化

数据来源：黄如安：《美国的军事装备工业与贸易》，国防工业出版社2015年版，第189页。

在 2000 年以前，俄罗斯国防科技工业协同创新的重点内容是"军转民"，其法律制度建设紧紧围绕"军转民"中心任务进行，为推进"军转民"提供制度保障。这一阶段俄罗斯十分重视规划、计划、纲要等规范性文件的指导、规范与扶持作用，将其视为协同创新政策制度建设的关键。1991 年，俄罗斯政府制定《1991—1995 年俄联邦国防工业军转民专项计划》，其中规定，每一个国防工业领域的部一级主管职能部门都要确定本行业和本部门的军转民方向，提高民品和生活消费品生产的比重；1992 年，俄罗斯政府开始尝试建立军转民管理体制，集中出台了大量的法律文件和规章命令，如 1993 年通过的《俄罗斯联邦国防工业转轨法》这是最基本的一部法律文件。它规定了军转民的原则及其组织、计划和资金保障、社会保障措施，以及转轨企业的补偿和优惠，规定了转轨企业进行对外经济活动的权利等。除此之外，《俄罗斯联邦国防工业转轨法》还尝试将国防企业转轨与国家军事战略和装备、军事技术发展远景规划联系起来。1993 年，俄罗斯通过了第 1850 号《关于稳定国防工业企业经济状况和保障国防订货的措施总统令》，关于向转轨企业提供贷款的具体规定和程序，规定由联邦经济部和财政部具体实施国家转轨预算投资，规定转轨企业员工的社会保障问题以及国防专用设备、试验台的资金保障问题等。1993 年俄政府又颁布了《1993—1995 年俄联邦国防工业军转民计划》，建议最大限度地保留国防企业员工和科技潜力，保证国家整体经济的发展。这些法律及政府文件的制定、出台，意味着军转民管理实施制度初步建立起来。1994 年开始，俄罗斯的军品和民品生产急剧下降，面对这种情况，1995 年 12 月俄联邦政府制定了《1995—1997 年国防工业军转民专项计划》，组织研制和批量生产具有高科技含量并有竞争力的民用产品，对从军工生产精简下来的职工提高社会保障，创造条件吸引私人投资来开发最重要的民用产品等。1996 年，俄政府颁布了《1995—1997 年俄联邦国防工业转产专项计划》，将"全面军转民"调整为"以武器出口促进军转民",把军工转产作为维持国防工业生存发展、促进国家经济繁荣的重要手段。1998 年 3 月俄政府通过了《俄联邦国防工业军转民法》,规定"军转民"所需资金由联邦和地方预算资金支持,保留一定的军工生产能力和生产线,避免军工企业在"军转民"过程中破产。自 2011 年以来,俄罗斯先后出台了《俄罗斯联邦 2020 年前创新发展战略》《俄罗斯国家科技发展规划(2013—2020 年)》《2020 年前国防工业现代化改造计划》等一系列重大科技创新政策,旨在持续地指导俄罗斯科技创新的长期方向及确保军民基础研究领域的世界领先地位。

法国于 2007 年公布《30 年远景规划》,对生物技术、纳米技术等前沿性军民两用技术发展作了长期规划,同时通过实施"航天计划""航空计划""核能计划"和"电子、信息和通信计划"等国家专项计划,发展军民两用国防高技术,确保高新技术的国际领先地位。

近年来,英国在协同创新方面先后出台国家层面多个军转民、军民兼顾计划,明确指出国防部应吸引先进民用部门参与国防工业科研生产。该国还专门成立国防工业委员会,负责国防工业发展战略、计划规划和方针政策等重大决策,协调国防工业科研与生产中的军政军民关系。英国国防部先后出台了国防科技和创新战略、国家工业基础发展等战略规划,在这些规划中,都明确规定国防部应吸引世界范围内技术先进的民用部门参与国防工业的科研和生产。英国先后制定了《非国防部门科技研究支持计划》《民企科技研究资助计划》和《探索军民两用技术计划》,鼓励并资助民营企业发展军民两用技术。

七、不同的融合模式决定不同的立法侧重点

协同创新发展需充分考虑本国国情军情，不同的国情决定了不同的协同创新道路与方式，因而带来了相关立法的不同侧重点。

（一）美国军民一体模式下的立法

国家立法同等对待军事工业和民用工业，这往往是在军民已经实现高度融合的基础上才能实现的，当前的美国为典型。美国军工产业协同创新发展历经冷战前、冷战时期和冷战后三个阶段，依靠成熟的市场经济、发展迅速的高科技实力及军民资本与技术的双向渗透和扩散，开辟出一条协同创新的途径。冷战前期，民营企业逐渐成为美国军工主力，"军转民"成功消化战后产能。20 世纪初，美国军工生产呈现"政府与私人协作"的混合体制，由民营企业提供基本的钢材、锻件等原材料产品，交由国有兵工厂制造火炮、军舰等核心武器系统，两者构成了武器系统集成商和分系统承包商的配套关系。从一开始，美国军工业就不排斥民营企业参与武器装备的生产。第二次世界大战期间，美国武器装备生产量占盟国生产总量的一半以上，民营企业渐成军工主力。美国第二次世界大战的"战时总动员"推动军工产业火力全开，国有兵工厂产能无法满足军备需求的缺口，民营企业逐渐承担补足任务，并成为主力军，许多军工巨头应势形成。第二次世界大战结束前夕，部分军工产能转产开设民品生产线，满足民用需

求。战后，汽车、电器等消费品的需求逐步释放，军工企业开始转移部分产能以满足民用市场需求。美国国防开支占 GDP 比例从 1944 年超过 40% 下降到 1947 年的不足 10%，军工产业成功融入民用市场。[①]第二次世界大战后波音公司的波音 707 大型客机畅销全球，也是得益于其为美国军方开发 C-135 运输机而积累的技术和设计能力。

冷战时期，为应对苏美争霸的需要，美国根据"先军后民、以军带民"的政策建立了"军民分离"的国防采办制度，针对国防采办和民用采办，分别颁布《武装部队采购条例》和《联邦采购条例》两套不同的法案，使得军工市场几乎完全独立于民用市场。国防采办程序严格烦琐，要求供应商配备国防专用生产设备，并随时待机以应突发需求。"军民分离"造成国防工业和民用工业资源布置重复，工业缺乏竞争力和活力。在此体制下，军工生产领域存在众多问题，政府在军工上的大投入，并未得到丰厚的经济回报，国防研发费用占政府科研经费的 70%，所创造的价值却仅占 GDP 的 6%。[②]20 世纪 70 年代，美国政府曾动员数百名科学家研究军用技术转民用的问题。1974 年，美国成立联邦实验室技术转移联合组织，涵盖 180 多个大型研发实验室，同样尝试技术上的转移应用，但后来未能看到显著成果。1984 年，政府将原《武装部队采购条例》和《联邦采购条例》合并为《联邦采办条例》，在采办制度上为协同创新奠定基础。1986 年，美国国

---

① 广发军工研究团队：《美国军民融合发展历程》，http://www.sohu.com/a/248712022_4659 15，最后访问日期：2018 年 11 月 26 日。

② 广发军工研究团队：《美国军民融合发展历程》，http://www.sohu.com/a/248712022_4659 15，最后访问日期：2018 年 11 月 26 日。

会通过了《联邦技术转让法》，授权政府科研机构向私营企业转让技术，或签订合作研发协议。该法案有力推动了国防科技和民用科技的融合。

冷战结束后，美国着手军民一体化建设，国家战略转向经济建设，国防开支大幅削减，军工行业产能严重过剩。同时，苏联的解体使得美国缺乏继续保持军备绝对领先的动力源泉，研发费用和时间成本高昂的先进国防项目对多数企业意味着巨大的风险。1994年，美国国会技术评估局在《军民一体化的潜力评估》研究报告中，首次提出"协同创新"的概念：协同创新是将国防科技工业基础同更大的民用科技工业基础结合起来，组成一个统一的国家科技工业基础的过程。①1996年，美国国家科学技术委员会在《技术与国家利益》的政策文件中，首次提出军用和民用工业基础的融合问题，强调"必须形成一个同时满足军用和民用两方面需求的工业基础"。协同创新战略成为国家战略后，美国开始正式进入军民一体化建设，进入协同创新发展快车道。美国通过军方、军工部门和军工企业的调整改革，以及军政部门间和企业间的合作，开启军民用技术和资源双向转移之门，促进国防建设与经济发展的良性互动。美国《2001年度国防报告》称，原本军民分离的工业基础已基本实现融合。同时，报告指出"应加快国防部采办变革步伐，适应工业基础军民一体化的融合态势；在全球化的商业基础上获取世界顶尖技术；建立新武装军用标准规范，吸纳民用技术产品；加快军队向高科技新型部队转型"。

---

① U.S. Congress, Office of Technology Assessment, *Assessing the Potential for Civil-Military Integration: Technologies, Processes, and Practices*, September 1994.

2007 年以来，美国主要军工企业的民品总收入占比超过 60%，民品收入成为军工企业的重要收入支撑，体现出明显的协同创新效果。① 据斯德哥尔摩国际和平研究所（SIPRI）发布的武器工业数据库统计数据显示，2016 年美国军工企业军品收入占其总收入比例为 35.7%，而民品收入占比 64.3%。据统计，目前美国军事专用技术比重不到 15%，军民通用技术超过 80%，军队信息化建设 80% 以上的技术来自民事部门。②

在推进军民一体化的过程中，美国极其注重相关法律制度建设，非常重视从国家立法层面确立工作的基点和遵循，形成了宪法、军事法律、行政法规和政策计划相结合，主要内容涉及武器装备科研生产领域、后勤保障领域、军事人才培养领域和动员领域等的制度健全、规定明确的政策制度体系。美国虽然并没有直接以"军民一体化"为名的立法规范，但是一系列配套政策措施已经贯穿军民一体化全方位、全过程，特别是相关具体文件内容几乎涉及国防科研生产整个过程的所有问题。如美国根据 1982 年《小企业创新推进法》设立的小企业创新研究计划，要求联邦机构资助小企业的技术开发和转化应用；根据 1992 年《国防转轨、再投资和过渡法》设立的技术再投资计划，促进了高新两用技术向军用和民用市场的双向转移；1994 年 6 月，国防部部长发布主题为"规范与标准——办事的新方法"备忘录，并推行"单一过程倡议"（SPI），改革军用标准体系，鼓励采用商业惯例，允许承包商确定自己的质量体系，以促进军民之间在制造

---

① 禹红霞、甘瑶：《美国大型军工企业军民融合现状分析》，《中国军转民》2008 年第 7 期。
② 韩啸、严剑锋：《从美国军民融合看 SpaceX 的成功》，《国防科技工业》2007 年第 6 期。

工艺、规范和标准上的融合。

（二）俄罗斯自上而下强力推进"军转民"的立法

由于苏联实行国民经济军事化，国防科技工业体系独立于民用经济部门之外，对国民经济并没有充分的带动作用，先进的技术只能用于军用，难以用来发展生产力，造成国民经济畸形发展。苏联解体后，俄罗斯继承了苏联大约70%的国防工业企业，80%的科研生产能力，85%的军工生产设备和90%的科技潜力。但是随着冷战结束带来的军费大幅度削减、武器装备订货量锐减，俄罗斯国防工业处境艰难。1996年，军工企业开工率仅为10—15%。与此同时，俄罗斯经济处于不断衰退中，俄罗斯认识到，如果不改变军工这种相对独立的庞大体系，并转为国民经济服务，很难实现恢复国内经济发展的目的。因此，俄开始实行"军转民"战略，以期解决经济面临崩溃、军事工业经费不足等问题。自1992年开始，俄罗斯主要以行政手段，自上而下开展"军转民"，协同创新历经中央政府主导—地方政府引导—国防工业重组—一体化改革四个阶段，最终形成以国家军工—金融综合体为主导的武器装备研发体系。

表4-5　俄罗斯协同创新发展的历程

阶段	时间	主要内容
第一阶段	1992—1994 年	"雪崩式"军转民阶段
第二阶段	1995—1997 年	"渐进式"调整阶段
第三阶段	1998—2000 年	国防军工综合体重组阶段
第四阶段	2001 年至今	深化一体化阶段

第一阶段（1992—1994 年）："雪崩式"军转民阶段。"休克疗法"快速私有化，造成军工行业全面混乱。1992 年，叶利钦政府采用快速私有化的"休克疗法"，开启国防科技工业"雪崩式"转型。在毫无准备的情况下，俄罗斯政府将武器和军事技术装备的采购规模缩小了四分之三。同时民用品生产力也受到了影响。1992 年中至 1993 年底，俄政府强迫 719 家军工企业实现了转产。而西欧国家在财政支持充足情况下，推进军转民速度每年约 3%—5%，而美国也仅为 2%—3%。① 在此大规模、高速度的转产下，直接导致军工行业全面混乱的局势。第二阶段（1995—1997 年）：权力下放地方，进入"渐进式"调整阶段。改变中央政府直接干预的模式，权力下放至各地方州政府。俄罗斯联邦政府与各联邦主体签订了关于国防工业军转民进程方面的权利划分协议，改变军转民中央政府直接干预的模式，使军转民开始向联邦主体深度渗透。同时调整私有化政策，改大规模私有化为个案私有化，保留重点企业国有，其余企业股份制改造。1996 年，480 家军工企业继续保留完全国家所有制，其余的都进行股份制改造。1997 年，在现有的 1749 家军工企业中，只保留 40% 的重点企业，并联合组建大型工业集团公司，其余的军工企业私有化。第三阶段（1998—2000 年）：国防军工综合体重组阶段军转民向军工行业结构调整转变。1998 年，俄罗斯制定军转民和改组专项规划，规定军企要转向民用生产，要求在航空航天、电子、通信设备等部门优先采取军民两用技术；国家投资约 400 亿卢布用于国防企业向交通、通

---

① 王新俊、彭国清：《俄罗斯国防工业十年改革回顾与展望》，《工业经济》2002 年第 2 期。

信、燃料能源等产业转移；要求对军工企业实行优化改组，对国防工业1700多家企业进行深化改革，计划到2000年前，把执行国家国防订货的企业从1200家减少到一半，建立由670家企业组成的国防科技工业的"核心"。此项改革计划的出台，标志俄罗斯军工行业开始向军民一体化的高科技工业集团过渡，军转民向行业结构调整转变。据统计，现在俄罗斯共有1000多家军企，其中约820家完全私有化，560家保持完全国有化（包括航空、航天、核、部分机器制造重点军工企业）。俄罗斯设想在军工系统中建立30—40个金融—工业集团，目前已建立类似集团有：莫斯科航空生产国防科技工业综合体、"苏霍伊设计局"科研生产联合体等。

表4-6　俄罗斯2016年排名全球TOP100军工企业情况

军工企业	主要军品	军品收入（百万美元）	总收入（百万美元）	军品收入占总比
联合飞机集团	预警机、战斗机、轰炸机、加油机、教练机、运输机	5160	6216	83%
联合造船集团	航母、登陆舰、运输船、破冰船、远征船、工程辅助船舶	4030	4501	90%
金刚石—安泰公司	防空系统、导弹、雷达、自动化战斗机控制系统、各军种放宽兵通用装备、中继站	3430	3727	92%
俄罗斯直升机公司	中型和中型军用民用直升机	2910	3196	91%
战术导弹公司	导弹、炸弹、鱼雷和反鱼雷武器、航空系统和装备、海军军备和系统、雷达系统	2530	2576	98%

续表

军工企业	主要军品	军品收入（百万美元）	总收入（百万美元）	军品收入占总比
高精度系统公司	海基弹炮合一防空系统、陆基防空炮弹系统、水陆两栖突击步枪	1940	1975	98%
联合发动机制造集团	军用航空发动机、动力涡轮	1710	2826	61%
乌拉尔车辆制造股份有限公司	坦克、火箭	1680	2095	80%
无线电电子技术集团	航空电子系统及设备、电子战和侦察系统及设备、雷达识别系统及设备、专用测量仪器仪表	1610	1845	87%
联合仪表制造集团	高度计、空速指示器、压力指示器、压差指示器	1580	1700	93%

资料来源：斯德哥尔摩国际和平研究所网站。

第四阶段（2001 年至今）：深化一体化阶段协同创新进入良性轨道。2000 年普京执政后，出台一系列措施，带领俄罗斯走上协同创新、军工企业改革的良性道路。2001 年出台的基本方针强调：发展军事工业体系，保障军队建设计划以及武装力量的武器需要计划，提高军工的科技含量和效率，建立大型一体化的军事工业综合体，加大对军事科研和设计的投入力度，有效利用军事工业实力，发展民用经济部门。这一方针，奠定了普京后续协同创新、军工改革的思路。同时，普京政府对之前协同创新过程中出现的各种问题进行总结，吸取经验教训，继续不断深化协同创新一体化。

进入 21 世纪以后，俄罗斯的协同创新在整体上呈现"军民一体化"发展。国防工业上从生产调整向体制改革迈进，推行"寓军于民"发展模式。在科学技术上推行"以民促军、以军带民"的协同创新双向发展模式。这一时期协同创新立法在内容上注重"军民一体化"。2001 年 7 月，俄罗斯政府批准了《2001—2006 年俄罗斯国防工业改革和发展规划》，要求在经济转型过程中要关注两用技术的开发与应用，确保高技术武器装备的研制生产能力。2001 年 11 月，政府又出台了《俄联邦国防工业综合体至 2010 年及远景发展的基本政策》，它同 2001 年 10 月通过的《俄罗斯联邦国防工业综合体 2002—2006 年改革及发展》一起，成为新时期俄罗斯国防工业改革的纲领性文件。新纲领性文件规定，对国防企业进行新一轮的结构和资源整合，加大国家在国防企业的控股程度，在宏观调控上强调以国家军事订货为主要手段，加强对国有企业的政策及资金倾斜。在《2007—2010 年及 2015 年前俄联邦国防工业发展》《2010 年前及未来俄联邦国防工业发展的政策基础》《2020 年前及未来俄联邦国防工业发展的国家政策基础》中，规定了对国防工业进行全面改革的总体要求和部署，在《2007—2015 年俄联邦武器装备发展规划》中规定了要逐步加大武器装备采购数量力度，在《2002—2006 年国家技术基础》《2002—2010 年电子俄罗斯》《2002—2011 年全球导航系统》中规定要大力推行"军技民用"政策等。在采购方面，实行严格的国家国防订货合同制，强调国防订货分配要充分依托市场，社会上各类企业都处于平等地位，非国防企业也可参与竞争。

俄罗斯这种自上而下的协同创新改革过程中，政府针对各种问题，明确了军转民的原则、方向、重点、步骤，并制定和完善了大量的相关政策和法规，保障军转民稳步推进。经过四个阶段的协同创新之路，俄从 90 年代初的 2000 多家军工企业缩减到现在的 1000 家，现已走在军转民的良性道路上，军转民获得一定成效。从 2000 年开始，俄罗斯国防工业开始进入快速发展的良性轨道。2006 年国防工业生产增长 9.8%，其中民品增长了 4.2%。2007 年国防工业总产值增长 15.6%，2008 年国防工业生产总值增长 7.1%，其中军品增长 5.9%，民品增长 8.8%，民品份额为 42.7%。[1] 同时武器出口大幅度增加，俄罗斯军品出口额从 2000 年不足 40 亿美元，持续攀升，2010 年达 103.7 亿美元。由于俄罗斯在叙利亚战争中展现了许多新型武器和强大的作战能力，使得周边国家纷纷增大了向俄罗斯购买武器的力度，有 100 多个国家与俄罗斯签订了武器订单合同，生产已经排到了十年之后。光是在 2015 年，俄罗斯就签订了 560 亿美元的合同订单，2016 年俄武器出口总额合计为 150 亿美元，仅次于美国，在世界武器出口中的份额为 23%。目前俄军火出口订单总额已经接近 1000 亿美元，足够俄军工企业开足马力生产 10 年还多。[2] 据斯德哥尔摩国际和平研究所（SIPRI）2017 年统计数据显示，2016 年全球百强军工企业中，俄罗斯占据 10 家，军品收入为 266 亿美元，占全球军工百强总销售额的 7.1%。相比之下，民品收入占比较低，大多数综合体的生产能力仍未充分发挥，军品、民品分割现象依然存在，军转民仍需进一步推进。

---

[1] 吕斌等编著：《西方国家军民融合发展道路研究》，国防工业出版社 2018 年版，第 20 页。

[2] 况腊生：《叙利亚战争沉思录——二十一世纪的微型世界战争》，人民出版社 2018 年版，第 279 页。

表4-7　俄罗斯军转民的部分法规政策

政策法规名称	时间	主要内容
俄罗斯联邦国防工业军转民法	1990	确定军转民原则、方向、重点以及相关法规
1991—1995年国防工业转产纲要	1991	提出在民航、动力、原子能等8个部门内增加民品的比重
1993—1995年俄联邦国防工业"军转民"计划	1993	建议最大限度地保留军工企业员工和科技潜力，保证国家整体经济的发展
1995—1997年俄罗斯联邦国防工业转产专项计划	1996	推动航空航天、动力、能源等各部门的技术转移工作
俄罗斯国防工业军转民法	1998	将军转民以法律形式确定下来，军转民有法可依、同时相比于旧版的军转民法，更重视军民两用技术的发展
1998—2000年国防工业军转民和改组专项规划	1998	选出生产军品和军用技术的基本骨干企业，使军工企业数量缩减2/3，到2005年再缩减35%，同时要求在航空航天、电子、通信设备等优先采用军民两用技术
2001—2006年俄罗斯国防工业改革和发展规划	2001	提出在经济转型过程中，确保高技术武器装备的研制生产能力
俄联邦国防工业综合体至2010年及远景发展的基本政策	2001	对军工企业进行新一轮的结构和资源整合，加大国家在军工企业的控股程度，在宏观调控上强调以国家军事订货为主要手段，加强对国有企业的政策及资金倾斜
俄罗斯联邦2020年前国防工业发展规划	2010	强调借助于军民两用技术实现生产的多元化；制定激励国防工业开展技术商业化、促进军民经济领域之间相互技术转让的机制等

（三）日本"以民掩军"的立法促进协同创新发展

第二次世界大战结束以后，由于军力发展受到国际法限制，日本未形成一套独立完整的国防科研生产体系，只能在发展军事工业方面采取"先民后军、以民掩军、寓军于民"的模式，主要依靠民间企业来发展国防科技和武器装备，其大部分武器装备的研制任务都是由民间企业来承担和实施。从20世纪60年代开始，日本政府提出军事技术的开发要充分利用民间的科研力量和开发能力，其"寓军于民"的军事工业指导思想逐渐明确。为保持民用企业的竞争力和军工生产潜力，日本采用高度集中的管理体制、政军民相结合的决策运行机制，扩大民品生产和发展两用技术，针对可生产军品的民间企业推出优惠扶持政策并给予资金支持，大大促进了军民两用技术和产业的发展，甚至将某些军事技术无偿转让给民用企业使用。1970年，日本颁布《国防装备和生产基本政策》，主要原则是以国家的工业能力、技术能力为基础，鼓励采购本国生产的武器装备，最大限度地利用民间企业的开发能力、技术能力，制定好远景规划为装备采办打下基础，积极引入竞争，以法律文件的形式将"以民掩军"的战略思想固定下来。自此，日本协同创新大幕正式开启。

表4–8　日本代表性军民两用技术

技术	军品应用	民品应用
J/T 冷却器	空对舰诱导式导弹红外传感器冷却设备	冷冻手术设备
R/D 转换器	空对空诱导式导弹 R/D 转换器	检测混合动力汽车的传感器万向节的旋转角度
UYQ—70 技术	护卫舰计算器、显示装置	民用显示器

日本许多发展军事力量的法规并不像其他国家那样直接以军事法规的形式出现，而是隐藏在普通法律之中。例如，为保障军事力量发

展的基础，日本出台了一系列的如《航空工业振兴法》《飞机制造事业法》《特定船舶制造业安全事业协会法》等行业性扶持法规和《中小企业开拓新领域的协调法》《大学技术转移法》和《事业革新法》等多部法律，这些法规表面上看是对民用工业的扶持，但实际上却是扶持发展军事力量的核心行业。再如，日本在发展武器装备科研生产过程中，为激励企业积极从事武器装备科研生产工作，设立了"国防工业相关税制"，但这种制度并没有直接的法律依据，而是援引《事业革新法》的相关规定。日本《装备维修规则》对自卫队装备什么情况下需要由地方工程实施维修有明确的规定，还规定了装备外修的分级及维修范围。日本的这种"以民掩军"的协同创新法律制度模式，既保证了日本军事力量建设发展的基础能力和发展潜力，又能避免其他国家对日本发展军事力量的担忧，大大降低了政治博弈成本和风险。

表 4-9　日本"以民掩军"的部分法规政策

政策或法规名称	时间	主要内容
国防装备和生产基本政策	1970	提出最大限度利用民间企业的开发能力、技术能力，将"以民掩军"战略思想以法律形式固定下来
中小企业开拓新领域协调法	1990	要求对军品产值在企业销售额中占比较大、拥有自主独特技术的中小企业尽量做到分散订货，使中小企业有更多的机会获得军品订货
中期防卫力量发展规划（2006—2009）	2006	提出积极吸收"产学官"三方面的先进技术，发展和利用民用产品和民用技术；加强军、民技术开发部门之间的合作，促进科研成果相互转化

续表

政策或法规名称	时间	主要内容
构筑日本国防工业生存战略	2012	重视军民技术通用性，实现国防与民用技术之间各要素的相辅相成
2012 年日本防卫白皮书	2012	建立开放式协同创新技术开发体制，识别并确定国防技术基数关键领域
国家安全保障战略、2014 年度以后的防卫计划大纲	2014	重点发展海空、太空、网络等装备，开展前沿军事技术研究，与产业界和学界结合，促进先进民用技术转军用以及军民两用技术的研发

资料来源：况腊生：《论日本武器出口三原则的变迁》，《国防科技工业》2012 年第 7 期。

日本雄厚的科技、工业实力和较为成熟的市场经济体制，为其军事工业的发展提供了雄厚的物质、技术基础和制度保障。长期以来，日本不设专门从事武器生产的兵工厂，而将大部分研制任务和全部生产任务通过合同方式委托给民间企业完成。日本采用军民品相结合的方式组织生产，军民品常在同一工厂共线生产。防卫省在选定生产厂家，签订生产合同时通常采用三种形式，即"一般竞争合同""指名竞争合同"和"自由价格合同"，最终都交给少数大企业手中。三菱重工、川崎重工、三菱电机、东芝等 17 家大型企业，承包了防卫省95% 的装备研制和生产任务，[①] 其他 2400 多家小企业通过承包、分包等方式获取军品配套产品的科研生产合同。总装厂和众多负责制造零部件的小工厂形成以若干大企业集团领头组成的军工产业群。日本政

---

① 梁栋国：《日本国防科研机构体系对我国国防科研机构的启示》，《国防技术基础》2007 年第 4 期。

府对国内协同创新型企业提供财政补贴，并在税收上提供优惠。日本从 1997 年开始鼓励军工企业进行设备投资，实行"国防工业相关税制"，对于从事飞机制造、武器制造的企业（包括转包商），在投资设备时减免法人税，并提供低息政府贷款。这些企业制造汽车、船舶、家用电器等，同时生产高技术武器装备。三菱重工是日本最大军工生产商，控制四分之一的军工生产订货，主要生产导弹、自行火炮、坦克、主战舰艇、主战飞机等。2004 年世界军工企业 100 强日本占 6 家，三菱重工列第 19 位。[①]2010 年世界军工企业销售额排名中，三菱重工以 350 亿美元排第 26 位。

表 4-10 日本 2016 年排名全球 TOP100 军工企业情况

军工企业	主要军品	军品收入（百万美元）	总收入（百万美元）	军品收入占总比
三菱重工	驱逐舰、潜艇、导弹艇、坦克、战斗机、教练机、直升机、火箭、导弹	3670	35947	10%
川崎重工	运输机、反潜巡逻机、教练机、直升机、潜艇、航空设备	1730	13597	13%
IHI 公司	飞机发动机	1290	13651	9%
日本电气公司（NEC）	无线通信设备卫星通信装置、地面微波系统	830	24476	3%
三菱电机公司	导弹、护卫舰用雷达	700	38928	2%

资料来源：斯德哥尔摩国际和平研究所网站。

---

① 斯德哥尔摩国际和平研究所编：《SIPRI 年鉴 2006：军备、裁军与国际安全》，中国军控与裁军协会译，北京时事出版社 2007 年版，第 535—542 页。

（四）以色列"以军带民"的立法模式

以色列恶劣的地理条件和紧张的地缘政治环境，使其只能以国防为立国之本，优先选择发展国防高科技，用先进的国防科技工业带动国民经济发展。以色列的国防科技和武器装备在一些领域处于世界先进水平，特别在综合集成方面独具优势。其军事技术推动着国民经济的发展，使得冶金、电子、材料、制造工艺、信息、生物等多个技术领域的民用产业，都在高技术国防工业的带动下，有了极大的发展。因此，以色列的协同创新实际是以军带民的过程，[①] 其政策制度也呈现出注意军民通用，提倡国防领域成果转化民用的特点。1990 年，以色列国防部下属 TAAS 公司和拉菲尔武器装备发展局转变为国有公司，组建适应市场运作的集团，获得自主经营权，并且转向民品生产。自此，开始了"以军带民"的道路。2004 年，以色列开始对国有军工企业私有化，批准以色列飞机公司生产线实行全球化，TAAS 公司开始向私营企业出售部分业务部门。私有化后的军工企业开展合并、重组或联合，显著增强了企业竞争力。

建立有利于"以军带民"的军事工业管理体制。以色列的军事工业管理分为三个层次，分别在国家、部门、公司等不同层面建立有利于"以军带民"的管理机构。

[①] 以色列建国之初即以国防工业为立国之本，建立起比较完整的国防工业体系，对国防工业的投资占国家工业投资的 50%。20 世纪 80 年代后，以色列军工开始寻找国际市场，逐步走上以出口武器为主的发展道路。

表 4-11 以色列协同创新发展的管理体制

层面	机构	职责
国家	国防委员会	制定国防重大方针政策、国防工业发展规划、重大武器装备发展计划、军民两用技术发展计划等；监督和管理军民两用技术开发、应用和转移，积极推进军民两用技术产业化。
部门	研究发展局	专门负责军民两用技术计划和项目，通过招标或委托承包的方式，将项目交由国防部下属或私营研制机构和公司承担。
部门	采购与生产局	管理武器装备的采购和生产，国内采购实现招标，按合同划拨经费，检查技术和进度，最后完成采购计划。
企业	国防部下属的以色列军事工业公司、拉法尔武器装备发展局等	具体实施研制、试验和生产任务。

资料来源：李其飞：《以色列推进国防工业军民融合的主要做法》，《国防》2014 年第 5 期。

以色列政府出台了各种类型的鼓励投资研发和出口的政策措施。例如，鼓励研发方面，以色列一方面出台《工业研发鼓励法》，规定政府可以以企业日后专利权使用费为交换，资助研发或分担技术开发的风险；1985 年颁布的《鼓励工业研究与开发法》，堪称以色列的创新大法，后经过多次修改，逐步确立研发立国、科技立国的发展基调，促使政府部门牢固树立"研发无小事、研发关乎国家存亡"的理念。2000 年生效的《公司法》使得以色列成为世界上最容易成立新公司的国家之一，仅需 13 天就能成立一家新公司。此外，以色列执行严格的知识产权保护制度，通过《专利法》《产权法》《商标法》《版权法》等法律对知识产权领域的技术创新，也营造了创新人才培养与成长的环境。鼓励投资方面，2002 年以色列制定《以色列税收改革法案》，对风险投资、证券交易与直接投资等"主动性资本"收益作出重大调整，推动高新产业发展；出台《资本投资鼓励法》，规定企业可根据相关条件，获得拨款和税收减免；《工业（税收）鼓励法》规定了对国防经济有利的指定领域内投资的鼓励措施；2011 年，以色列颁布《天使法》，符合资格的行为主体投资以色列的高科技私营企业，可以从所有渠道的应纳税收中减去他们的投资数额。在军贸出口战略上，以色列始终把"军品必须打入国际市场"作为基本政策。为鼓励出口，以色列制定了《鼓励出口的投资激励政策》，设立"促进海外市场活动基金"，建立免税贸易区与自由港，鼓励企业通过武器装备和军事技术出口为国家获取大量持续发展经费，为不断开展新一代武器装备的研制和关键技术攻关创造良好条件，并使武器装备的研制销售进入良性循环。目前，以色列武器装备和技术 70％以上用于出口，客户遍及 100 多个国家和地区。

表 4–12　以色列鼓励投资研发和出口的法律制度

目的	政策	主要内容
鼓励研发	工业研发鼓励法	规定政府可以以企业日后专利权使用费为交换，资助研发或分担技术开发的风险
鼓励投资	资本投资鼓励法	规定企业可以根据相关条件，获得拨款和税收减免
鼓励出口	工业（税收）鼓励法	规定对国防经济有利的指定领域内的鼓励措施

资料来源：李其飞：《以色列推进国防工业军民融合的主要做法》，《国防》2014 年第 5 期。

为进一步开拓业务范围并推进国际合作，以色列对国防部下属企业进行结构重组并鼓励军工企业收购民用企业，拓展经营结构，从事民品生产。21 世纪初，以色列推行国有企业私有化政策，实行现代化管理，进一步确定了国有军工企业私有化的改革计划和进程。在推进私有化改革中，以色列将国有军工企业技术含量较低的部门进行私有化，合并中小型军工企业，组建规模庞大的军工集团，以增强军工企业的国际竞争力。

表 4-13　以色列部分军工企业的私有化

时间	事件
2003 年	以色列航空公司 15% 的股份在以色列股票交易所上市，现在其控股人包括 Knafaim-Arkia Holdings（40%），私人投资者（30%），国家（30%）
2005 年	埃尔比特公司收购塔迪兰通信公司 26% 的股份，最终持有塔迪兰通信公司 38% 的股份，塔迪兰公司是以色列最主要的生产军事通信装备的企业之一
	埃尔比特公司收购艾利斯拉公司 70% 的股份，被收购公司主要从事电子战、电子情报、雷达和通信业务
2016 年	以色列军事工业公司完成私有化，更名为以色列军事工业系统公司
2018 年	埃尔比特公司以 5.22 亿美元收购以色列军事工业系统公司

在政府政策引导下，以色列大型军工企业，如飞机工业公司、拉菲尔公司等，组建了许多民用集团，带动了一大批国防相关产业的形成。如飞机工业公司除了有军用飞机集团外，还组建了相对独立的民用飞机集团、贝德克航空集团、电子集团等，带动了以色列民用飞机产业、航空维修、电子产业的形成和发展。

以色列"以军带民"战略成效显著，高新技术产业体系的形成，主要得益于军事高科技的转化推动。从民用技术来看，国内近 400 家高科技企业开发的大部分民用技术和产业，如电子设备、软件产业、生物技术和农业等，都是来源于军工企业的军事高科技。以色列军事工业公司成功转产程控电话，拉菲尔公司开发医疗诊断设备，而埃尔比特公司的民品产值由之前的 30%提升至 70%。[①]

表 4-14　以色列 2016 年排名全球 TOP100 军工企业情况

军工企业	主要军品	军品收入 （百万美元）	总收入 （百万美元）	军品收入 占总比
埃尔比特公司	信息系统及装备	3100	3260	95%
以色列航空公司	雷达、预警机、战斗机、反战术弹道导弹、卫星、军用舰艇	2610	3577	73%
拉菲尔公司	导弹、反导系统、无人水面快艇、机载瞄准吊舱、战术侦察吊舱	2120	2166	98%

资料来源：斯德哥尔摩国际和平研究所网站。

八、法律制度层级分明、完备细化和及时更新

从法律效力来看，世界主要国家协同创新政策制度体系主要分为三个层次：第一层是国会通过与颁布的宪法、法律或法令；第二层是行政机构或政府部门颁布的法规；第三层是国防部和军种制定的补充条例。三者相互补充，形成了各具特色的协同创新法律体系，为协同创新可持续发展提供了强有力的政策支持和制度保证。

从内容来看，主要包括武器装备科研生产、军队后勤保障、重大基础设施与战场建设、国防动员与军事人才培养等领域。后勤保障方面政策制度建设注重充分利用社会资源；军事人才培养方面注重依

---

① 《以色列军民融合发展历程》，http://www.sohu.com/a/256914433_100078041，最后访问日期：2018 年 11 月 28 日。

托社会教育资源军事人力资源，加强国民国防教育，提高全民国防意识与军事能力；国防动员方面注重应急应战一体化，促进平战转换体系化；但从文件规模体量来看，各国推进协同创新又都以武器装备科研生产为核心内容，注重再造采办流程，构建高效低耗的精明采办流程，对相关组织机构采办程序、审批决策、项目筹划经费管理等进行全面改革，特别是要加强与工商业中小企业的关系，建立民用技术转为军用的顺畅渠道，最大限度吸收民用先进技术。

坚持问题导向，不断完善与更新政策制度体系。构建相关法律制度是持续性工程。协同创新发展的不同阶段具有不同的阶段性特征，政策制度要根据不同阶段的具体矛盾与问题，及时更新与完善政策制度体系。随着协同创新实践的不断发展变化，很多过去适用的法规现已不再适用，面对新情况，美国立法机构和行政部门审时度势，即时废除、修订过时的不适用的法规，制定新的法规以推进协同创新。1991年，美国国防部成立"精简和编纂采办法律咨询小组"，全面清理和审查有关国防部采办的法律，如《联邦采办条例》和《联邦采办条例国防部补充条例》自颁布之日起至今已分别修订过数十次之多。

为强力推动协同创新一体化发展，美国先后颁布多种形式、多种层次的立法，包括：国家安全法、兵役法、国防生产法、国防专利法、联邦采办改革法、国防授权法、国防设施法、军官人事管理法、战略和重要物资储备法、军事拨款法、军事建筑法、国防部国内技术转让条例、军人薪金补贴法、职员军人管理法、后备人员建设法、商船法、战争授权法、国家紧急状态法、军事选征兵役法、普遍军训与兵役法、武装部队预备役法、联邦采办精简法案、国防工业技术转轨再投资和转移法、联邦技术转移法、国家工业储备法等。美国法典、总统行政令和联邦条例中赋予总统及各级行政首长多种应急动员权力。①

---

① 卢周来、于连坤、姜鲁鸣:《世界各主要国家军民融合建设评介》,《军事经济研究》2011年第2期。

第五章

完善国防科技工业协同创新发展立法的
指导思想和原则模式

完善我国国防科技工业协同创新发展的立法，应该遵循以下相关的立法目的、指导思想、立法原则和立法模式。

一、以促进经济建设与国防建设协调发展为立法目的

我国完善国防科技工业协同创新式立法的目的是：在保持军工核心能力的前提下，推动军民两用科技资源的双向流动与资源共享，打破军工经济和军队装备保障自成体系、自我封闭、高度垄断的发展格局，解决国防科技和军事装备领域创新动力不足、活力不够的问题，发挥国防科技和军事装备支撑国防和军队建设、推动科技进步、服务经济社会发展的作用，形成经济效益与国防效益、战斗力与生产力双赢发展的新格局。概括起来，军转民、"民参军"和军民公共科技资源共享是我国国防科技工业协同创新发展的三大目的，也是完善相关

立法的目的。

同时结合当前国际人道法、战争与武装冲突法、武器装备相关的国际条约与协定的发展、与我军"走出去"战略相适应，提出相关立法原则、模式、路径、规划，以及具体立法建议等，构建和完善我国国防科技工业协同创新发展的相关法律制度，真正推动国防科技工业协同创新不断向深度和广度发展，为建立创新型国家而服务。

在此基础上，通过立法还应该达到破除军民分立体制，建立军民一体的体制；统一市场资源配置，允许市场基本要素自由流通循环；适应军事发展潮流，实现装备跨越式发展；促进国家创新能力发展，增强国家竞争力等目的。

二、以习近平同志关于军民融合发展相关论述为指导思想

进入新世纪，我们党着眼于解决深层次矛盾，创造性地提出军民融合的思想。特别是党的十八大以来，习近平同志敏锐洞察和深刻把握新形势下经济建设和国防建设协调发展规律，从国家安全和发展战略全局出发，鲜明提出军民融合深度发展的时代命题，对军民融合作出一系列重要论述和重大决策，从"基础设施和重要领域军民深度融合的发展格局"，到"全要素、多领域、高效益的军民融合深度发展格局"，再到"把军民融合上升为国家战略"，军民融合的定位不断提升，提出了一系列新思想、新观点、新论断、新要求，明确了"为什么融""融什么""怎么融"等一系列根本性、全局性、方向性问题，

并将其上升为国家战略，形成了我党在新形势下探索经济建设和国防建设协调发展规律的最新理论成果。[①] 党的十九大正式把军民融合作为习近平新时代中国特色社会主义思想的重要组成部分，纳入习近平强军思想的科学体系，为新时代推进军民协同创新发展、实现强国梦强军梦提供了科学指南和行动纲领，也是完善国防科技工业军民协同创新发展立法的基本遵循。[②]

在战略定位上，强调把军民融合上升为关系安全与发展的国家根本战略，是党中央从国家发展和安全全局出发作出的重大决策，是在全面建成小康社会进程中实现富国和强军相统一的必由之路。习近平同志指出，军民融合是国家战略，关乎国家发展和安全全局，既是兴国之举，又是强军之策。[③] 深入贯彻军民协同创新发展战略，更好把国防和军队建设融入国家经济社会发展体系，是统一富国和强军两大目标，统筹发展和安全两件大事，统合经济和国防两种实力，促进国家发展、保障国家安全的可靠支撑。[④] 军民协同创新发展战略兼顾发展和安全，实现富国与强军相统一。当今时代，以信息化为核心，以军事战略、军事技术、作战思想、作战力量、组织体制和军事管理创新为基本内容，以重塑军事体系为主要目标的新军事革命深入发展，

---

① 中共中央宣传部：《习近平新时代中国特色社会主义思想学习纲要》，人民出版社2019年版，第197页。

② 习近平：《决胜全面建成小康社会　夺取新时代中国特色社会主义伟大胜利》，人民出版社2017年版，第25页。

③ 中共中央宣传部：《习近平新时代中国特色社会主义思想学习纲要》，学习出版社、人民出版社2019年版，第196—197页。

④ 中共中央宣传部：《习近平新时代中国特色社会主义思想学习纲要》，学习出版社、人民出版社2019年版，第177页。

其速度之快、范围之大、程度之深前所未有；军事与政治、经济、社会、文化的关联度空前紧密，现代国防经济规律和信息化条件下战斗力建设规律更加强调实现军和民两种力量、两种技术、两种资源之间的转化与融合。在这样的态势下，在更广范围、更高层次、更深程度上将国防和军队建设融入国家经济社会发展体系之中，使经济建设与国防建设协调发展、兼容发展，才能为实现中国梦强军梦筑牢发展和安全两大基石。

在发展阶段上，指出我国军民协同创新发展刚进入由初步融合向深度融合的过渡阶段，还存在思想观念跟不上、顶层统筹统管体制缺乏、政策法规和运行机制滞后、工作执行力度不够等问题。2014 年 3 月，习近平同志在十二届全国人大二次会议解放军代表团全体会议讲话时要求"实现强军目标，必须同心协力做好军民融合发展这篇大文章"，"要加紧在国家层面建立推动军民融合发展的统一领导、军地协调、需求对接、资源共享机制，完善军民融合组织管理体系、工作运行体系、政策制度体系，形成全要素、多领域、高效益的军民融合深度发展格局①。"

在奋斗目标上，提出要加快形成全要素、多领域、高效益的军民融合深度发展格局，构建军民一体化的国家战略体系和能力。2017 年 6 月 20 日，习近平同志主持召开中央军民融合发展委员会第一次全体会议，着重强调"强化顶层设计，加强需求统合，统筹增量存量，同步推进体制和机制改革、体系和要素融合、制度和标准建设，加快形成全要素、多领域、高效益的军民融合深度发展格局，逐步构建军

---

① 中共中央宣传部：《习近平新时代中国特色社会主义思想学习纲要》，学习出版社、人民出版社 2019 年版，第 196—197 页。

民一体化的国家战略体系和能力①"。

在总体要求上，强调贯彻落实总体国家安全观和新形势下军事战略方针，坚持党的领导、强化国家主导、注重融合共享、发挥市场作用、深化改革创新，着力在"统"字上下功夫，在"融"字上做文章，在"新"字上求突破，在"深"字上见实效。2017 年 6 月 20 日，习近平同志在主持召开中央军民融合发展委员会第一次全体会议时强调，各有关方面一定要抓住机遇，开拓思路，在"统"字上下功夫，在"融"字上做文章，在"新"字上求突破，在"深"字上见实效，把军民融合搞得更好一些、更快一些。②2017 年 8 月 1 日，习近平同志在庆祝中国人民解放军建军 90 周年大会上强调：要强化顶层设计，加强需求整合，统筹增量存量，同步推进体制和制度改革、体系和要素融合、制度和标准建设，加快形成全要素、多领域、高效益的军民融合深度发展格局，努力开创经济建设和国防建设协调发展、平衡发展、兼容发展新局面。③

在实现途径上，指出要向军民融合发展重点领域聚焦用力，以点带面推动整体水平提升，从需求侧、供给侧同步发力，强化大局意识、改革创新、战略规划、法治保障。2017 年 6 月 20 日，习近平同志在中央军民融合发展委员会第一次全体会议上的讲话中指出：推动军民融合深度发展，根本出路在改革创新。要扩大开放、打破封闭为突破口，不断优化体制机制和政策制度体系，推动融合体系重塑和重

①　习近平：《习近平谈治国理政》第二卷，外文出版社 2017 年版，第 412 页。

②　习近平：《习近平谈治国理政》第二卷，外文出版社 2017 年版，第 412 页。

③　习近平：《习近平谈治国理政》第二卷，外文出版社 2017 年版，第 418 页。

点领域统筹。要把军民融合发展战略和创新驱动发展战略有机结合起来，加快建立军民融合创新体系，培育先行先试的创新示范载体，拓展军民融合发展新空间，探索军民融合发展新路子。①

这些重要讲话精神，赋予军民协同创新发展新的时代内涵，形成了完善、系统的中国特色军民协同创新发展战略思想，是习近平强军思想的重要组成部分，把军民协同创新发展提升到了新高度、新境界、新水平。

三、以协同创新发展要求与立法基本规律为立法原则

国防科技工业协同创新发展立法的基本原则与其他立法的基本原则有着相通或类似的方面，即应能够表达制度设计的基本价值取向，都属于提纲挈领地将立法者所预设的抽象概括的准则贯穿于整部立法的始终，并保持前后逻辑、根本宗旨、价值理念的一致性和同步性。没有基本原则，整部立法制度设计就会失去灵魂与统帅。此外，基本原则还发挥着行为准则、解释依据、漏洞填补等功用。

（一）以国家安全为根本准则

实施军民协同创新发展成为统筹国家安全与发展的重要途径。

---

① 习近平：《习近平谈治国理政》第二卷，外文出版社 2017 年版，第 413 页。

2014 年 4 月，习近平同志提出了总体国家安全观的重要战略思想，明确了国家安全所涵盖的 11 个传统领域和 4 大新兴领域。这些安全领域，包括军事安全和民用领域安全，是一个有机整体。[①] 这些安全既相对独立，又相互联系，经济安全需要军事安全作保障，军事安全需要经济安全作支撑。同时，有些新兴领域安全本身是军民一体的。

军民协同创新发展的目的也是保卫国家安全。党的十九大报告中指出：世界正处于大发展大变革大调整时期，和平与发展仍然是时代主题；同时，世界面临的不稳定性不确定性突出，世界经济增长动能不足，贫富分化日益严重，地区热点问题此起彼伏，恐怖主义、网络安全、重大传染性疾病、气候变化等非传统安全威胁持续蔓延，人类面临许多共同挑战。当前，国际形势正处在新的转折点上，各种战略力量加快分化组合。在这种形势下，只有推动协同创新深度发展，才能有效应对复杂安全威胁、赢得国家战略优势。[②]

党的十九大报告同时强调，中国始终不渝走和平发展道路；奉行防御性的国防政策；中国无论发展到什么程度，永远不称霸，永远不搞扩张。可见，我国实施军民协同创新发展战略的目的不是为了争夺霸权，而是顺应现代国防经济规律和信息化条件下战斗力建设规律进行军事斗争准备，目的是以全社会可承担的最小成本，保持对敌人的最大战略威慑，以达到"不战而屈人之兵"、最大限度维护和平的

---

① 《习近平谈治国理政》第一卷，外文出版社 2018 年版，第 200-201 页。

② 中共中央宣传部：《习近平新时代中国特色社会主义思想学习纲要》，学习出版社、人民出版社 2019 年版，第 58 页。

目的。① 因此，我国的军民协同创新发展战略不仅不是世界和平与发展的威胁，恰恰相反，它将为遏制霸权主义、维护世界和平贡献重要力量。

（二）遵循国家法制公开、统一与协调

协同创新发展法律制度的构建是开放性工程，建立统一的国家科学技术基础、统一的国家工业生产能力的根本要求是建设和谐统一的法律体系，避免有关法规之间的矛盾、混乱，填补有关法规之间的空白，确保法制的统一和尊严。

加强协同创新发展立法的规划设计。坚持以推进协同创新发展为目标，以完善协同创新基本制度为突破口，按照国家主导、军地协调、需求对接、资源共享、制度创新的原则，采取立、改、废、释并举的方式，科学制定立法规划，明确协同创新发展法治建设的路线图、时间表，为构建系统完备、权威高效的协同创新法治体系提供顶层规划和方向引领。协同创新法律制度的构建仅靠军队部门独立设计和单方推进是远远不够的，必须要汇集军地技术、管理、经济、法律等各类人才，合力推进。

协同创新法制建设需要调整的社会关系多，立法需求量大、任务重，应按照突出重点、兼顾一般，先急后缓、先易后难的原则，科学统筹安排立法项目，搞好筹划部署和指导协调，确保立法科学性、系

---

① 中共中央宣传部：《习近平新时代中国特色社会主义思想学习纲要》，学习出版社、人民出版社 2019 年版，第 59 页。

统性和协调性。一是坚持统筹推进。充分发挥协同创新发展领导机构的统筹统管作用，通过中央军民融合委员会综合协调、督促落实，省级相关机构主动配合、积极作为，加大法律制度制定过程中的统筹推进力度，着力解决法制建设不系统、不协调、不同步、不配套等问题。二是加强清查梳理。加快推进与协同创新深度发展不相适应的法律制度清理修理工作，重点明确清理的范围、标准和要求，删除陈旧过时的内容，填补空白缺失的内容，修订相互矛盾的内容，合并交叉重叠的内容，确保在规定时限内清理到位、不留死角，优化协同创新发展制度环境。对以往制定的诸如经济动员、国防交通、军事采购与物流、装备研发生产等方面的配套法规，应当在认真清理的基础上，纳入国家立法的层面统筹考虑，强化实际调研和专家论证，以实际问题为核心，征求多方意见，成熟一项，推出一项。① 对已有政策制度进行定期梳理，针对相互矛盾的内容及时修订，针对缺失的内容及时填补，在细节上下功夫，在具体化上下功夫，确保立法资源的最佳配置和执法效果。三是抓好整合优化。重塑军事法规体系，凡适用同一部国家法律法规的，协调地方法制部门主动将军事相关内容纳入立法范围，积极主动征求军方意见；协调军方主动将立法需求纳入统一法律框架，不再另行制定军事法规、规章，实现军地统一立法、守法和执法，真正建立起军地统筹有力、衔接有序的法律制度，使国防和军队建设融入经济社会发展体系。四是加强法规信息公开。明确制定协同创新发展法规文件应秉持公开透明的原则，凡涉及协同创新的法规

---

① 2018年2月，中办、国办、军办印发《关于开展军民融合发展法规文件清理工作的通知》，对军民融合发展的法规文件清理作出全面部署。

文件，原则上不得设立密级；确需保密的，应当同步发行脱密公开版本，超出保密年限应当及时解密，以打破协同创新法规信息壁垒，扩大法律制度影响力，确保执行效果。

（三）与国家经济社会发展实际相适应

政策制度的权威性建立在对经济社会发展客观规律的深刻认识与充分把握基础之上，所以，构建和完善协同创新法律制度要遵循社会经济规律。在相应法律制度不健全甚至空白的情况下，企图通过脱离市场条件的政府规范性文件强力推进协同创新，难以落到实处，甚至往往会适得其反。为推进军民结合，俄罗斯独立之初就把"军转民"作为一项国家战略，企图在政府行政命令、计划、纲要等政府规范性文件的指导、规范与扶持下强力推进。这些规范性文件虽然在一定程度上起到了宏观指导作用，但内容与市场脱节，操作性很差，致使难以真正落到实处。在缺乏对整体经济形势分析、未考虑市场的需求和容量的情况下，政府作为国防工业转轨计划的制定人和宏观调控人，制定并推行与市场脱节的转轨生产计划，最终使国防企业无轨可转。脱离实际、自上而下式的中央行政命令与计划不过是纸上谈兵，难以落到实处，对俄军事工业和国家经济发展造成毁灭性的打击。

国防科技与装备领域协同创新，要把国防科技工业建设放在以经济体制改革为重点全面深化改革的大背景下来认识。构建协同创新政策制度体系的核心目标是将国防科技工业和武器装备建设真正纳入社会主义市场经济轨道与社会主义法治轨道。当前，我国仍存在市场体系不完善、市场规则不统一、市场秩序不规范、市场竞争不充分，政府权力过大、审批过杂、干预过多和监管不到位的问题，影响了经济发展活力和资源配置效率。

对此，构建系统完备、衔接配套、有效激励的协同创新法律制度也要坚持社会主义市场经济改革方向，从广度和深度上推进市场化改革，减少政府对资源的直接配置，减少政府对微观经济活动的直接干预。推动资源配置依据市场规则、市场价格、市场竞争实现效益最大化和效率最优化；更好发挥政府作用，健全宏观调控体系，加强市场活动监管，建立公平开放透明的市场规则，加快建设有序开放竞争的军品市场，推动资源配置依据市场规则、市场价格、市场竞争实现效益最大化和效率最优化。

（四）战时立法与平时立法相区别

在协同创新的时代，军用目标与民用目标在一定程度上难以区分，军民两用目标在武装冲突中的法律地位，很大程度上取决于对军事目标的定义及适用。

在国际性武装冲突中，必须以合法目标为攻击对象，这是国际人道法的基本原则与规范，最终形成了国际社会普遍认可的区分原则：平民与战斗员之间的基本区分以及民用物体和军事目标之间的基本区分，目的是尽可能地保证平民人口和民用物体不受国际性武装冲突的影响。所以国际人道法均对直接战斗员和军事目标予以确定，并对上述之外的人员和物体全部纳入保护范围。国际人道法在 1977 年《关于保护国际性武装冲突受难者的附加议定书》(《第一附加议定书》)第52条第2款正式确定了军事目标的定义,即"只限于其性质、位置、目的或用途对军事行动有实际贡献,而且在当时情况下其全部或部分毁坏、缴获或失去效用提供明确的军事利益的物体"。2005 年红十字国际委员会编纂的《习惯国际法人道法》也予以确认。军事目标的定义还被许多国际人道法公约所采用,《〈特定常规武器公约〉修正的第二号议定书》即《禁止或限制使用地雷(水雷)、诱杀装置或其他装置的议定书》中第二条第 6 款、《〈关于发生武装冲突时保护文化财产的公约〉的第二议定书》第 1 条第 6 款都原文采用。这两个议定书也适用于非国际性武装冲突。通常认为《第一附加议定书》关于军事目标的定义已构成习惯国际法。为更好地确定军事目标,国际人道法还确定了几个原则:最小伤害原则,比例原则,攻击时的预防措施和受特殊保护的物体等。

根据《第一附加议定书》对军事目标的定义,一个目标要构成军事目标,必须是该目标对军事行动构成有实际贡献,同时对该目标的攻击能为攻击方提供明确的军事利益。判断对军事行动构成实际贡献,《第一附加议定书》提成了四项标准:性质、位置、目的和用途。就性质而言,所有被武装部队直接使用的物体均可视为军事利用,如武器、装备、交通工具、防御工事、仓库以及武装部队占据的建筑等。有潜在军事利用可能性的物体只有真正被用于军事目的时地位才会发生变化,如果仅具有军事利用的可能性或者是否用于军事目的尚存疑问,则只能推断为民用物体。至于用途标准,则是应有之意。位置,是指那些性质上没有军事功能,在其所在位置而对军事行动有实际贡献的物体，如处在交通枢纽位置的桥梁和建筑物，或者对军事行动特别重要从而必须夺取的场所等。军事利益包括两个条件，在时间上必须限于当时的情况，结合第一项目的标准。从抽象意义上说，任何民用物体都可能成为军事目标，该条件就是对目的标准的限定。其效果是，该物体的毁坏、缴获或失去效用必须能为对方提供明确的军事利益。如果对上述物体攻击仅能提供潜在的或间接的军事利益，这种攻击就是不合法的。本项条件意在对攻击行为加以严格限制，防止对上述条款的滥用。必须重申，确定一个物体在武装冲突中的地位时，必须同时适用军事利用和军事利益两项要求，缺少任何一项都不能据此认定该物体为军事目标。

在协同创新时代，民用主体参与军事活动后，国家应当在参考国际人道法，通过立法，明确其平时与战时的权利义务和地位，避免民用主体在武装冲突中遭受不必要的损失，避免在国际上陷入被动局面。

（五）市场竞争与优惠补偿相结合

要发挥市场的决定性作用，就要充分尊重和保障民用资源在协同创新法律关系中的主体地位和正当权益，在信息公开、市场准入、主体地位、费用给付、经济补偿和权利救济等方面要公平公正合理对待，以等价交换为基本原则。如军工产品生产销售方面，民用企业应该享受同等的税收优惠和政策扶持。十八届三中全会首次提出：权利平等、机会平等、规则平等，这是非公有制经济发展方针的重大突破，也是市场经济规律的客观要求。因此在装备采购中，要平等对待不同市场竞争主体，实现透明采购和阳光采购，加快统一开放、竞争有序的军品市场的形成。采购需求明确后，应当吸引包括民营企业在内的各类主体公平参与竞争，主要依靠市场来配置资源、开展建设，不断提高装备建设的质量效益。

对于军工企业而言，实现协同创新，必须摆脱计划体制束缚，充分发挥市场在资源配置中的基础性作用，建立市场经济为导向的发展思想，明确自身发展方向，完善内部组织结构，建立现代企业制度，完善人才激励机制吸引优秀人才，充分融入市场竞争。

民营企业参与国防建设风险较大，应建立完善相应的风险补偿制度，以鼓励其积极性。如美军每年对交通等投送企业提供巨额财政补贴，以高于市场价格征用其工具。1970 年美国修改《商船法》，规定商船征用时，政府必须支付必要费用，重申了对某些满足军用特殊要求的民船，给予建造成本 35% 补贴的规定。由于战时民船运输危险度高，保险部门不愿为其提供保险，从而增加了民船的后顾之忧。为此美国在 1935 年设立了海战危险保险局，解除了民船后顾之忧。[1]目前民用资源完成了美军陆上运输的 88%、空运的 50%、海运的 85%，商船队被称为"第二海军"或"第四军种"，[2] 极大提高了美军战斗力和威慑力。

---

[1] 赵占平：《世界主要国家军事交通管理体制研究》，国防大学出版社 2007 年版，第 235 页。

[2] 孟军、吴磊明、朱峰、张艳：《美军战略投送能力建设的特点、发展趋势及启示》，《军事交通学院学报》2009 年第 6 期。

（六）继承借鉴与创新发展相补充

一方面，继承和借鉴协同创新的立法，主要包括立法模式的借鉴和立法内容的借鉴。不同国家的协同创新模式不同，则立法模式不同。相对于 20 世纪 80 年代开始的军转民阶段，在当前协同创新发展的新阶段，军民一体化已经成为主要特征，因此我们的相关立法可以借鉴某些国家"军民一体化"的立法，在内容上，立法同时面对军民两个行业，在具体操作上，可以采取综合性立法与专项立法同步进行。综合性立法为专项立法提供基本原则和方针，而专项立法则细化综合性立法的某方面内容，这样也符合我国作为大陆法传统习惯，也充分发挥法律对社会关系的指引和调控功能，加快推进协同创新的发展步伐。另外在立法形式上，可以构想由综合性基本法律、专项法律、法规和规章等 3 个层面构成的国防科技工业协同创新发展的法规框架。

在法律内容的借鉴上，结合当前我国国防科技工业协同创新立法的实际情况与问题，借鉴国外的有益立法经验，积极进行相关法律移植，能起到事半功倍的效果。

（七）与相关国际条约和协定相衔接

当前国际上对武器装备的发展，有一些相关的国际条约和协定，以规范武器装备的发展和使用。因此，在制定国防科技工业协同创新发展的法律制度时，要充分考虑相关国际条约和协定的内容，以免陷入不必要的被动。

四、以同时推进基本法与专项法的制定为立法模式

参照世界主要国家协同创新发展的立法模式，当前对于完善我国国防科技工业协同创新发展的立法，可以有以下三种模式。

（一）仿照民法典的立法模式，[①]先制定完善协同创新发展的各项专项法律制度，等协同创新深度发展以及各项法律制度完善后，再制定一部成熟的协同创新基本法律制度——协同创新发展法。此种模式的优点是各项法律制度的完善和协同创新发展深度发展后，制定的协同创新发展法相对比较成熟。缺点是立法的进展将是一个漫长的过程，像民法典的制定一样，历经三十年还没有出台，而且难以统一协调各项专项立法。这种模式适合调整平等民事主体的财产关系和人身关系，不需要国家太多干预，而且市场经济的发展也需要一个漫长的过程。但这种过于漫长的制定过程，不适应现阶段要快速推进协同创新发展的实际需要。

（二）先制定协同创新的基本法——协同创新发展法，在此基本法的指引和规范下，再制定各项专项的法律制度。此种模式的优点是，符合中国大陆法系的习惯，在成文的协同创新发展法的指引下，

---

① 民法典的制定模式，是先通过各项专项法的制定，然后再统一制定民法典的模式。为此，我国先后制定颁布了统一的合同法、物权法和侵权行为法后，近几年才开始制定统一的民法典。

各项专项法律制度的制定将加快推进，也必将加快推进协同创新的发展。缺点是，缺乏各专项法律制度的实践基础，同时现阶段协同创新还有待于深度发展，此时推出协同创新发展法，有可能会束缚协同创新的进一步发展。

（三）协同创新发展法与各专项法律制度的制订同步进行。根据协同创新发展的实际情况和需要，一方面用成文的基本法规定协同创新的大政方针与基本原则，据此推动国防科技工业协同创新发展，也为各项专项法律制度的制定和完善提供基本遵循。另外，通过各项专项法律制度的制定与完善，又充实和健全基本法律制度的内容，避免专项法律制度的缺失和基本法律制度长时间得不到出台。

在此，建议采取基本法与专项法律制度同步立法的模式。按照中国的国情和法律习惯，在依法治国的大背景下，协同创新是需要国家大力推进的战略，因此其立法需要国家加快推进。同步推进基本法律和专项法律制度，就可以充分发挥法律的先导和指引作用，综合性基本法与专项法相互促进和完善，共同加快推动国防科技工业协同创新发展。

1.在综合性立法方面。加快推进协同创新综合性法律立法进程，建立由中央军民融合委员会牵头，全国人大常委会法工委、国务院法制办、军委法制局参加，吸收国家部委、军委机关部门参与的立法协调机制，加快制定协同创新发展法，抓紧启动宪法、国防法等涉及协同创新全局性法律的修订工作，尽快完成综合性立法与重点领域专项立法任务，确保重大改革决策有法可依、于法有据。

协同创新发展促进法，应该以国防法和即将出台的民法典为母法。一方面，国防法规定了协同创新发展法中国法建设的内容。另外，民法典规范协同创新发展法中交易行为。

2.颁布协同创新各个领域专项立法

第一，推动国防科技工业公平公开竞争的立法。制定国防科研采购法与国防合同法等，修订公司法、合同法等限制民营企业参与国防建设的规定，形成统一的市场开放竞争制度，制定军工技术市场转化和军民两用技术推广的制度。

第二，建立军地双向互动培养军事人才的立法。制定协同创新人才培养法等，协调共享军地教育资源，完善市场化的军事人才管理制度，建立军地一体化的军事人才保障制度。

第三，扩大军队社会化保障范围、规范保障行为的立法。制定军队社会化保障法，扩大社会化保障范围，建立成熟的合同交易制度，健全社会化保障应战应急转换的制度。

第四，增加经济动员、完善应急救援能力建设的立法。制定国民经济动员法、民用设施和资源征用法等，修改相关法律制度，完善应急能力建设的立法，确立市场化运行与优惠补贴制度。

第五，统筹重大基础设施和战场建设的立法。制定信息基础设施保护法等，颁布海外军事保障基地、海外战略利益保护的法律，完善公路法、铁路法等基础设施建设的法律。

3.明确各级立法机关在国防科技工业协同创新发展的立法权限

国家层面，全国人民代表大会及其常务委员会负责协同创新基本法律制度的制定，也可以参照经济特区立法模式，由全国人大授权地方就国防科技工业协同创新发展的事务进行立法。国务院和中央军委负责国防科技工业协同创新发展相关法规的制定，将全国人大制定的相关法律，以法规的形式具体化、可操作化。国务院各部委和军委机关负责国防科技工业协同创新发展的相关规章的制定，以具体推动国防科技工业协同创新发展事务。

地方立法机构中，省级人大及其常务委员会负责在国家法律规定的范围内，就本地区国防科技工业协同创新发展事务进行立法，因地制宜地颁布地方性法规。省级人民政府和较大的市，也可以就本地区国防科技工业协同创新发展事务，制定相应的地方规章。

第六章
完善国防科技工业协同创新发展
立法的具体建议

　　国防科技工业协同创新发展立法主要包括：透明的信息发布制度、公平的市场准入制度、公开的市场竞争制度、公正的司法仲裁纠纷解决制度等。坚持把协同创新发展法作为立法重点，按照公正、公平、公开等原则健全完善相关配套法规，增强立法的科学性；坚持"立、改、废"并举，及时制定、梳理、调整、补充和修订相关法律法规，着力解决相关法律制度不完善、不配套、不协调、不一致等问题。通过健全和完善系统配套的法律制度，合理引导和有效保障协同创新深度发展，为高效推动国防科技工业协同创新发展提供制度保障。

一、颁布协同创新发展法

　　最近几年，协同创新发展取得明显成就。作为一项宏大的系统工程，协同创新发展涉及军地多个部门，需要国家给予强有力支持。要通过立法的形式，把协同创新发展战略上升为国家意志，制定实施协同创新发展的总体规划和专项规划，并建立和完善国家层面的综合性协调管理机构。目前，我们虽然有了国防法、国防教育法、国防动员法和国防交通法等，以及《关于非公有制经济参与国防科技工业建设的指导意见》等行政法规和政策性文件，但却没有一部规范推进军民融合发展的综合性法律法规，使得一些涉及管理体制与军地协调的重大问题难以解决，重大战略规划、项目布局等缺乏法律保障，亟须国家出台协同创新发展法。

（一）补充上位法中关于协同创新发展的内容

第一，修改宪法，明确协同创新发展的国家战略。作为一项事关国家安全发展、事关国防建设与经济建设大局的协同创新发展，已经成为国家战略，但还需要在宪法中加以确认，以符合依法治国根本方略的需要。另外，作为规范国家政治经济社会重大事物和公民个人权利义务最重要的根本大法，也需要规定协同创新发展的事物，因此协同创新发展必须在宪法中得到体现和明确。可以在宪法序言中加上"国家在经济建设领域和国防建设领域实施协同创新发展"的内容，以明确协同创新发展战略的地位和作用。

第二，增加国防法中协同创新发展的内容。作为国防和军队建设领域的基本法，应该适时修改 1997 年颁布的国防法，以适应协同创新发展需要。在国防法中，可以专设协同创新发展的章节，增加国防建设领域协同创新发展基本方针、根本原则、基本制度、范围领域、组织体制、运行机制等内容，促进国防建设与经济建设的深度融合发展。

第三、增加合同法中关于军品合同的相关规定。在民法典还没有出台前，作为规范经济建设领域的基本法，合同法应该增加军品合同的相关内容，以适应国防科技工业协同创新发展的需要。

（二）尽快颁布协同创新发展法

工业发达国家都以综合性立法的形式推进协同创新国家战略的实施，如 1994 年美国颁布的联邦采办精简法案，以法律形式肯定了军民一体化的基本原则和方针。

作为协同创新领域的综合性的基本法律规范，协同创新发展法首先应该明确，应制定实施协同创新发展的总体规划和专项规划，并纳入国民经济和社会发展规划之中。协同创新发展法还要明确协同创新发展的根本原则、基本制度、体制机制、领域范围、运行方式、推进路径、主体资格、权责划分、程序要求、奖惩考核等内容，规范国家、政府部门、军队、企业、中介组织和个人相关责权利，理顺各方利益关系，协调经济建设与国防建设。协同创新发展法要建立和完善国家层面的综合性协调管理机构，并赋予其统筹规划、制定政策、总体协调和重大决策等职能。在法律的层面上，要建立和完善协同创新发展的军地协调机制、供需对接机制、信息共享机制和资源整合机制等。另外，还要在法律中明确协同创新发展的政策支持体系。这一体系应包括国家财政与税收方面的政策措施、军品市场准入与退出、协同创新发展项目的利益补偿、国标与军标的协调等。

由于协同创新促进立法涉及军地多个部门，各方利益协调难度大，单靠军队或地方某几个部门的力量来起草，是不行的，建议由全国人大及其常委会组织开展起草工作。未来，协同创新法律法规的立、改、废、释工作，将继续扎实推进，分领域展开，通过一系列科学有效的基础工作，充分反映广泛民意、集中民智的协同创新政策制度建设有望取得更多新突破，促进协同创新发展的崭新法治环境正在逐步形成。为此，2018 年 2 月，中共中央办公厅、国务院办公厅、中央军委办公厅印发《关于开展军民融合发展法规文件清理工作的通知》，明确了 4 个方面 14 条清理标准，并要求各单位分别提出废止、失效、修改、整合、降密解密、继续有效等处理意见。这是新中国成立以来，首次以协同创新为内容的专项法律法规清理活动，对于摸清立法情况、分析存在的问题、改进立法工作、构建具有中国特色的协同创新法律法规制度，将产生重要影响。

二、依托地方政府为主的军地双方信息互通制度

相关信息，包括民营企业的现状与能力和军队装备需求信息，是否透明和完备，直接关系到国防科技工业协同创新发展的效率和质量。要强化信息共享交换平台的延展功能，以协同创新数据资源建设为抓手，加强信息资源顶层设计，以数据的深度挖掘和协同创新应用

为推手促进协同创新全局性、体系性的大数据中心建设，使平台服务功能由拆除壁垒向提供智能化服务转变。

确立地方政府在协同创新信息交换中发挥桥梁纽带作用的制度。在一方面，"民营企业参军"，民营企业的性质决定了其归地方管理，企业注册地政府就是其发展的基础和依靠，就是他们的"婆家"。从注册之日起，各级政府即与民营企业建立了长期紧密联系。对民营企业而言，相关政府部门是始终绕不过的门槛，地方政府如果能在"民营企业参军"方面实现归口管理，开展"一站式的信息服务"，让优势民营企业能便捷地融入其中，"参军"数量和效率必然成倍提高。同时，地方政府的政策支持力度也决定着民营企业的信心指数。在市场经济体制下，只要地方政府把相应的扶持政策给足、给够，其对"民营企业参军"的推动效果必然是立竿见影。以西安高新区为例，现有产值突破万亿，每年用于奖励企业的扶持资金超 10 亿。只要这些经费的一部分用于鼓励"民营企业参军"，让企业看得见、够得着，其积极性必然会被调动起来，快速推动优势民营企业涌入军品领域。

另外，各级政府了解民营企业，也能让军队放心。大多数民营企业都是冲着军品的高利润来的，在未入大门前，对军品严格的程序和质量要求知之甚少；承担任务后，当实际与预想有差距，发现军品"这碗饭"不好端后，很可能会以破产的形式溜之大吉。特别是准入放开初期，大量民营企业集中涌入，必然存在良莠不齐问题。在民营企业与军代表室互不了解的情况下，各级政府的桥梁作用就显得非常突出。从政府渠道获得的企业贷款、缴税、社保、流动资金等数据更为真实可靠，更有利于军方做出科学评估。一旦企业面临破产风险，政府介入后，军队更容易获得破产保全等政策支持，将损失降到最低。可以看出，军方与地方政府的深度合作，不仅能最大限度地促进"民营企业参军"，更有利于后期的风险控制，是军方推动"民营企业参军"必不可少的得力伙伴。军事代表室通过与政府建立合作关系，不仅能提高在驻地的知名度和认可度，让更多的民营企业主动"参军"，更能通过政府的针对性推荐，去主动联系到更多、更适合军品领域的优势民营企业，少走弯路。

健全装备科研生产需求信息发布制度。第一，健全信息交互手段。丰富装备采购信息网信息发布内容类型和形式，面向社会发布非涉密采购政策和需求信息，获取企业的技术与产品信息，建立专用的装备采购信息管理系统，汇总发布涉密采购需求的信息。第二，完善信息服务机构。建立装备采购信息服务中心，保障维护信息服务平台稳定运行。第三，建立信息交互长效机制。制定规章制度，规范信息发布工作，建立完善的信息发布工作体系，定期举办协同创新高科技成果展览活动。第四，健全完善信息发布和共享制度。依托国家军民融合公共服务平台，通过地方科技管理部门和国防科技工业管理部门收集本地区民口前沿技术、先进技术和优质产品等资源信息，集中向军工单位公开发布；按行业收集武器装备科研生产需求，经保密审查后，向社会公开发布。

以西安高新区为例，这里汇聚了西安地区 60% 以上的高科技企业，民营企业一万余家，已"参军"企业两百余家，主要涉及光学、电子、雷达等。为推动区内"民营企业参军"工作，2014 年 5 月，高新区管委会正式挂牌成立高新区军民融合发展局，负责区内协同创新的统筹协调和附属产业园建设。原总装备部西安军代局以此为契机，指示驻 212 所军代室为试点单位，先期开展协同创新研究与实践工作。2017 年 6 月，驻 212 所军代室与高新军民融合发展局取得联系，并在军民融合发展局设立办公点，正式建立了军地联合工作机制，由高新军民融合局对接地方渠道，提供政策支持；由 212 军代室对接军方渠道，提供工作咨询。工作实施中，两家联合到原总装备部机关、军事科学院、国家工业和信息化部、全军武器装备采购信息网等单位调研走访，固化形成了"军牵民推、系统服务；适度超前、示范引领"的工作思路；向企业发布了《驻 212 所军代室、高新区军民融合发展局关于进一步促进西安高新区企业"民参军"的措施意见》，公布了五个方面的具体帮扶举措；对区内现有涉军的 236 家企业进行了梳理，实地调研 40 余家重点企业；邀请装备学院等院校专家进行了多期的集中授课，近千人次参与了装备采购程序、军品审价等方面的宣传贯彻；组织了十余次区内优势民营企业与总体研究所的技术对接活动，局机关向区内重点研制单位发布了《西北地区优势民企目录》；2015年，西安军民融合公共服务平台正式上线运行；2016 年，高新区决定在省市奖励基础上，每年再拿出千万基金用于奖励民营企业参与军品竞争性采购；2017 年，每月一期的《高新区军民融合产业发展情况反映》正式编印。四年来，在军地双方的共同推进下，西安高新区"民企参军"势头愈发强劲，获得装备承制单位资格的企业由不足 10 家扩展到 46 家，涉军产值也是成倍增长，天和防务、晨曦航空、爱帮电磁等一批优势民营企业脱颖而出，成为传统军工企业在细分领域的有力竞争者。

三、完善公平统一的市场准入与退出制度

市场准入、招标竞争、投资税收等歧视性障碍基本消除，装备需求信息按涉密等级最大限度地公开，军口和民口能够较自由地相互进入（核心领域除外），装备分类、分层次、分阶段竞争全面实行，竞争性采购成为装备建设主要方式，军民先进的科技成果、重大科研生产设备设施等资源相互开放，高效共享。

第一，修订公司法、合同法等关于民营企业禁止经营的范围规定，取消禁止或限制民营企业参与国防科技工业领域建设的相关规定，确保符合协同创新发展战略、确保国家法制统一协调。可以考虑在合同法中增加军品合同的内容，同时协调各方力量，积极在新兴领域协同创新发展超前布局抢占先机，加快制定航天法、海洋法、原子能法和人工智能方面的立法等，指导和规范这些关键行业协同创新发展。

第二，加快资格审查制度改革，加强保密资格认证、质量管理体系认证、武器装备科研生产许可审查和承制资格审查工作的有机衔接，逐步实现统一受理、联合审查、多证融合，缩短审查认证周期，降低审查费用。统一设立装备承制单位资格审查申请受理点并向社会公开发布；规范保密资格认证等级审核工作，由装备承制单位资格审查申请受理点根据有关规定，提出保密资格认证等级的建议，凡不属于国家秘密事项的，不再纳入保密资格认定等行政许可范围；凡不需要承制单位具有保密资格的武器装备科研生产项目，不得将保密资格

作为招投标条件；实施分类审查准入，对列入武器装备科研生产许可目录的总体、关键重要分系统、核心配套产品的承制单位，在通过保密认证和质量管理体系认证基础上，进行科研生产许可审查和承制单位资格审查；对武器装备科研生产许可目录之外的专用装备和一般配套产品的承制单位，只进行资格审查，不进行许可审查和强制性质量管理体系认证，同时根据承担任务的涉密程度，分别采取签订保密协议或进行保密认证的方式，确保国家秘密安全；对军选民用产品的承制单位，只进行资格审查。加快许可证的融合与联合审查。当前，在实现承制资格审查与体系认证"两证合一"基础上，加快推动装备承制单位资格审查与武器装备科研生产许可的两证联合审查，推进多证融合。

第三，完善武器装备科研生产准入与退出制度。加大"放管服"改革力度，推进科学规范、安全高效的准入退出制度建设。健全武器装备科研生产准入退出动态调整机制，精简优化许可管理范围，减少许可项目数量，规范退出标准和流程。从 2017 年开始，军队开展承制单位合同履约信誉等级评定试点，淘汰在质量、保密、信誉以及经营状况等方面存在重大问题的企业，进一步规范完善预警和退出机制。建立涉军民营企业装备建设能力评价与预警机制。制定涉军民营企业装备建设能力评价体系，定期组织开展涉军民营企业装备建设能力的年度评估，对装备建设影响进行预警分析。在合同订立阶段，加强对民营企业参与关键分系统、核心配套产品履约能力的审查工作，适当提高履约单位的资产和专业技术门槛、企业年龄等方面要求，并作为选择承制单位的基本条件；合同履行后，开展涉军民营企业履约及信用状况年度统计工作，建立民营企业信用通报制度。加大资格审查全过程监管力度，强化日常监管、随机抽查，建立失信惩戒制度和承制单位"黑名单"制度，推动形成"渠道畅通、管理规范、宽进严出"态势。

四、健全公开公正的市场竞争制度

指导思想是统一开放、竞争有序、进出规范、监管到位的装备采购市场体系形成主线，发挥装备需求对军民科技融合发展的牵引作用，推进竞争性装备采购为着力点，简化市场准入壁垒，减少对装备采购微观事务的审批管理，强化公共服务和监管职能，加强军地协调，创新工作模式，完善配套制度，积极引导民营企业进入装备科研生产和维修领域。

第一，继续推进装备采购制度改革，制定国防科研采购法与国防合同法等法律制度。以协同创新发展为该法的主要原则，涵盖武器装备预研、研制、定型、生产、招标、购买、评估、定价、知识产权、成果转化、合同管理、退役报废、损害赔偿、纠纷解决等装备全寿命、全系统的各个阶段，以适应民营企业"参军"和协同创新的形势需要。至于军队内部的装备管理，可另行制定内部的管理规程和操作规程。在军兵种装备部建立推行竞争的专门机构，开展装备采购失利补偿试点，论证失利补偿管理办法，积极培育竞争主体；根据国家经济体制改革的要求，研究论证打破封闭垄断的措施办法；研究论证装备采购质疑、投诉管理办法，建立纠纷协商沟通处理渠道，维护企业合法权益。

第二，制定引入社会资本参与军工企业股份制改造的制度。面向承担军品任务的单位，按"核心、重要、一般"对能力统一分类，一般能力主要通过市场配置资源，重要能力发挥政府和市场配置资源的双重作用，核心能力由国家主导，重要能力发挥国家主导和市场机制作用，促进竞争，择优扶强；一般能力完全放开，充分竞争，形成小核心、大协作、专业化、开放型的武器装备科研生产格局。修订《国防科技工业社会投资领域指导目录》《国防科技工业社会投资核准和备案管理暂行办法》和《军工企业股份制改造分类指导目录》，修订科学划分军工企业国有独资、国有绝对控股、国有相对控股、国有参股等控制类别，除战略武器等特殊领域外，在确保安全保密的前提下，支持符合要求的各类投资主体参与军工企业股份制改造，下放和减少政府对社会投资领域的审核，除战略能力外，鼓励各类符合条件的投资主体进入国防科技工业领域。按照完善治理、强化激励、突出主业、提高效率的要求，积极稳妥推动军工企业混合所有制改革，鼓励符合条件的军工企业上市或将军工资产注入上市公司，建立军工独立董事制度，探索建立国家特殊管理股制度。积极稳妥推进军工科研院所分类改革，除划分为公益类的院所继续保留事业单位身份外，其余全部转企。充分发挥军工企业混合所有制改革试点示范带动作用，鼓励符合条件的社会资本参与军工企业股份制改造，推动产权主体多元化，实现资本层面协同创新。同时也鼓励支持军工单位采取入股、租赁等多种方式，将民口产能用于武器装备科研生产。加强军工单位之间科研生产能力统筹利用和协作，积极推动军工资产合理流动。择优利用军工、军队和民口单位科研生产能力，避免不合理的重复建设。

第三，完善扩大军工单位外部协作，推进武器装备科研生产竞争的制度。适应竞争性装备采购要求，推动系统集成商、专业承包商、市场供应商体系建设，推进分系统及配套产品竞争，明确细化总体单位开展分系统和配套产品采购的规则要求。将军工集团军品外部配套率、民口配套率纳入国防科技工业统计。进一步完善军工企业考核指标体系，在保障国家战略、国防安全和完成重大专项任务前提下，进一步推进民品开发和军工科技成果转化。规范军工集团对民口军品配套单位的收购行为，避免垄断和不公平竞争，维护市场良性竞争秩序。

第四，推行竞争性的军品价格和税收制度。加快军品价格改革步伐，形成多种主要由市场决定价格的机制。一是建立相对独立的全军装备价格管理组织体系。在军委装备发展部、各军兵种和总部分管有关装备的部门编制相对独立的装备价格管理机构，实施装备全系统全寿命管理。① 建立以合同甲方即军方为主导的装备价格评审体系，发挥军方主导作用，组织有关技术、经济、管理及系统工程等方面的各

---

① 从有关国家武器装备全寿命费用统计来看，方案探索阶段结束时，决定了全寿命费用的 70%，演示阶段结束时，决定了全寿命费用的约 85%，而研制阶段结束时，决定了全寿命费用的约 95%。高技术装备中知识成本占装备科研价格的比重明显增大，尤其是装备系统软件成本日益增加。由此可见，真实合理的装备成本是设计、制造和管理出来的，而不是审核出来的。要降低装备成本，提高装备经费使用效益，必须从装备研制阶段抓起，实施装备全系统全寿命管理。

类专家，对装备寿命周期费用及装备研制概算价格、订购合同价格和使用维修价格进行综合评估。二是改革完善装备定价制度。积极推进由一种定价模式（成本加利润）向多种定价模式（固定价格、成本补偿价格、弹性价格、市场价格等模式）的转变，由以指令性行政手段为主向以经济和法律手段为主、以行政手段为辅的管理方式转变，广泛采用成本加成利润定价、招标中标价格定价、竞争性谈判定价、一揽子采购定价、目标成本加奖励定价、成本补偿合同定价和询价定价等多种方式确定装备价格。根据装备的不同类型和可竞争程度，实行不同的定价制度。对垄断类装备价格，由国家定价，实行审批制；对有限竞争类装备，由供需双方协商定价，实行许可制；对完全竞争类装备，由市场定价，实行备案制。根据装备科研、生产、维修使用保障不同阶段和不同特点，尤其是信息化装备建设与发展的特点和规律，制（修）订装备价格管理办法及其相关财务、成本、会计制度与标准。按照装备全系统全寿命管理的要求，统筹考虑装备科研条件保障费、研制经费、生产技术改造费、购置经费和维护保障费用的合理使用，推广运用定费用设计、目标成本管理、价值工程等成本控制技术，实现装备价格分段管理向全寿命价格管理转变。建立以装备制造成本为基础的差别利润率计价办法，制造成本依据《工业企业财务制度》和《工业企业会计制度》核算确定，对装备专项费用计入装备制造成本的内容、标准加以明确。利润率根据装备技术含量、装备质量水平、作战使用价值和需求弹性确定，在制造成本的5%—15%范围浮动。这样的计价办法有利于企业加强和改善经营管理，提高国防资产使用效益；有利于利用军品价格杠杆合理调整军工科研生产布局，促进军品走社会化协作、专业化生产、规模化经营的路子，也有利于企业的自主创新和高新技术装备的发展。可以制定的法规包括：《装备价格管理条例》《装备成本审核准则》《装备采购项目招标投标价格管理办法》《国防固定资产管理规定》《装备软件价格评估管理办法》《装备经济性论证工作管理办法》《装备研制生产过程成本管理与监督工作管理办法》等。三是制定《武器装备价格评审规定》《武器装备价格工作成果评定标准和奖惩办法》《装备审价人员职业道德规范和行为规则》等，明确各类企事业单位在承担武器装备科研生产任务时，在税收、贷款等方面应享受的优惠政策，明确直接从事装备科研生产的人员，在工资、岗位津贴和补贴等方面应享受的待遇，鼓励承制单位采用新技术、新工艺、新材料，加强管理，降低成本，提高质量，优先保障经费供应，并给予适当奖励。对装备研制、生产、维修质量、价格和进度达不到合同要求的，应缓拨研制经费和后续生产、维修合同价款。建立完善装备承制单位财务成本信息定期报告制度和审核制度，防止信息失真和虚高报价行为。加强军队装备价格审核管理者的职业道德培育和业务技能培训，提高职业素养，防范价格风险。四是制定重大装备成本进度控制系统和装备研制生产过程成本监督实施细则。实施装备承制单位重大装备成本进度状况报告制度和重大装备成本军事代表监督控制办法，全面、及时、准确、有效地掌握和控制装备成本进度。制定装备价格报告制度、复审制度、审批制度和监督检查制度，建立装备成本价格信息管理制度和装备价格管理与审价工作考核奖惩办法。五是建立装备价格管理责任制。按照有关政策法规，建立装备价格管理单位和个人责任制，尤其要强调个人责任制度。所有报价资料的提供者、报价方案的审核者和评审者，都要实行个人签名，如果提供虚假资料或在审核中徇私舞弊，都要按照《会计法》等有关法规，实施处罚。六是完善军工企（事）单位财务制度。对不同投资主体、不同的投资来源形成的军工国防资产和非军工国防资产折旧及其计价办法，从制度上分别设计与管理。对因装备投资形成的固定资产和技术用于民品开发获取的利润，如何补偿装备投资问题，予以明确规定。

改革现行军品税收制度，按照公平、高效的原则，对从事武器装备科研生产的各类企事业单位执行统一的优惠或减免税收政策，建议以装备采购合同或配套合同为依据，科学设计优惠政策，明确税收减免程序，使得民营企业和民口企业与军工企业享受同等税收优惠政策。修订《军品定价管理办法》和《国防科研项目计价管理办法》，实行分类定价模式，提高军品价格市场化程度，形成主要由市场决定价格的机制。根据装备不同性质、类别和可竞争程度以及不同的采购方式，实行不同的定价制度：对于垄断类或涉及国家安全的尖端武器装备，实行计划管理，由成本导向形成价格，但取消重复计算利润的做法，或者采取只按军品增值部分计算利润，即在考虑利润时，承制方扣除配套件的价格后，只对在本承制方军品生产的增值部分计算利润的方法，铲除军工企业通过提高成本而扩大利润的土壤，激发企业通过创新降低成本的积极性；对于有限竞争类装备，实行计划管理与市场调价相结合，由供需双方在竞争基础上协商定价，由需求导向形成价格；对于军民通用类装备，具备完全竞争条件，应按照市场定价的方式，由竞争导向形成价格。在美国，承担国防研究与开发项目的军工企业可获得减税的永久性政策，各州对这些军工企业免征销售税，只收联邦所得税和州所得税。2008—2010年，美国宇航与国防行业主要军工企业的联邦企业所得税税负（纳税额占利润的比例）约为17%，远低于法律规定的35%税率，也要低于全部工业企业18.5%的平均税率。在美国主要军工企业中，波音公司同期的有效税率低至-1.8%。其中仅在1989—2006年间美国政府通过税收方式为波音公司大型民用客机的补贴就高达22亿美元。① 此外，20世纪七八十年代，美国出台的经济恢复税法允许承担军品的企业可以加速折旧。美国两次缩短固定资产使用年限，加速折旧，并简化固定资产折旧算法。对承担军品科研生产任务的企业，允许一些设备可5年完成折旧，一些厂房可10年完成折旧。研发中使用的特定仪器设备可加速折旧，最长年限为3年，是所有设备折旧中最快的，减轻了承担军品任务的科研生产企业的负担。

第五，完善公平的军工投资制度。现行武器装备科研生产的国防投资政策大都针对"身份"制定，致使民营企业、民口企业与军工企业不在一个起跑线上竞争。在国防投资管理方面，改革军工固定资产投资政策，对承担武器装备科研生产任务的企事业单位实行同等投资政策。要突破所有制界限，探索国防投资与民营和民口企业的基本建设、装备科研条件保障、装备生产技术改造的模式，对承担军品重点任务、符合政府投资政策的民营企业，在企业自愿和确保安全保密的前提下，采取投资入股、补助、贷款贴息、租赁、借用等多种方式给

---

① 尹常琦、于晓伟、吴蔚、冯静：《美国武器装备科研生产军民融合的主要做法》，《军民两用技术与产品》2018年第11期。

予支持，在保证国有资本安全的前提下，使得民营企业和民口企业也能享有国防基本建设费、条件保障费和技术改造费国家财政投资。对承担军品任务的民营企业和军工企业采用同等、公平的税收政策，简化税收征管过程。研究企事业单位参与军品科研生产任务的风险补偿和扶持制度。

第六，加快推进军代表制度改革，明确细化军队对涉军民营企业装备采购合同履行监管职能，建立军代表自主保障体系，实现依法监管。以往，军代室和承制单位建立的是点对点的工作关系，较好适应了传统的大国企大军工模式。但军品准入放开后，工作对象和内容都已发生巨大变化：随着大量民营企业的涌入，军代室负责的企业数量成倍增加，要开展大量准入辅导、政策宣贯、供需信息等这些对传统军工无关紧要、对民营企业却迫切需要的基础性工作。这种情况下，如果仍然用点对点的工作方式，军代表的现有人数必然难以承受其重。现在很多军代室在推动"民企参军"工作上并不主动，只是迫于配套关系而顺其自然地接收发展，很大原因就是受制于人力和精力。因此，要实现"民企参军"的快速推进，就必须打破军代表以往点对点的工作模式。转而通过地方政府的平台作用，实现从军代室这一个点到驻地民营企业这一个面的辐射。在军地合作的基础上，由军代室牵头策划、政府组织实施，通过"民企论坛""大讲堂""新技术展示"等形式，集中开展政策宣贯和信息对接等活动，确保让所有希望涉军的民营企业都能了解相关政策、明白准入渠道、掌握军品要求。

第七，制定中小型"参军"民营企业的帮扶制度。大力发展中小企业，是我国一项长期的战略任务。改革开放以来，中小企业充分发挥其自身优势，成为推动我国经济增长的重要力量。目前，我国中小企业贡献了50%以上的税收、60%以上的GDP、70%以上的技术创新、80%以上的城镇劳动就业和90%以上的企业数量，[①] 是推动国民经济实现高质量发展的重要基础，也是推动国防科技工业协同创新发展的重要支撑。但是小企业天生处于市场弱势方，具有发展不确定性、市场不平等性、吸纳就业性、技术创新性等特征，促进小企业发展，不能只靠市场自发，需要加强政府制度供给和帮扶。

美国政府将中小企业视为美国经济的脊梁，中小企业为美国经济发展提供了原动力。据统计，美国55%的新技术由中小企业创造，70%的科研项目由中小企业完成。2003—2012年间，美国国防部有19.8%—24.6%的主承包合同，以及31.7%—37.4%的分包合同授予中小企业。[②] 美国协同创新型中小企业也享受一般小企业的贷款资金支持政策。贷款等资金支持类政策主要包括：贷款担保计划，是政府担保的金融机构流动资金贷款；小企业投资公司计划，类似政府债务担保的民营小企业投资池和债券池；504贷款计划，是一种公私合作模式下小企业固定资产贷款计划；其他如灾后重建计划、微型贷款计划等。需要说明的是，以上政策并非国防领域小企业所独有，而是依据小企业法的普惠式小企业资金支持政策。协同创新型小企业还享受特殊支持政策。政策采购中也对认定的特殊小企业采取订单优先、优惠

---

①　《多名社科院专家把脉未来中国金融改革方向》，新华网 http://www.xinhuanet.com//2018–09/c_1123499462.htm，最后访问日期：2018年9月28日。

②　尹常琦、于晓伟、吴蔚、冯静：《美国武器装备科研生产军民融合的主要做法》，《军民两用技术与产品》2018年第11期。

政策。依据《联邦政府采购法》，美国国防部采购也执行此政策，并有严格的指标完成要求。主要包括：对社会经济弱势小企业，如符合《小企业法》相关条款及符合少数民族弱势小企业认定的，给予一定联邦采购政策优惠；另外，对弱势小企业还享有9年贷款支持和经营辅导；等等。对妇女经营的小企业，享受采购合同5%小企业预留政策。对历史欠开发地区小企业，政府采购中采取成本高于10%视为有效的优先中标方式，享受采购合同的3%的小企业预留政策。对退伍及伤残军人小企业，享受采购合同3%的小企业预留政策。

在武器装备科研采购中，应该通过制度为小企业提供一定的采购额，并加以适当优惠的采购价格，以帮扶小企业的发展。

五、制定促进国防科技创新的制度

国防科技与武器装备领域是协同创新发展的重要领域与载体，也是协同创新发展的最重要标志。大力实施创新驱动发展战略与协同创新发展战略，要在创新驱动中坚持协同创新，在协同创新中推动创新驱动，关键是要抓住战略规划这个源头，通过制定军民两用技术发展的战略规划，统筹关键领域的协同创新，增强协同创新的广度和深度。

第一，国家一系列重大科技创新计划与项目要注重面向全国各类主体开放，更加强调企业的创新主体地位，加大向企业特别是创新活跃的高技术中小企业的倾斜力度，积极探索创新挑战赛、组队参与竞争等新的资助方式，有效缩短创新链条和技术物化时间。此外，要出台正式的法律制度，加强并规范军地各相关部门间的制度化协同机制建设，特别是加强军委装备发展部与科学技术委员会之间的协同，为颠覆性技术创新快速物化为先进武器装备提供机制保障。

第二，军方要主动作为，出台政策创新制度，积极发挥军方需求牵引作用，将军事需求解、降密后在适当范围发布，引导民口企业以及政府各类创新创业发展基金、社会资本更好服务军民两用技术创新和装备建设事业，开辟新型国防投资模式，深度挖掘潜藏民间的颠覆性技术创新性潜力。

第三，加快制定和颁布新兴行业协同创新的法律制度。如颁布《航天法》《卫星导航条例》等。美国是最早进行航天商业化探索的国家，几部空间法起到了非常重要的保障作用，主要有《国家航空航天法》《通信卫星法》《商业空间发射法》《电信法》《商业空间法》《轨道法》等，基本上覆盖了航天领域的各个部分。这些法律明确提出重视与鼓励航天商业化，如《国家航空航天法》指出"尽最大可能寻求与鼓励对空间的商业利用"，《商业空间发射法》指出"美国应鼓励私营部门的发射和服务"，并规定"对于美国政府需要的公共发射，应选择美国本国发射商，以支持本国航天发射企业"。同时，这些法律也为美国航天商业化提供了法律保障。我国未来的《航天法》，应当从遥感卫星、北斗导航、航天运输以及卫星通信等四个方面进行规范，还应该积极地参与国际空间立法的工作，促进现行国际空间法的修订和相关外空商业化利用的法律制度的形成。

六、完善统一的技术基础与服务制度

包括相关基础科技资源共享制度、统一军地标准等技术基础，完善第三方绩效评估、成果转化、资源共享、保密管理、技术推广、金融信贷、上市融资等中介服务制度。

第一，推动建立科技创新基地和设备设施等资源双向开放共享的制度。拓展协同创新发展投融资渠道，设立国家国防科技工业协同创新产业投资基金，鼓励支持地方政府、符合条件的机构根据自身发展实际设立相关产业投资基金，重点推动军工高技术产业发展。面向国防建设和经济建设两个需求，进一步推动国防科技重点实验室、国防重点学科实验室、国防科技工业创新中心优化布局与建设，并分类推进开放共享。加强民口科技创新基地建设统筹，促进国家实验室、国家重点实验室等科技创新资源共享，发布开放目录清单，制定开放共享管理办法。在确保国家秘密安全的前提下，逐步将国防科研设备设施纳入统一的国家科研仪器设施网络管理平台，提升开放共享水平。加强军工重大试验设施统筹使用。编制发布军工重大试验设施共享目录，推动具备条件的军工重大试验设施向民口开放，建立常态化开放共享和技术服务机制。对新建重大试验设施，加强军工内部、军工与民口统筹。

第二，完善优化国防科技秘密信息保护的法律制度。制定《国防科技秘密保护条例》，形成系统的国防科技秘密信息法规。鉴于《国防科学技术成果国家秘密的保密和解密办法》《科学技术保密规定》

（1995 年国家科委制定）已经比较陈旧，基于现实需要，建议以《中华人民共和国保守国家秘密法》为上位法，参考借鉴《中华人民共和国保守国家秘密法实施条例》的内容，延伸应用其中具体内容，统一规范军工企业和"民参军"企业以国家秘密方式对国防科技加以保护的内容。根据国防科技秘密所属项目任务设计定密、解密具体标准和规范。根据技术领域进行类别保密管理，对不同类别的国防秘密分别制定适用的定密、解密的标准和规范，形成适应国防科研特点的定密责任人、依据、程序和期限等内容。对于此间密与非密判断难题，建议制定配套《技术秘密评价实施标准规则体系》，授权组织各类型技术专家委员会决定技术信息保护方案。

第三，完善协同创新机制。建立军工和民口科技规划计划、项目安排、政策等会商机制。建立国防科技协同创新机制，积极吸纳民营企业参与国防科技创新，扩大国防科技创新主体范围。发挥好现有国防科技工业创新中心和国家技术创新中心作用，统筹研究在部分新技术领域择优建设创新中心。支持科研院所、高等学校等，围绕国家安全和国防科技重大战略需求，聚焦具有战略性、带动性、全局性的重大共性关键技术，组建国防关键技术创新联盟，开展产学研用合作。

第四，推动技术基础的统一。建立完善军民标准化协调机制，推动军民标准通用化。以"军民标准通用化工程"建设为抓手，拆除军民技术壁垒，构建开放共享的军民标准体系，建立标准化协同创新长效机制，开展军工行业标准清查，提出立改废清单，鼓励军工单位参与国家相关专业标准制修订工作。推动军民计量资源互通共享，发挥国防计量技术机构专业优势服务国民经济建设，积极吸收其他计量技术机构服务国防科技工业发展。支持军工鉴定性试验能力向社会开放服务。鼓励依托国家产品质检中心、高等学校、科研院所建立武器装备科研生产第三方测试评估机构。标准基本通用。军用与民用标准基本实现融合统一，在军品科研生产中，大量采用民用标准，少量实施军用标准。承制单位最大限度地采用满足军事需求的民用标准进行武器系统设计和制造，较少采用专用规范与非标产品。

第五，制定民营企业"参军"资金支持和融资的制度，特别是在信息技术、生物科技、航天航空等高科技协同创新领域中引入风险投资基金。国防科技研发周期长、资金需求高，研发成果市场价值转化较慢，因而必须依赖于充足的资金支持。一是要在现有财税优惠政策基础上专门设立针对民参军研发项目的财税激励机制，包括专项财政补贴及奖励等。为鼓励私人风险投资的发展，美国采取了包括降低风险投资企业所得税税率在内的支持措施，支持中小企业从事协同创新科技创新活动。二是建立协同创新专项补助制度，对民营企业参与的国防科工前沿技术创新项目进行专项支持。美国主要通过五种方式对军工企业实行补助：通过合同形式将研发项目交由军工企业负责，企业可以使用这些研究成果，政府研究人员支持企业开展装备研发活动，而企业不需支付任何费用，允许企业以无偿或低价租赁的方式使用政府所有的研发设备和研发设施，企业自行开展研发活动可以从政府获取独立研究与开发补助，此项年度投资额高达45亿美元，政府向企业提供预付款，降低企业研发风险。三是尝试建立协同创新信用增级机构，对民营企业军品研发项目提供银行担保、金融租赁及回购等融资服务。美国政府规定需要资金流来完成军品研制、生产的企业，可向金融机构申请借款。美国国会授予联邦储备银行以国家财务代办的身份实行贷款担保，并可为企业进行技术开发和军品出口提供长期低息贷款，或者向外国买家的私人银行提供担保。1998—2004年间，进出口银行提供的贷款和私人银行担保共计530亿美元，其中280亿美元给予了波音公司。① 美国政府高度重视资本市场对企业的支持作用，主要军工企业如洛克希德·马丁、波音、诺斯罗普·格鲁曼、通用动力、雷神等五大军工巨头全部是华尔街上市企业。在美国政府军备采购需求牵引下，军工企业充分利用军事高科技给人们带来的心理预期，通过产融结合、企业上市、专业重组等形式，为武器装备科研生产提供源源不竭的资本动力，为美国军工产业发展奠定了坚实基础。太空探索技术公司（SpaceX）从2002年成立至今不断有投资机构伸出援手，从而度过了前几年研发阶段的困难时期。SpaceX获得了金融市场大量风险投资机构的支持，在2008年赢得美国国家航空航天局（NASA）的合同和广大投资人的投资。在我国，据鼎兴量子统计，2016年各机构新募集具有投资军工行业意向的基金共18支，比2015年多设立募集4支；与2015年相比，投资机构在军工方面的募资金额迅猛增长，涉及规模近300亿元人民币。四是通过研发资助和政府采购合同为创新型中小企业提供"启动援助"，提升其市场融资能力。如美国政府投入为私营航空航天企业提供了一定的"启动援助"资金，政府采购又为这些高科技企业提供市场需求，从而撬动金融市场对这些高科技企业的资金支持。

---

① 尹常琦、于晓伟、吴蔚、冯静：《美国武器装备科研生产军民融合的主要做法》，《军民两用技术与产品》2018年第11期。

第六，发挥技术转化评价作用。在军工科研项目立项评估和国防科学技术进步奖评选中，加大成果转化、推广和应用的权重。探索开展相关技术成熟度评价，跟踪具有潜在军用前景的技术发展动态，鼓励军工单位优先利用民口成熟技术和产品。

第七，改革高校国防科研评价制度，充分考虑论文不能发表等实际问题，实行特殊的评价制度，给参与国防科研的人员以保障，促使人员稳定发展。改革评奖制度，向基础研究倾斜，注重首创权，调动科研人员和民营企业的积极性。完善知识产权制度，包括产权价值研究评估、许可使用、有偿使用、付费试用等。

第八，完善国防知识产权的立法及其实施细则。改变"谁投资，谁拥有"的原则，按照国际通行做法，坚持"谁研发，谁拥有"的原则，既保障国家利益，也重视创造者利益。

推动完善国防科技工业科技成果管理制度。统筹建设国防科技工业科技成果转化平台，定期发布《国防科技工业知识产权转化目录》，推动知识产权转化运用。推动降密解密工作，完善国防科技工业知识产权归属和收益分配等政策，推动国防科技工业和民用领域科技成果双向转移转化。项目审批方式逐步由事前审批向事后审批转变，经费支持方式可由注入资本金等向投资补助、贷款贴息等转变。

确立鼓励民营企业申报的制度。应补充条文，明确申报端口，保障那些无保密条件但是又需要申报国防专利的民口企业能够如愿申报，探索建立"民参军"国防专利依法定密工作机制。明确申报国防专利利益补偿体系，对此要有完整的考虑。如可以减免部分对个人和民营企业国防专利申报、定密解密审查产生的相关费用，对于国防专利多的权利人可以予以奖励等。或者可以建立和完善资金补偿机制，设立专项财政资金项目，专门扶持民营企业和个人国防专利申报。

增加国防知识产权转化应用的内容。也可以考虑在知识产权法的基础上，制定专门的国防知识产权法、国防知识产权交易办法、国防知识产权评估办法、国防知识产权补偿办法、国防知识产权保护与应用条例等，明确包括国防专利、技术秘密、计算机软件在内的国防知识产权的权利归属，明确国防知识产权的管理目的、原则、机构、职责义务、合同管理、保密解密、价值评估、成果转化、抵押融资、奖励补偿、考核监督等。

完善国防知识产权侵权和纠纷处理制度。保障国防知识产权权利人利益，加强国防知识产权的有偿实施和补偿制度的执法力度，维护国防知识产权主客体的应得权益。建立补偿申诉制度，使国防知识产权权利人和发明人的权益无法得到保障时，可以有章可循地通过司法诉讼等手段获取权益保护。此外，可以考虑设立军地统一的国防知识产权管理机构。

改善国防知识产权解密制度。针对当前国防专利解密难，不论是国防专利局主动解密和国防专利权人申请解密都寥寥无几的情况，进一步完善保密、解密相关法规和操作程序，成立专门的保密、解密审查机构并从法律上明确其职责，对已授权的国防专利定期审查。对于一般国防专利按照法律设定的保密年限执行保密工作，到达年限则自动解密投入市场交易；对于涉及国家重大安全的国防专利，由专门的机构按具体情况确定保密期并制定保密措施。降低国防专利权人申请解密的举证难度，推动复合解密条件的国防专利解密。

国防知识产权的涉密程度不一，增大了国防知识产权交易信息交流的难度，也表明根据涉密程度建立国防知识产权信息共享机制的重要性。按照国防知识产权的涉密程度高低，实现不同范围、不同程度的信息交流与共享机制，提供高质量的国防知识产权查询和技术交流服务，建立多种对话机制和信息交流机制。降低国防知识产权在军民之间、各地区之间、各部门之间、各行业之间流动、共享的壁垒，分类构建军队内部、军民之间的信息平台和技术交易市场，定期举行国防知识产权推介会。根据当期国防知识产权的涉密程度，确定参会人员范围，分类在不同展厅向不同对象推介不同的国防知识产权。

细化《国防专利条例》第 11 条中关于专利查看的规定。借鉴发达国家机构协调管理模式，补充条文，设置检查机构、明确检查内容和流程、有效适用检查结果，针对检查结果做出不同处理。设计加强国家专利管理职能机构协同把关国防专利申报的条文，建立多部门协同管理模式，建立国防知识产权局对普通专利的定期巡查机制。

七、推出法律框架内的各种融合配套计划

即将颁布的《军民融合发展战略纲要》，与 2016 年中央公布的《关于经济建设和国防建设融合发展的意见》《经济建设和国防建设融合发展"十三五"规划》构成了我国协同创新发展的顶层战略规划体系。再加上各领域专项规划、各地区发展规划，我国协同创新发展战略规划体系基本建立。

为使国家协同创新发展更具有可操作性，国家应制订国防科技工业领域带有法规性质的协同创新规划或计划。我国曾在国防科技工业领域制订过国家高技术研究发展计划（863 计划），以快速推进高技术发展的军民深度融合，并取得了较好成效。2017 年 8 月科技部、军委科技委近日联合印发《"十三五"科技军民融合发展专项规划》，部署了"十三五"期间推进科技协同创新发展的 7 个方面 16 项重点任务，实现到 2020 年基本形成军民科技协同创新体系的目标。

应借鉴国家"863"计划的成功经验，统一制定军民两用高新技术计划。国防科技计划的制定要考虑国家经济建设的需求，民用科技计划也要充分考虑军队建设的需求。把具有军民两用开发潜力的高新技术，尤其是民用领域不断产生的高新技术，作为国家科技计划的主要牵引方向，制订统一的规划和计划，以此促进国防建设与国民经济的发展。这将一改以往军民分离发展高新技术的做法，在经济建设上强调对国家工业基础竞争力的提高和促进，在国防建设上强调以民用领域中不断涌现的高新技术为研制新军事装备和改进提高现役军事装备服务。

八、建立公正高效的司法仲裁纠纷解决制度

装备采购条例明确规定了军队装备采购部门与承制单位之间为采购合同，但合同性质在学术界有争议，在国家法律规定中也没有明确，所以合同法没有将武器装备采购合同完全纳入其调整范围，合同法分则规定的有名合同中没有武器装备采购合同。如果将其界定为行

政合同，则纠纷的法律解决可适用行政复议和行政诉讼。如果将其定性为民事合同，则可以适用仲裁或民事诉讼。

武器装备科研和采购合同，兼具民事和行政双重属性。军事机关作为采购方，可以依据军事威胁、武器装备经费等因素单方面变更、解除和终止合同。因此，鉴于军队在上述情况下单方面终止合同的行为，可以在军队内部设置行政复议和行政诉讼，在军队内部设置装备采购合同复议委员会来受理并裁决。2003年原总装备部发布的《装备采购合同管理规定》第47条规定："合同履行中发生纠纷的，当事人可以通过协商解决，达成的协议双方应当履行。协商不成的，由总部分管有关装备的部门、军兵种装备部进行调解。装备承制单位对调解仍有异议的，可向总装备部申请复议。"对于经过军内装备部门行政复议仍然不服的，可以提起行政诉讼，由军事法院管辖为宜。

对于武器装备科研采购合同中其他违约行为，目前救济手段主要有投诉和调解两种，建议增加仲裁和民事诉讼。完善《民事诉讼法》和《仲裁法》等司法制度，尽可能地将军民融合的民事纠纷纳入司法仲裁解决机制，合理合法高效地处理军地民事纠纷。军队法院，除军内单位承制的武器装备采购合同纠纷外，① 其他采购合同的民事纠纷都尽可能交由地方法院主管和管辖。另外，也可以将仲裁机制引入协同创新发展的纠结解决中，以适应市场经济的高效率和快节奏的需要。从外军实践来看，美军就规定如果军队供应商认为采购不公平，可以向联邦法院提起诉讼。在法国，则可以向行政法院提起诉讼。

---

① 2015年2月4日起实施的《最高人民法院关于适用〈中华人民共和国民事诉讼法〉的解释》第12条规定：双方当事人均为军人或军队单位的民事案件由军事法院管辖。

附 录

一、装备"四证"办理要求及流程表

	武器装备科研生产单位保密资格证	武器装备质量体系认证	武器装备科研生产许可证	装备承制单位资格证
前提	涉及军品任务,有军品合同	有完整的军品科研生产过程	有保密资格,参与核心重要军工配套产品科研生产	保密资格证、质量体系认证
文件名称	《武器装备科研生产单位保密资格审查认定办法》	《武器装备质量管理体系认证工作程序》	《武器装备科研生产许可管理条例》	《中国人民解放军装备承制单位资格审查管理规定》
发布时间	2016—05—24	2010—05—14	2008—03—10	2015—04—20
发布单位	国家保密局、国防科技工业局、军委装备发展部	武器装备质量管理体系认证委员会,由原总装备部、国防科技工业局共同成立	国务院、中央军委	原总装备部

	武器装备科研生产单位保密资格证	武器装备质量体系认证	武器装备科研生产许可证	装备承制单位资格证
内容	节选	节选	节选	节选
管理部门	主管部门：国家保密局 协管部门：国防科技工业局、军委装备发展部	主管部门：军委装备发展部 协管部门：国防科技工业局	主管部门：国防科技工业局 协管部门：军委装备发展部	主管部门：军委装备发展部
范围	对承担涉密武器装备科研生产任务的企事业单位，实行保密资格审查认证制度。承担涉密武器装备科研生产任务，应当取得相应保密资格	武器装备质量管理体系认证工作相关的认证审核活动以及武器装备质量管理体系认证证书、武器装备质量管理体系认证审核人员注册资格、申诉与投诉等的管理	国家对列入武器装备科研生产许可的武器装备科研生产活动实行许可管理。但是，专门的武器装备科学研究活动除外	装备承制单位，是指承担武器装备及配套产品科研、生产、修理、技术服务任务的单位
等级	一级保密资格单位可以承担绝密级、机密级、秘密级科研生产任务；二级保密资格单位可以承担机密级、秘密级科研生产任务；三级保密资格单位可以承担秘密级科研生产任务		第一类许可主要是武器装备总体和关键分系统；第二类许可是武器装备的重要分系统和对武器装备技术战术指标具有重要影响的核心配套产品	第一类装备承制单位，是指承制装备的总体、关键、重要分系统和核心配套产品的单位；第二类装备承制单位，是指承制其他军队专用装备和一般配套产品的单位；第三类装备承制单位，是指承制军选民用产品的单位

续表

	武器装备科研生产单位保密资格证	武器装备质量体系认证	武器装备科研生产许可证	装备承制单位资格证
审查主体	国家保密局会同国防科技工业局和军委装备发展部组成国家武器装备科研生产单位保密资格组织实施一级保密资格认定工作；省级保密行政管理部门会同国防科技工业管理部门等组成省级武器装备科研生产单位保密资格认定委员会，实施本辖区内二级、三级保密资格认定工作	授权的武器装备质量管理体系认证机构承担	国务院国防科技工业主管部门，对全国的武器装备科研生产许可实施监督管理。装备发展部协同国务院国防科技工业主管部门对全国的武器装备科研生产许可实施监督管理。省级人民政府负责国防科技工业管理的部门，对本行政区域的武器装备科研生产许可实施监督管理	涉及一个军兵种装备部或总部分管有关装备部门的，由该部门实施单独审查；涉及两个以上军兵种装备部或总部分管有关装备部门的，由原总装备部综合计划部指定其中一个部门牵头实施联合审查
基本条件	1.在中华人民共和国境内依法成立3年以上的法人，无犯罪记录；2.承担或拟承担武器装备科研生产的项目或产品涉及国家秘密；3.无境外（含港澳台）控股或直接投资，且通过间接方式投资的外方投资者及其一致行动人的出资比例最	1.符合国家和军队关于武器装备承制单位法人资格、专业技术资格等有关的资质要求；2.建立并运行武器装质量管理体系3个月以上，且已完成内审和管理评审；3.对已承担装备研制	1.具有法人资格；2.有与申请从事的武器装备科研生产活动相适应的专业技术人员；3.有与申请从事的武器装备科研生产活动相适应的科研生产条件和检验检测、试验手段；4.有与	1.对法人资格审查的内容：法人资质、注册资本与资本构成、组织机构、管理制度、工作场所；2.对专业技术资格审查的内容包括：科技管理、人力资源、设备设施、测量设备、产品标准与技术文件、核心技术与关键技术、主要配套单位协作关系、专业（行业）准入行政

续表

武器装备科研生产单位保密资格证	武器装备质量体系认证	武器装备科研生产许可证	装备承制单位资格证
终不得超过20%；4.法定代表人、主要负责人、实际控制人、董（监）事会人员、高级管理人员以及承担或者拟承担涉密武器装备科研生产任务的人员，具有中华人民共和国国籍，无境外永久居留权或者长期居住许可，与境外（含港澳台）人员无婚姻关系；5.有固定的科研生产和办公场所，具有承担涉密武器装备科研生产的能力；6.保密制度完善，有专门的机构或者人员负责保密工作，场所、设施、设备防护符合国家保密规定和标准；7.1年内未发生泄密事件；8.法律、法规和国家保密行政管理部门规定的其他条件	生产任务的单位，应有相关装备主管部门或军事代表机构出具的推荐意见；对尚无装备研制生产经历，但有装备研制生产能力，且相关装备主管部门或国防科技工业主管部门、军工集团公司出具的推荐意见	申请从事的武器装备科研生产活动相适应的技术和工艺；5.经评定合格的质量管理体系；6.与申请从事的武器装备科研生产活动相适应的安全生产条件；7.有与申请从事的武器装备科研生产相适应的保密资格	许可；3.对质量管理审查的内容包括：质量管理体系总要求、体系文件、质量管理机构、文件管理、管理职责、产品实现、测量、分析和改进；4.对财务资金状况审查的内容包括：财务管理制度、财务机构与会计人员、财务会计报告、资金运营状况、资产管理状况、相关经费管理；5.对履约信用审查的内容包括：遵纪守法、合同履行、技术服务保障、产品报价、社会责任；6.对保密管理审查的内容包括：保密组织、保密制度、保密资质、计算机与自动化办公系统、保密检查；7.原总装备部要求的其他内容

二、我国军工集团发展简介

新中国成立时，一共接管了 40 多家军工企业，连同老解放区的军械维修厂，共计 76 家，职工约 10 万人。这些工厂大多只能从事旧杂式武器装备修配和少量仿制生产，基本不具备飞机、舰艇、坦克、大口径火炮和电子装备研制生产能力。这就是中国国防工业的全部家底。

1949 年 10 月 19 日，中央人民政府政务院成立重工业部，管理兵器工业。1950 年年初，政务院相继在重工业部设立航空工业筹备组、兵工办公室、电信工业局（中央军委通信部代管）、船舶工业局等机构，负责组织武器装备生产和军工企业调整等工作。

1951 年 1 月，为应对朝鲜战争对兵工装备的紧迫需求，中共中央批准成立中央军委兵工委员会，同时将重工业部兵工办公室升格为兵工总局，共同负责统一规划和协调兵工生产建设。4 月 17 日，为加强航空力量建设，中央军委、政务院决定成立航空工业管理委员会，同时将重工业部航空工业筹备组改组为航空工业局，负责组建新中国的航空工业。此外，重工业部还分别成立电信工业局、船舶工业局，负责筹建电子和船舶工业。

1952 年 8 月 7 日，成立主管国防工业的第二机械工业部（简称二机部），管理兵工、坦克、航空工业局。原重工业部其他工业部门重组为第一机械工业部（简称一机部）。

1953 年 4 月，电信工业局从一机部划归二机部，船舶工业局仍留在一机部。1953 年，朝鲜战争进入尾声，国防工业力量按现代战争需求进行重组。兵工厂合并调整为 39 个专业化生产企业和 3 个坦克修理厂，由兵工总局管理；空军装备研制的主要人员和设备集中为 6 个重点大厂，由航空工业局主管；无线电按专业化要求组成 6 个无线电厂，由电信工业局领导；船舶工业通过改造、租用和重组，按海军发展要求形成几个重型造船厂，由船舶工业局领导。

1956 年 4 月 13 日，国务院成立国防部航空工业委员会。1956 年上半年，国防工业系统组织制定国防科技工业"十二年科学规划"。5 月 26 日，中央军委批准在国防部航空工业委员会之下设立导弹管理局（不久即改称国防部五局）和导弹研究院（不久改称国防部五院）。11 月 16 日，全国人大常委会通过决议，成立第三机械工业部（简称三机部），主管核工业建设和核武器研制工作。

1958 年 1 月，三机部九局成立，负责核武器研究设计的组织领导工作。2 月 11 日，一届全国人大五次会议决定，将一机部、二机部、电机制造工业部合并成为既管国防工业又管民用工业的新的一机部。三机部改称二机部，继续负责核工业建设和核武器研制工作（三机部九局改称二机部九局）。5 月 19 日，中央军委决定成立国防部第五部，负责领导全军特种武器装备的科学技术研究和特种部队的组建及其装备计划等工作。7 月，核武器研究所在北京成立，主要负责对接苏联提供的核技术援助。10 月 16 日，根据中央军委意见，经中共中央批准，将原国防部航空工业委员会改组为国防部国防科学技术委员会（简称国防科委）。1959 年 4 月，中共中央批准将国防部第五部、总参装备计划部负责常规武器的部门也并入国防科委。国防科委的成立，标志着在中共中央、国务院、中央军委之下首次有了一个管理国防科技工作的机构，加强了对国防科技工作的集中统一领导。1959年10月，中共中央批准成立中央军委国防工业委员会（简称国防工委）。

1960年9月5日，中共中央决定将国防工业部门从一机部分离出来，成立三机部。1961年1月1日，航空、舰艇、军事无线电电子学等三个研究院正式列入军队编制，番号分别为国防部第六、第七、第十研究院，业务工作由国防科委统一领导。2月，中央决定原属三机部的哈尔滨工业大学等7所国防科技工业高等院校划归国防科委领导。11月8日，中共中央批准成立国务院国防工业办公室（简称国防工办）。12月18日，中共中央决定国防工办列入中央军委编制。于是，在中央军委领导层，便形成了国防工委、国防科委和国防工办"三驾马车"。

1963年1月20日，中央军委决定，国防部第六、第七研究院统一由国防科委领导。2月8日，中共中央批准，把原由三机部主管的无线电工业分离出来，成立第四机械工业部（简称四机部）。9月1日，中央军委决定，国防部第十研究院划归国防科委领导（业务上受四机部指导）。9月2日，中共中央决定撤销国防工委，其职能任务合并到国防工办。9月17日，中共中央决定把原由三机部主管的兵器、船舶工业分出来，成立第五、第六机械工业部（简称五机部和六机部），三机部继续主管航空工业。1964年11月23日，中央批准以国防部五院为基础成立第七机械工业部（简称七机部），统一管理导弹科研、设计、生产等工作。

1965 年 1 月 4 日，七机部决定将原国防部第五研究院一、二、三、四分院调整为国防部一、二、三、四院。2 月 21 日，中共中央决定，将国防部第六、第七、第十研究院分别合并到三、六、四机部，炮兵科学研究院与五机部精密机械研究院合并，分别称三机部六院、六机部七院、四机部十院、五机部精密机械科学研究院。6 月，"部院合并"工作基本完成。国防部所属的三个研究院、约十万人全部就地整建制集体转业，划归各工业部领导。导弹、核武器、常规武器试验基地和海军试验基地划归国防科委，其后卫星研制、中央专委办公室、哈尔滨工业大学等 11 所国防工业高等院校相继划归国防科委。

1966—1971 年，集中统一的国防工业管理体制受到严重破坏，国防工办被撤销，成立军委国防工业领导小组，下设航空、电子、兵器、造船等 4 个行业领导小组，分别领导第三、四、五、六机部及所属科研院所和试验基地。1971 年，部分中央直属军工企业下放地方管理。

1973—1975 年，军委国防工业领导小组被撤销，国务院国防工办重新成立，管理第三、四、五、六机部和相关科研院所与试验基地。各省、市、自治区设立国防工办，管理本地区国防工业。

1977 年，成立军委科学技术装备委员会，统一协调国防科研与生产。

1980 年，隶属国防工办的四机部（无线电工业）、六机部（造船工业）划归国家机械委领导，七机部（航天工业）、八机部（导弹工业）合并成立新的七机部。

1982 年，以国防科委为基础，合并国防工办、军委科学技术装备委员会，成立国防科学技术工业委员会（简称国防科工委），隶属中央军委，受国务院、中央军委双重领导，是全军国防科技工业的领导机关，也是国务院各国防工业管理部门的领导机关，初步实现国防科研、生产的集中统一领导。四机部与广播电视总局、国家电子计算机工业总局合并成立电子工业部。六机部与交通工业总局合并成立中国船舶工业总公司，变为国务院直接领导的经济实体。同时将第二、三、五、七机部分别更名为核工业部、航空工业部、兵器工业部、航天工业部。

1986 年，国防科工委管理的核工业部、航空工业部、兵器工业部、航天工业部改由国务院直接领导，但国防科研、生产和军品贸易仍由国防科工委管理，这是国防科技工业的一次重大战略性转变。

1993 年，除电子工业部外，上述军工部门均变为军民结合的国务院直属经济体。

1997 年，核、航空、航天、兵器、船舶等 5 个军工总公司一分为二，改组成立 10 个军工集团。

1998 年，以国防科工委为基础，将总参装备部、总参和总后的有关部门合并，成立军委领导下主管全军武器装备建设的领导机关——总装备部，此后各军兵种、军区到部队师以上单位陆续成立装备管理部门。同时，国家以国家计委国防司为基础，将原国防科工委管理国防工业的职能，国家计委国防司的职能，以及各军工总公司承担的政府职能合并，组建新的国防科工委，负责组织管理国防科技工业计划、政策、标准及法规制定等情况。此外，组建信息产业部负责军工电子的行业管理。

2001 年，中国航天机电集团更名为中国航天科工集团。

2002 年，成立中国电子科技集团。

2008 年，中国航空工业第一、第二集团合并为中国航空工业集团。

2018 年 2 月，由中国核工业集团有限公司和中国核工业建设集团有限公司合并成立新的中国核工业集团有限公司。

现有 12 大军工集团包括：中国核工业集团有限公司、中国航天科技集团有限公司、中国航天科工集团有限公司、中国航空工业集团有限公司、中国航空发动机集团有限公司、中国电子科技集团有限公司、中国电子信息产业集团有限公司、中国船舶工业集团有限公司、中国船舶重工集团有限公司、中国兵器工业集团有限公司、中国兵器装备集团有限公司和中国工程物理研究院等 12 家大型军工集团。

三、民口企业参与国防科技工业的常见法律问题及解答

（一）装备承制单位资格审查的管理流程：向受理点提交《申请表》及证明材料→受理点组织预审查（仅限初次申请军队专用装备的承制单位）→上报申请材料→下达审查计划→实施审查→上报注册材料→列入《中国人民解放军装备承制单位名录》。

（二）申请装备承制单位资格应具备的基本条件：

1. 具有法人资格和健全的组织机构；

2. 具有满足申请承担任务需要的专业技术人员、设备设施和技术文件；

3.建立并有效运行质量管理体系，具有与申请承担任务相当的质量管理水平；

4.资金运营状况良好，具备与申请承担任务相适应的资金规模；

5.遵纪守法、诚实守信，具有良好的履约信用；

6.建立健全保密组织和保密制度，具有满足申请任务需要的保密资格或保密条件；

7.满足军方的其他有关要求。

（三）军方设置的资格审查申请受理点

资格审查申请受理点一般依托各军兵种装备部所属军事代表局（如海军装备部驻上海地区军事代表局），以及军委机关分管装备的有关部门设立。所有申请受理点的名称、地址、专业、联系方式均在"全军武器装备采购信息网"上公布。

（四）申请单位如何选择合适的申请受理点

申请单位一般按以下原则选择适合的装备承制单位资格申请受理点：首先根据产品专业，申请单位为哪个军兵种（或军委机关）提供或拟提供产品，即向该军兵种（或军委机关）所属受理点提交申请；同时为多个军兵种（或军委机关）提供产品的，应向任务量大的军兵种（或军委机关）所属受理点提交申请。其次，在已确定军兵种（或军委机关）基础上，按照属地原则，申请单位向该军兵种（或军委机关）负责所在区域的申请受理点提交申请。

（五）申请单位应准备的申请材料

申请单位应按要求填写《装备承制单位资格审查申请表》，并提供法人资格、专业技术资格、质量管理、财务资金状况、履约信用、保密管理等证明材料。资格审查申请有专门的填报软件，可从"全军武器装备采购信息网"下载。

（六）申请单位提交申请后，受理点的受理程序

申请单位向受理点递交装备承制单位资格审查申请材料（含电子档、数据包）后，受理点主要工作程序为：

1.受理点签收资格申请材料，对申请单位递交的申请材料进行文件审查，核查相关信息，视情向申请单位明确需要补充的相关材料；受理点对不符合基本条件的，明确不予受理，并回复《装备承制单位资格审查申请材料退回通知书》。

2.受理点经过初步审查，符合受理基本条件的，对申请承担军选民用产品或续审的单位，明确受理意见，并反馈《装备承制单位资格审查申请受理意见表》；对初次申请承担军队专用产品的承制单位，向申请单位明确预审查的事项要求。

3.受理点在10个工作日内组织对申请单位实施预审查。预审查中发现的问题，申请单位应在一个月内完成纠正，并向受理点重新提交申请材料和情况说明，逾期不交的视为放弃申请，6个月后方可重新申请。

4.受理点对未通过预审查的，留存一套申请材料，其余退回申请单位，并反馈《装备承制单位资格审查申请材料退回通知书》。

5.受理点按月汇总上报申请材料。

（七）预审查主要内容和要求

预审查由受理点组织审查员和军代表实施。主要内容有：一是核实申请表数据真实性、证明文件有效性、申请范围现状；二是确认体系文件与实际情况的一致性；三是核查申请单位对质量管理体系要求

的理解和实施情况，重点是体系是否已运行 3 个月以上，是否实施了内审和管理评审，内审员的资质和水平情况，产品研制、生产过程控制情况和质量状况等。预审查结束后，向申请单位反馈《装备承制单位预审查报告》和《问题清单》，并提出纠正要求。

（八）申请单位对受理结论的异议处理

无论申请是否受理，受理点都会通过《装备承制单位资格审查申请受理意见表》向申请单位正式反馈受理意见。如申请单位对受理点出具的受理意见有异议或质疑，可将相关意见及相关证明材料向该受理点上级机关进行书面反映。上级机关有关部门在收到申请单位书面申诉材料的 10 日内作出书面答复。如申请单位仍有异议，可向军委装备发展部合同监管局提出申诉。

（九）申请军选民用产品承制单位资格的资质条件

申请军选民用产品承制单位资格的单位，一是在武器装备科研生产许可、保密资格认定方面无资质要求；二是在质量管理体系方面，需要通过国家标准质量管理体系认证；三是所生产产品如有国家行政许可方面的其他要求（如全国工业产品生产许可、强制性产品认证等），应取得相应许可。

（十）公司注册地与实际科研生产场地不属同一受理点辖区的申请

公司注册地与实际科研生产场所不属同一个受理点辖区的，原则上向公司注册地所在受理点申请；如公司注册地和科研生产主体辖区内均无受理点，可就近找一个受理点协调提出申请。

（十一）可以得到军方的优先受理的单位

装备承制单位资格审查对具有下列产品的申请单位可优先受理：

一是属于军方急需的；二是属于行业技术领先、填补军事技术空白的；三是属于军选民用产品，参与军方招标并已中标的。

（十二）不能申请装备承制单位资格审查的情况：

1. 法定代表人（含实际控制人）非中华人民共和国国籍或具有境外永久居留权的；

2. 外资控股的企业；

3. 从事代理、销售等非科研生产性质的单位；

4. 军队团（不含）以下建制单位；

5. 质量管理体系运行未超过 3 个月的单位；

6. 主动退出《中国人民解放军装备承制单位名录》不足 3 年的单位；

7. 装备承制单位资格被吊销后不足 3 年的单位；

8. 被政府执法监管部门责令停业整顿或在全国企业信用信息公示系统中被列入"严重违法失信企业名单"的单位；

9. 其他不符合军队有关规定的单位。

（十三）没有承担过军品任务的单位能否申请资格审查

可以。但其技术和产品应是军方需要的，且在技术和产品方面具有优势。如：对军队专用类产品，应属军方急需、填补装备空白或显著提升装备性能的；对军民通用类产品，应属知名品牌，或技术处于行业领先地位。

（十四）没有获得保密资格证书的单位能否申请资格审查

没有获得保密资格证书的单位能否申请资格，应根据承担装备任务是否涉密、涉密程度而定。对承担涉密装备任务的单位，应取得与申请承担任务相当的保密资格资质（一级、二级、三级）后申请资格审查；对承担不涉密装备任务的单位，不需要通过保密资格认定，在提供保密承诺书后可申请资格审查。

（十五）申请单位产品的涉密等级的认定部门

申请单位产品的涉密等级由军队资格审查申请受理点、军工集团公司、项目总承包单位或者法律法规规定的有关部门认定。在申请资格审查前，申请单位需要到上述单位去确认产品是否涉密及涉密等级，如果需要保密资格认定的，应当由上述单位开具保密资格认定建议书，到保密资格认定管理部门申请。

（十六）军选民用装备承制单位的保密管理要求

军选民用装备承制单位一般不需要进行保密资格认定，但应建立保密管理制度，提交保密承诺书，按保密承诺书开展保密管理工作。

（十七）申请单位资格审查方面的咨询和培训

装备承制单位资格审查申请受理点是全军受理资格审查申请的授权机构，负责提供资格审查相关政策咨询服务。相关准备工作、实施要求等，可从"全军武器装备采购信息网"查看下载，自行组织培训；军队从未就该项工作指定专门咨询和培训机构。

（十八）申请单位的军品任务只占很小一部分，在填写《申请表》的人员、设备设施等情况时，是填写全部还是填写与军品有关的

应填写申请单位全部的人员、设备设施等情况。

（十九）资格审查与武器装备科研生产许可的联合审查

申请单位承担的装备在《武器装备科研生产许可目录》范围内，

且尚未取得许可的，受理点可协商同一地区国防科技工业主管部门，分别向各自主管部门提出联合审查建议，经批准后实施联合审查。

第三部分 审查实施

（二十）装备承制单位资格审查的主要内容：法人资格、专业技术资格、质量管理、财务资金状况、履约信用、保密管理和军方要求的其他的内容等七个部分。

（二十一）资格审查项目主要包括：

一是法人资格方面，包括法人资质、组织机构、风险管控、管理制度、工作场所；

二是专业技术资格方面，包括科技管理、人力资源、设备设施、测量设备、产品标准与技术文件、核心技术与关键技术、主要配套单位协作关系、专业（行业）准入行政许可；

三是质量管理方面，包括体系策划、体系文件、领导作用、过程控制、质量检验、质量信息、绩效评价、质量改进；

四是财务资金状况方面，包括、财务管理制度、财务机构与会计人员、资金运营状况、资产管理状况、相关经费管理；

五是履约信用方面，包括遵纪守法、合同履行、技术服务保障、产品报价、社会责任；

六是保密管理方面，包括保密组织、保密制度、保密资质、计算机与自动化办公系统、保密检查；

七是军方的其他有关要求。

（二十二）现场审查及其程序

现场审查是审查组到申请单位进行实地现场审查的活动。对军队专用装备承制单位的初审、续审、扩大范围审查、年度监督审查、重大事项专项审查，以及对军选民用装备承制单位的重大事项专项审查，一般实施现场审查。现场审查程序为：组织审查组→编制审查实施计划→审查准备（预备会）→首次会议实施审查→综合评议（打分评价）→形成结论→与受审查单位沟通情况→末次会议→形成审查报告→整改验证→上报审查材料。

（二十三）文件审查及其程序

文件审查是对申请单位提供的有关证明材料进行审查的活动。军选民用装备承制单位的初审、续审、扩大范围装备承制单位资格审查工作知识问答审查采用文件审查。在文件审查不能证实其承制能力时，实施现场验证。文件审查审查程序为：组织审查组→编制审查实施计划→审查准备（预备会）→首次会议→实施审查→综合评议→形成结论→末次会议→形成审查报告→整改验证→上报审查材料。

（二十四）单独审查与联合审查

单独审查，是指产品涉及一个军兵种的装备承制单位资格审查，由该军兵种单独组织实施。联合审查，是指产品涉及两个以上军兵种的装备承制单位资格审查，由相关军兵种共同实施联合审查。

（二十五）审查时间与审查实施计划

一般由受理点负责向受审查单位通知审查时间，由审查组长向受审查单位提供审查实施计划。

（二十六）资格审查实施过程中受审查单位的配合工作：

1. 按照审查实施计划提前做好人员、产品、设备设施、文件资料等准备；

2. 法定代表人和受审查部门负责人在位；

3. 指定联系部门和联络人员；

4. 为审查组提供必要的审查工作保障条件。

（二十七）受审查单位法定代表人一般应该参加审查首、末次会议。特殊情况不能参加的，应事先报审查组织机关批准，并指定授权委托人。

（二十八）装备承制单位资格审查有以下三种结论：

一是"具备资格，推荐注册"；

二是"不具备资格，不推荐注册"；

三是"基本具备资格，经整改并验证合格后推荐注册"。

（二十九）受审查单位对审查组发现的问题有不同意见的处理

受审查单位对审查组发现的问题有不同意见时，一般应与审查组长进行沟通，陈述实情及建议，取得一致意见；当未取得一致意见时，受审查单位可以向审查组织机关提出申诉。

（三十）对审查实施计划的调整

一是审查组成员因专业不覆盖申请承制的产品范围，需要调整补充满足专业要求的审查员；二是审查时间需要缩短或延期。审查实施计划调整由审查组长报审查组织机关同意后执行。

（三十一）中止审查的情况

一是遇有紧急情况或重大审查风险的；二是受审查单位实际情况

与申请材料有重大不一致，且审查证据明显表明不能达到审查目的；三是受审查单位对审查活动不予配合，审查活动无法正常进行；四是受审查单位不同意审查组意见，导致审查程序无法完成；五是其他严重影响审查活动的情况。

（三十二）中止审查后的审查工作的进行

受审查单位应当按要求进行整改，整改完成后方可向审查组织单位申请恢复审查。经批准后，审查组重新按程序实施审查；3个月未完成中止审查有关事项整改的，按"不具备资格，不推荐注册"的结论处理。

（三十三）对承制单位发生开展扩大范围审查

对已取得装备承制资格的单位，发生以下情况可申请扩大范围审查：一是增加承制项目，增加承制装备（产品）类型或技术服务、试验项目等；二是增加承制性质，如已取得科研资格的单位需增加同类产品的生产、修理、试验和技术服务等。

（三十四）什么情况下扩大范围审查可与续审合并

在《中国人民解放军装备承制单位名录》注册有效期满前一年，申请扩大范围审查时，可与续审一并安排实施。

（三十五）军队专用装备承制单位通过审查后，上报的注册材料主要包括：

1. 现场审查实施计划；

2. 审查报告（附现场审查打分表、不合格项／基本合格项报告、质量管理体系不符合项报告、改进建议单、签到表）；

3. 整改报告（含不合格项／基本合格项、质量管理体系不符合项的整改措施表及整改的证明材料，单独装订）；

4. 审查记录单（单独装订）。注册材料为 A4 纸质，并提供电子文档。

（三十六）军选民用装备承制单位通过审查后，上报的注册材料主要包括：

1. 文件审查实施计划；

2. 审查报告（附文件审查发现问题报告、改进建议单、签到表）；

3. 整改情况；

4. 审查记录单。注册材料为 A 4 纸质，并提供电子文档。

（三十七）受审查单位填报《审查组工作作风和遵守纪律情况评价表》并寄送

审查末次会议后，审查组应将《审查组工作作风和遵守纪律情况评价表》提交受审查单位，由受审查单位根据审查组实际工作情况填写评价表，封装后直接邮寄至军委装备发展部合同监管局。

（三十八）受审查单位审查的整改要求

受审查单位应对审查发现的问题：一是制订整改计划；二是进行原因分析；三是进行纠正或制订纠正措施；四是实施整改并举一反三；五是开展内部验证，并填写《不合格／基本合格／不符合项整改措施表》。军队专用装备承制单位整改期限不超过 3 个月；军选民用装备承制单位整改期限不超过 1 个月。

（三十九）审查组对整改情况的验证

军事代表室负责对整改情况进行检查，审查组组长负责对整改效果进行验证。对逾期未完成整改或整改验证未达到合格要求的，视为审查未通过。

（四十）审查未通过的单位多长时间可再次申请资格审查

对审查未通过的单位，至少满 6 个月后方可再次提出资格审查申请。

（四十一）审查通过后，多长时间能够注册《中国人民解放军装备承制单位名录》

受审查单位通过现场／文件审查并经整改验证后，审查组组长于 5 个工作日内，上报审查情况。各级主管机关通常在 40 个工作日内，完成对审查材料的审核，由军委装备发展部按月批准、注册《中国人民解放军装备承制单位名录》。

（四十二）装备承制单位注册《中国人民解放军装备承制单位名录》后，军委装备发展部统一颁发装备承制单位资格证书，不颁发牌匾。

（四十三）装备承制单位资格从《中国人民解放军装备承制单位名录》发布之日起生效，有效期 5 年。

（四十四）装备承制单位何时申请续审

装备承制单位应在注册有效期满前 6 个月提出续审申请，续审程序与初审程序相同。

（四十五）对资格证书使用、保管的要求

装备承制单位应严格按有关保密规定使用、保管资格证书，严禁在互联网、广告媒体和社会公开的场合使用。证书丢失、损毁的，应当及时申请补发。

（四十六）已取得资格的单位，如何申请注册信息变更

装备承制单位的名称、法定代表人、隶属关系、注册地址等发生

变化时，应当在 20 个工作日内向主管军代室提交《装备承制单位资格注册内容变更申请表》并附相关证明文件。

（四十七）军方对装备承制单位的监督

军方对装备承制单位有 3 种监督方式：日常监督、年度监督审查、重大事项专项审查。

（四十八）日常监督的主要内容：一是装备承制单位资格条件保持情况；二是质量管理体系运行情况；三是装备承制单位资格证书所列的装备承制范围符合情况；四是装备承制单位资格证书的使用管理情况；五是其他与装备承制单位资格保持有关的内容。

（四十九）日常监督主要采取的方式

日常监督主要结合产品科研、生产、修理、试验和技术服务等活动，通过巡回检查、询问、参加有关会议和分析产品相关记录等手段进行。

（五十）日常监督发现问题的处理

军代表机构对日常监督中发现的一般问题，开具《装备承制单位资格日常监督发现问题整改通知单》，通报装备承制单位限期解决，并对整改情况进行验证。

（五十一）军队专用装备承制单位年度监督审查的组织实施

由装备发展部授权机构实施，主管军事代表室审查员参加，每个证书每年审查一次。

（五十二）军队专用装备承制单位年度监督审查的重点内容是审查质量管理体系有效运行情况，主要包括：

1. 上次审查以来体系覆盖的活动及影响重要变更；

2. 关键内容是否按体系要求有效运行；

3. 体系覆盖的产品、活动是否持续满足适用的法律法规要求；

4. 质量目标及质量绩效是否达到体系确定值；

5. 内部审核和管理评审是否规范、有效；

6. 日常监督《整改通知单》是否得到落实，整改是否有效；

7. 体系运行中发现的问题或投诉，是否采取了有效改进措施。

（五十三）军队专用装备承制单位年度监督审查发现问题的处理

军队专用装备承制单位年度监督审查发现一般问题的，承制单位应限期完成整改；发现重大问题的，应组织重大事项专项审查或资格复查。

（五十四）军选民用装备承制单位年度监督审查的要求

军选民用装备承制单位年度监督审查，采取承制单位自查与主管军事代表室监督相结合的方式。每个证书年，承制单位提交《装备承制单位资格年度自查报告》、《质量管理体系认证审核报告》（或《质量管理体系年度监督审核报告》）及不符合项报告。

（五十五）对列入《中国人民解放军装备承制单位名录》的承制单位，发现有下列情况时，需要进行重大事项专项审查：

1. 泄露国家和军队秘密，危害国家军事利益的；

2. 发生重大质量等问题，导致装备受损、人员伤亡等严重后果的；

3. 装备采购合同履行发生重大问题，导致军方利益受到严重损失的；

4. 法人资格、国家和军队规定的有关资质等注册基本条件发生变化，使装备承制能力受到严重影响的；

5.弄虚作假，提供的有关资料严重失实的；

6.装备科研、生产、修理、试验场所或者主要设备设施等相关资源发生重大变化，使装备承制能力严重下降的；

7.超出注册证书所列装备承制范围，未按要求进行扩大范围审查的；

8.未按规定使用注册证书，造成重大影响的；

9.单位或法定代表人（实际控制人）发生行贿、偷税漏税等重大违法违纪行为的；

10.出现其他影响装备承制资格保持情况的。

重大事项专项审查由各军兵装备部（或军委机关）组织实施。

（五十六）重大事项专项审查有四种结论：一是保持资格；二是警告；三是暂停资格；四是吊销资格。

（五十七）对装备承制单位的处罚

1.装备承制单位发生重大事项专项审查所列问题时，但未造成严重后果的，给予警告处罚。给予警告处罚的，整改并通过验证的期限不得超过3个月。

2.装备承制单位发生重大事项专项审查所列问题时，性质严重、难以在短时间内完成整改的，或受到警告处罚后，未在规定期限内采取有效整改措施通过整改验证的，给予暂停资格处罚。给予暂停资格处罚的，整改并通过验证的期限不得超过6个月。

3.装备承制单位发生重大事项专项审查所列问题时，造成重大损失和影响的，或受到暂停资格处罚后，未在规定期限内采取有效整改措施通过整改验证的，给予吊销资格处罚。

（五十八）对装备承制单位注销资格

装备承制单位发生下列情况，从《中国人民解放军装备承制单位名录》中注销其资格：

1.注册有效期满后未提出续审申请的，或者在注册有效期内主动提出退出《中国人民解放军装备承制单位名录》予以批准的；

2.装备承制单位资格被军方核准吊销的；

3.注册证书被军方核准撤销的；

4.法人依法终止或者破产的；

5.依法应当注销的其他情形。

（五十九）下列情况可撤销装备承制单位资格：

1.装备承制单位资格审查工作人员滥用职权、玩忽职守，给予注册证书的；

2.超越职权给予注册证书的；

3.弄虚作假、违反审查工作程序给予注册证书的；

4.对不具备申请条件或不符合规定条件的申请单位给予注册证书的；

5.依法可以撤销的其他情形。

（以上详细内容请参见：装备承制单位资格审查工作知识问答
——中央军委装备发展部）

参考文献

一、历史典籍

1. 《唐律疏议》

2. 《唐六典》

3. 《唐令拾遗》

4. 《唐令拾遗补》

5. 《文献通考》

6. 《全唐文》

7. 《唐大诏令集》

8. 《旧唐书》

9. 《新唐书》

10. 《左传》

11. 《史记》

12. 《元和郡县志》

13. 《通典》

14. 《全唐诗》

15. 《贞观政要》

16. 《唐会要》

288

17.《汉书》

18.《后汉书》

19.《隋书》

20.《资治通鉴》

二、出土文献

1. 张家山二四七号汉墓竹简整理小组编:《张家山汉墓竹简·二年律令》,文物出版社 2001 年版。

2. 睡虎地秦墓竹简小组编:《睡虎地秦墓竹简》,文物出版社 2001 年版。

3. 连云港市博物馆等编:《尹湾汉墓简牍》,中国建筑工业出版社 1997 年版。

4. 张春龙:《里耶秦简》,重庆出版社 2010 年版。

5. 国家文物局古文献研究室、新疆维吾尔自治区博物馆、武汉大学历史系编:《吐鲁番出土文书》1—7 册,新疆文化出版社 2018 年版。

三、著作

1. 陈耿等著:《中国军事法治发展报告》,法律出版社 2016 年、2017 年、2018 年版。

2. 侯光明等著:《国防科技工业军民融合发展研究》,科学出版社 2009 年版。

3. 军事科学院军民融合研究中心:《美国军民融合研究报告》,军事科学出版社 2012 年版。

4. 军事科学院军民融合研究中心:《军民融合深度发展论(上、下册)》,军事科学出版社 2013 年版。

5. 军事科学院军民融合研究中心:《军民融合式发展体制机制论(上、下册)》,军事科学出版社 2011 年版。

6. 军事科学院军民融合研究中心:《四代领导人关于军民融合重要论述摘编》,军事科学出版社 2017 年版。

7. 军事科学院军民融合研究中心:《习近平关于军民融合重要论述摘编》,

军事科学出版社 2016 年版。

8. 军事科学院军民融合研究中心：《军民融合式发展理论研究》，军事科学出版社 2008 年版。

9. 军事科学院军民融合研究中心：《军民融合与发展战略》，军事科学出版社 2012 年版。

10. 军事科学院军民融合研究中心：《军民融合战略发展论》，军事科学出版社 2014 年版。

11. 军事科学院军民融合研究中心：《实战化的军民融合》，军事科学出版社 2015 年版。

12. 齐三平主编：《和平行动中的国际人道法研究》，军事科学出版社 2015 年版。

13. 军事科学院军民融合研究中心：《军民融合式发展理论与实践》，军事科学出版社 2015 年版。

14. 英国国防部编写，原总参军训与兵种部编译：《武装冲突法手册》，2009 年版。

15. 国际红十字会：《日内瓦四公约及其附加议定书》，https://www.icrc.org/zh/document/geneva-conventions-1949-additional-protocols，最后访问日期：2019 年 7 月 27 日。

16. 黄朝峰、高建平编：《军民科技融合发展理论与实践》，国防工业出版社 2017 年版。

17. 李晓松、肖振华、吕斌：《装备建设军民融合评价与优化》，国防工业出版社 2017 年版。

18. 顾桐非编：《军民融合装备市场结构优化》，国防工业出版社 2017 年版。

19. 武剑：《国防专利技术转移动力机制》，国防工业出版社 2017 年版。

20. 毛国辉编：《军事装备法律制度概论》，国防工业出版社 2017 年版。

21. 国防大学军民融合研究中心：《中国军民融合发展报告》，国防大学出版社 2013 年、2014 年、2015 年、2016 年、2017 年版。

22. 孙国华、朱景文编：《法理学》，中国人民大学出版社 2015 年版。

23. 况腊生：《唐代军事交通法律制度研究——以驿站为例》，解放军出版社 2010 年版。

24. 全国人大财经委员会：《军民融合发展战略研究》，中国财政经济出版社

2010 年版。

25. 张连超：《美军高技术项目的管理》，国防工业出版社 1997 年版。

26. 吕彬等：《美军高技术项目管理概览》，国防工业出版社 2011 年版。

27. 刘世刚：《日本安全政策与军事力量发展构想》，军事科学出版社 2006 年版。

28. 军事科学院军民融合研究中心：《军民融合概论》，军事科学出版社 2014 年版。

29. 军事科学院军民融合研究中心：《军民融合式发展理论与实践》，军事科学出版社 2010 年版。

30. 赵超阳、谢冰峰、王磊：《变革之路——美军装备采办管理重大改革与决策》，国防工业出版社 2013 年版。

31. 况腊生：《叙利亚战争沉思录——二十一世纪的微型世界战争》，人民出版社 2018 年版。

32. 朱文奇主编：《国际法学原理与案例教程（第四版）》，中国人民大学出版社 2018 年版。

四、主要参考论文

1. 于川信、刘志伟：《加快推进军民融合发展国家战略》，《军民两用技术与产品》2018 年第 2 期。

2. 王卫军：《军民融合式发展中的法律纠纷及其解决路径》，《军事经济研究》2011 年第 7 期。

3. 汪周松、李英成：《完善军民融合体制机制统筹配置重要国防资源》，《军事经济研究》2011 年第 4 期。

4. 王淑平、张军、朱晓梅、许智慧：《推进我国军民融合制度建设面临的问题及对策》，《军事经济研究》2010 年第 9 期。

5. 徐辉：《我国军民融合深度发展的政策环境研究》，《中国军转民》2015 年第 4 期。

6. 黄天明：《军民融合式发展与国防合同立法的价值选择》，《军事经济研究》2009 年第 4 期。

7. 陈晓、平洋：《军用标准化改革与军民融合发展》，《南京政治学院学报》2015 年第 4 期。

8. 姜鲁鸣：《推动军民融合发展的思考》，《中国国情国力》2017 年第 1 期。

9. 姜鲁鸣、罗永光、刘群：《我国武器装备军民融合发展面临的突出问题与对策》，《军事经济研究》2010 年第 7 期。

10. 梁毅雄：《我国民营企业参与军品科研生产法律制度研究》，《国防科技》2015 年第 3 期。

11. 马惠军：《论国防科技军民融合发展的知识产权保护》，《军事经济研究》2009 年第 6 期。

12. 彭爱华：《积极构建军民融合式军队人才培养体系》，《产业与科技论坛》2008 年第 11 期。

13. 国防大学国防经济研究中心：《军事能力建设中的军民融合》（上），《中国军转民》2014 年第 12 期。

14. 国防大学国防经济研究中心：《军事能力建设中的军民融合》（下），《中国军转民》2014 年第 12 期。

15. 邵进进、陈巍：《坚持"五位一体" 推动国民经济动员军民深度融合》，《经济研究导刊》2013 年第 19 期。

16. 乔朴：《军民融合战备物资储备政策制度研究》，《国防》2016 年第 8 期。

17. 鲁卫东、祝小春、张磊、李兴银：《加强我军军民融合培养士官人才的对策思考》，《继续教育》2017 年第 4 期。

18. 吕晶华：《美国网络空间军民融合的经验与启示》，《中国信息安全》2016 年第 8 期。

19. 毛国辉：《军民融合视野中的国防权力配置——兼论国防立法的完善》，《当代法学》2011 年第 6 期。

20. 高剑：《经济伦理视野下的军民融合发展》，《军事经济研究》2010 年第 9 期。

21. 李健、胡军平、宋伟：《微观、中观和宏观的军民融合度研究》，《军事经济研究》2012 年第 4 期。

22. 王健：《在辩证统一中把握军民融合式发展之路》，《军队政工理论研究》2008 年第 6 期。

23. 褚倩倩：《关于推进军民融合深度发展的思考》，《北京理工大学学报（社会科学版)》2016 年第 4 期。

24. 安孟长、徐曼:《我国军民融合发展的政策研究》,《军民两用技术与产品》2014 年第 12 期。

25. 赵澄谋、姬鹏宏、刘洁、张慧军、王延飞:《世界典型国家推进军民融合的主要做法分析》,《科技政策与管理》2005 年第 10 期。

26. 卢周来、于连坤、姜鲁鸣:《世界各主要国家军民融合建设评介》,《军事经济研究》2011 年第 2 期。

27. 李洁、张代平:《俄罗斯推动装备建设军民融合的主要做法》,《国防》2014 年第 5 期。

28. 金一南:《国外军民融合发展情况及启示》,《中国军转民》2014 年第 5 期。

29. 范肇臻:《俄罗斯国防工业"寓军于民"实践及对我国的启示》,《东北亚论坛》2011 年第 1 期。

30. 杜兰英、陈鑫:《发达国家军民融合的经验与启示》,《科技进步与对策》2011 年第 12 期。

31. 吴翔飞:《美国军民融合法律机制研究》,《延安大学学报(社会科学版)》2010 年第 4 期。

32. 谭海涛:《精明采办策略发展探析》,《军事采购》2005 年第 4 期。

33. 王保存:《英国推进民技军用的措施》,《现代军事》2007 年第 3 期。

34. [美]雅克·甘斯勒,孟斌斌译:《国防预算缩减时代如何满足国家安全需求:推动创新,军民融合与促进竞争》,《装备学院学报》2014 年第 2 期。

35. 刘玮:《浅论美国研究型大学对国防战略工程的支撑》,《外国军事学术》2006 年第 3 期。

36. 邓莉:《英国军民融合法规建设评价》,《军事经济研究》2014 年第 2 期。

37. 吴昊、游光荣、赵林榜:《美国军民融合立法概况及其启示》,第十五届中国科协年会论文集,2013 年 5 月。

五、外文资料

1. U.S.Congress, Office of Technology Assessment, *Assessing the Potential for*

Civil-Military Integration: Technologies, Processes, and Practices, September 1994.

2. The office of law revision counsel of the house of representatives, *United States Code*, 2008 edition.

3. *Small Business Goaling Report, Fiscal Year 2010*, 2011.

4. Department of Defence. DoD Instruction 5000.2, *Operation of the Defense Acquisitioin System*, Washington D.C., United State, 2008.

5. The Senate and House of Representatives of the United States of American in Congress Assembled, *Weapon Systems Acquisition Reform Act of 2009*, 2009.

6. Office of the Law Revision Counsel, U.S. House of Representatives [S] . *United States Code*, 2013.

7. *Public law 105–85*, National Defense Authorization Act for Fiscal Year 1998.

后　记

　　光阴似箭，日月如梭。转眼间，我在校区的两年学习生活即将画上句号，但学习生涯却永远无法画上句号。

　　两年来，首先要感谢我的合作导师陈耿教授，很幸运能师从他这位国内军事法学界德高望重的前辈。两年来，是他的悉心关照，才使得我能够集中时间和精力做自己的研究。而且，他对我的博士后研究课题，提出了很多指导性的意见建议，解决我研究初期的许多迷茫和困惑。没有他的细心指导和关照，我很难在这么短的时间内完成我的博士后研究报告，并将其整理出版。

　　其次，我要感谢校区领导给予的热心帮忙和指导，为我提供了良好的科研条件和生活环境。我还要感谢傅达林教授、谭正义副教授和杨蕾副教授等，感谢在日常工作和学习中为我提供的各种悉心帮助和关照。校区姜勇参谋和军事科学院赵旭同志还为本书提供了不少参考资料。最后，本书的顺利出版，还要感谢国防大学罗岭处长的大力协调帮助，以及人民出版社曹春编辑的尽心支持，是你们让我克服了很多困难和障碍。

　　两年异地求学的日子，对于我的家庭而言是很漫长的，十分感谢我的爱人廖红艳女士对家庭的细心照顾与付出，她承担了大部分家庭事务，并悉心照顾小孩繁重的日常教育、生活与学习，使我能够潜心于学习和研究。况子浔和况子阳两位小朋友也逐渐适应了小学的学习和生活，况子浔同学自我管理能力比较强，但耐性还不够。况子阳同学比较活泼，但自律方面还需付出更大努力，希望他们以后能够健康快乐成长，学习进步。

　　两年求学的日子，对于我的学习而言是很短的，但在此求学的付出和获得却能长久存在。由于自己的学识水平有限，书中肯定还存在诸多不足，甚至错误之处，将有赖于日后的不断努力学习提高并加以改正。在此，借用在校时的一首诗以感谢各位，并鼓励自己。

雪中游小雁塔

雁塔晨钟惊残梦，荐福飞雪动长安。

沧桑古塔千年立，傲雪寒梅又迎春。

二〇一九年十月下旬于西安小雁塔

责任编辑：曹　春　李琳娜
封面设计：汪　莹

图书在版编目（CIP）数据

国防科技工业协同创新发展的立法研究／况腊生 著 . —北京：
　人民出版社，2019.10
ISBN 978－7－01－021170－1

I. ①国…　 II. ①况…　 III. ①国防科技工业－立法－研究－中国
　IV. ① D922.124

中国版本图书馆 CIP 数据核字（2019）第 179185 号

国防科技工业协同创新发展的立法研究

GUOFANG KEJI GONGYE XIETONG CHUANGXIN FAZHAN DE LIFA YANJIU

况腊生　著

人民出版社 出版发行
（100706　北京市东城区隆福寺街 99 号）

北京汇林印务有限公司印刷　新华书店经销

2019 年 10 月第 1 版　2019 年 10 月北京第 1 次印刷
开本：710 毫米 ×1000 毫米 1/16　印张：19
字数：219 千字

ISBN 978－7－01－021170－1　定价：88.00 元

邮购地址 100706　北京市东城区隆福寺街 99 号
人民东方图书销售中心　电话（010）65250042　65289539